Brice Couturier

Macron, un président philosophe

Éditions de L'Observatoire

ISBN : 979-10-329-0264-6
Dépôt légal : 2017, novembre

170 *bis*, boulevard du Montparnasse, 75014 Paris

Introduction

« C'est quand les choses sont arrivées qu'on voit combien elles étaient faciles à prévoir », écrit Albert Thibaudet dans *La République des professeurs*. Certes, rien n'advient vraiment par hasard. Avant de survenir, les événements historiques mûrissent. Les situations nouvelles se mettent en place de manière très progressive avant de connaître un dénouement qui ne paraît avoir été inéluctable que lorsqu'il s'est produit. Des ombres apparaissent sur les plateaux des théâtres qui demeurent longtemps inaperçues du public. Ultérieurement, on réalise qu'il s'agissait de l'acteur principal de la scène suivante. Une autre citation ? « Il y a toujours des vérités diaphanes que notre regard traverse, jusqu'au jour où elles se solidifient et s'insèrent dans le paysage », écrivait Edgar Morin dans son *Autocritique*. Emmanuel Macron aura été cette ombre, et il aura perçu cette vérité, quand les professionnels de la politique n'avaient pas compris que le pays était mûr pour un changement de scène, peut-être même d'acte, sinon de décor.

On l'a compris à présent : l'élection d'Emmanuel Macron ne constitue pas une péripétie électorale. C'est un événement de dimension historique. Pour en comprendre les causes et la portée, il faut le considérer

« à l'entrecroisement de la nécessité et de l'accident » (Raymond Aron). En reconstituer les causes lointaines sans perdre de vue le rôle déterminant de l'acteur principal, l'idée qu'il s'est faite de la situation, les moyens conceptuels qu'il a mobilisés pour l'analyser, la vision qu'il s'est forgée de son propre destin. Notre pays vit un changement d'époque. Mais celui-ci s'inscrit dans un contexte mondial lui-même en rapide mutation. Des plaques sociales et culturelles tectoniques, qui travaillaient souterrainement, sont en train de provoquer, un peu partout sur la planète, des tremblements de terre politiques. Macron président de la République française n'en est qu'un parmi d'autres. Si très peu d'entre eux auront été prévus, c'est que nous vivons une époque de rupture. Et que la paresse intellectuelle consiste à extrapoler à partir du déjà-vécu, du déjà-connu. Savoir discerner les possibles inédits est l'un des conseils que le philosophe Paul Ricœur suggère à ses lecteurs. Ils n'auront pas été bien nombreux à le suivre, parmi les commentateurs qualifiés de notre vie politique.

Car c'est peu dire que les victoires électorales successives (présidentielle, puis législative) de Macron ont surpris nos augures. La plupart n'avaient rien vu venir. À chaque étape de cette quête méthodique du pouvoir, les commentateurs ont prédit l'inéluctabilité et l'imminence de son échec. Rappelons-nous. Il fut d'abord le « stagiaire » préféré des comiques. Un ministre bien trop jeune pour avoir une chance de s'imposer à Bercy, que Nicolas Canteloup brocardait en l'imitant avec une voix d'adolescent qui mue : « Bonjour, je suis le ministre de l'Économie ! — C'est ça, Emmanuel, rends-toi utile et va plutôt nous faire des cafés. » Et cependant, Macron lançait, le 6 avril 2016, un nouveau mouvement politique, siglé à ses initiales, En Marche !.

Le Tout-Paris politique se gaussait d'une outrecuidance si naïve. Finirait-il en sous-tendance du PS ? Ou en supplétif du MoDem ?

Pire qu'un ingrat, en quittant le gouvernement à la fin août 2016, il allait bientôt incarner « Brutus le parricide », ce type politique qui, par sens civique – comme on l'oublie dans l'histoire –, ourdit un audacieux complot contre le dirigeant auquel il doit sa propre position. Les véritables assassins de la candidature de François Hollande à sa propre réélection, les journalistes Gérard Davet et Fabrice Lhomme, auteurs d'*Un président ne devrait pas dire ça*, témoignent : le rusé Hollande a refusé jusqu'au bout de croire que son protégé s'apprêtait à le trahir. À l'automne 2015, il leur confiait : « Macron n'est pas quelqu'un qui cherche à se faire une existence politique au détriment du gouvernement. [...] C'est un gentil garçon, il n'est pas duplice[1]. » Hollande a cru jusqu'au bout que Macron contribuerait à sa propre réélection en lui conquérant un électorat jeune et entreprenant, qui pouvait être tenté par la droite. Certains dirigeants socialistes suggérèrent au jeune ambitieux de prendre, dans cet esprit, la direction du Parti radical de gauche... Le 30 août de l'année suivante, le lendemain de la démission de Macron du gouvernement, le même Hollande confie à ses proches : « Il m'a trahi avec méthode. »

La presse prédisait, à la rentrée 2016, que cette tentative de meurtre politique sur son mentor lui serait cher comptée. Les dieux se vengent des hommes qui prétendent les égaler. Pour échapper à la foudre hollandaise, Macron finirait trader à Londres. Je l'ai entendu.

1. Gérard Davet et Fabrice Lhomme, *Un président ne devrait pas dire ça*, Stock, 2016.

On prenait alors encore Hollande pour Jupiter. Mais la foudre lui avait déjà échappé des mains. À droite, bizarrement, on faisait entendre, avec autant de succès, une musique inverse : Macron était le « faux nez de Hollande », son continuateur, son héritier secret. Le mensuel *Causeur* titrait « Au secours Hollande revient ! » sur le portrait de Macron qui ornait sa couverture en mars 2017. Le PS ayant compris que son échec électoral était inéluctable, ses dirigeants se seraient rassemblés en toute discrétion derrière un prête-nom. En Marche ! ? Simple société-écran, dissimulant un regroupement des troupes hollandaises en déroute. La preuve par Le Drian.

Une fois la fusée lancée, à la mi-novembre, avec l'annonce de sa candidature, les chers confrères de la presse écrite et audiovisuelle se gaussèrent des spectacles de télévangéliste donnés par l'apprenti. En décembre encore, on en pleurait de rire dans les rédactions, en se repassant les enregistrements sur les iPhone. On voulait y voir la confirmation que Macron n'avait pas l'étoffe d'un professionnel. Plutôt que de s'intéresser au type de public qui remplissait ces salles (car le public, lui, étrangement, était au rendez-vous), les médias n'avaient d'yeux, à l'époque, que pour le mouvement des Nuits debout. Ses participants venaient de libérer la place de la République, non sans avoir préalablement détruit, ou utilisé comme projectiles contre les forces de l'ordre, les pieuses offrandes laïques déposées par les Parisiens en hommage aux victimes des attentats terroristes du 13 novembre 2015.

C'est qu'il fallait « purifier la place de la République des passions tristes », selon l'organisateur de ces pseudo-« rassemblements spontanés et sans leaders », Frédéric Lordon. Il entendait par là effacer la mémoire des manifestations de masse des 10 et 11 janvier 2015.

Un phénomène de société inédit dans notre pays qui avait rassemblé, lui, plus de 4 millions de personnes à travers la France entière. Ces marées humaines avaient porté une aspiration à l'unité résistante de la nation. Elles étaient inspirées par une forme d'héroïsme républicain collectif. Le message adressé aux tueurs de l'hypermarché casher et de *Charlie Hebdo* était à peu près celui-ci : vous pouvez bien massacrer quelques clients juifs venus faire leurs achats de shabbat et des journalistes, caricaturistes et policiers, mais vous ne parviendrez pas à nous terroriser. La preuve, c'est que nous sommes là, par millions, dans la rue. Cette aspiration à l'unité, par-delà les clivages gauche/droite, se cherchait une traduction politique. Le pouvoir hollandais, malgré la convocation du Congrès à Versailles et le spectacle d'une unanimité bien vite oubliée, se révéla incapable de la lui offrir. La déchéance de nationalité des binationaux apparut vite pour ce qu'elle était : une diversion piteuse. Avançons l'hypothèse selon laquelle Macron, au contraire, aura su capter la puissance de cette onde de choc pour se propulser lui-même. Certaines valeurs, certains modes de vie, écrit-il, ne sont « pas négociables ». « On ne négocie pas les principes élémentaires de la civilité. On ne négocie pas l'égalité entre les hommes et les femmes. On ne négocie pas le refus sans appel de l'antisémitisme, du racisme, de la stigmatisation des origines[1]. » Dans plusieurs entretiens, il indique sa volonté de mener une « reconquête culturelle » dans les « quelques quartiers abandonnés aux salafistes[2] ». La droite, qui se posait en alternative à une gauche parfois séduite par le multiculturalisme et

1. Emmanuel Macron, *Révolution*, XO, 2016, p. 172.
2. 5e entretien avec Marcel Gauchet (https://en-marche.fr/article/marcel-gauchet-entretien).

une extrême gauche déjà en partie gagnée par l'islamo-gauchisme, a feint de ne pas l'entendre.

Quant au Parti des médias, tous micros tendus place de la République, il persistait à voir l'avenir en marche du côté des « pas couchés ». Logique : une partie de la classe médiatique se prend pour les successeurs des directeurs de conscience d'autrefois. Faute de réelles compétences, elle demeure persuadée d'avoir à dire le Bien, à fustiger les « nauséabonds », à guetter les « dérapages ». Oui, nous étions bien en présence d'une crise de la représentation. Pierre Rosanvallon a raison. Mais comment imaginer que la société de demain aurait pu trouver sa préfiguration dans ces rassemblements farfelus, dans ces bulles à bobos, étrangères à la population laborieuse et ouvertement hostiles au peuple descendu spontanément dans les rues en janvier 2015 ? Place de la République, on théorisait la « fin du travail » – idée un moment caressée par Benoît Hamon, le candidat de la gauche qui, avec 6,3 % des voix à la présidentielle, allait finir par rater sa propre réélection aux législatives ; un échec sans précédent pour le candidat d'un des deux partis dits « de gouvernement ». François Fillon, candidat de la droite, préféra quant à lui ne pas se représenter dans sa circonscription de la Sarthe. Il avait compris qu'une page était tournée. Aucun des deux candidats des partis qui ont alterné au pouvoir plus de trente-cinq ans n'a pu sauver son simple siège au Parlement. Ce n'est pas une alternance, c'est un changement d'époque. En deux mois, un monde a basculé dans l'oubli.

Non, la « démocratie horizontale » et la « convergence des luttes » dans l'« intersectionnalité » ne constituaient pas un « rêve général », contrairement aux proclamations des organisateurs des « Nuits debout », ces sinistres héritiers des grandes fêtes du Palace. En guise de préface à la démocratie directe, nous avons pu suivre en direct, aux informations de chaînes de radio sérieuses, les élucubrations d'un soviet d'intermittents du spectacle et d'étudiants séchant les cours du matin. Ce n'est pas sur cette base électorale qu'aurait pu naître la VIe République d'Arnaud Montebourg. Et pourtant, l'utopie d'une « jonction entre l'occupation des places et la mobilisation sur les lieux de travail » dans le cadre de la « critique radicale de tout un système » aura passionné, durant des mois, tout un petit milieu ; celui qui donne le ton dans l'intelligentsia. Mais une grande majorité des Français, qui aspirent à travailler parce qu'ils trouvent leur identité et leur dignité dans leur travail, attendaient qu'on leur indique des moyens concrets de traiter le cancer du chômage. Ils aspirent à vivre de leurs efforts et non d'un assistanat généralisé dont ils ont bien compris que le pays n'a pas les moyens.

Lors de son meeting du 10 décembre 2016, à Paris, devant 15 000 personnes, Emmanuel Macron s'est posé en « candidat du travail ». Tout ce que France Info trouva à en dire, le lendemain, c'est que Macron avait « hurlé ». « Un véritable râle qui a suscité les rires et les moqueries de bon nombre d'internautes et de journalistes qui suivaient le meeting sur les réseaux sociaux. » Gageons qu'ils doivent moins rire aujourd'hui. Le biais idéologique qui affecte le Parti des médias, ce mélange de gaucho-centrisme et de culture de la dérision, ne l'empêche pas seulement de rendre compte honnêtement de ce qui est en jeu : il lui dérobe les réalités qu'il a sous les yeux. Nous étions en train de changer d'époque et la caste politico-médiatique refusait de l'accepter. Parce que le changement ne prenait pas le sens qu'elle avait indiqué. Dans son hostilité viscérale au libéralisme, elle imaginait l'avenir politique du côté de la place de la République. Les « marcheurs » provinciaux de Macron lui sont demeurés invisibles. Or, c'est en province que se produisent les mouvements de fond ; dans les périphéries et non dans les métropoles que grondait la colère des authentiques laissés-pour-compte de notre absurde système.

Révélateur : nos sociologues patentés ont consacré des milliers de pages à l'analyse des microévénements utopiques et festifs labellisés « Nuits debout ». Aucune étude d'envergure, à ma connaissance, n'a été publiée sur le mouvement En Marche !. Que manque-t-il à une discipline universitaire incapable de repérer la formation et le développement d'un mouvement politique qui, en un an d'existence, est capable d'obtenir la majorité absolue des sièges à l'Assemblée nationale ? Ou plutôt quel usage en font ses praticiens pour s'aveugler à ce point sur la portée respective des événements ? Quelles œillères idéologiques les empêchent de regarder ce qui s'écarte un tant soit peu de leurs ornières mentales ? Il faut s'interroger sur ce saisissant décalage. Car le plus troublant dans la chevauchée macronienne, c'est qu'elle ait si longtemps échappé aux radars des observateurs patentés de notre vie politique et sociale, qu'ils soient journalistes ou spécialistes en sciences sociales. Pour avoir produit un angle mort d'un degré aussi élevé, leurs instruments doivent souffrir de quelque défaut technique. À moins que ceux-ci se soient révélés, à cette occasion, inadaptés à la situation historique que nous vivons.

De toute façon, raisonnaient, sentencieux, les bien-informés, Macron n'aurait pas d'espace politique. Le centre droit serait solidement occupé par Alain Juppé, auquel la victoire, à la primaire, comme à la présidentielle, était promise depuis plus d'un an. Pire pour le néophyte, le créneau de la gauche réformiste, celui qu'il convoitait, était préempté. Aussitôt que Manuel Valls aurait rompu avec Hollande et lancé sa candidature, l'action Macron allait s'effondrer à la Bourse politique. Valls, vraie bête de congrès, ne ferait qu'une bouchée du techno. L'amateur ne tiendrait pas quinze jours face au déjà vieux routier des manœuvres d'appareil, détenteur, en outre, des pouvoirs de Matignon. Du reste, il était peu probable, poursuivait-on chez les bien-informés, que Valls lui-même figurât au second tour, puisqu'il était convenu que Marine Le Pen y affronterait Alain Juppé. Quant à Macron, la « bulle » aurait éclaté depuis longtemps. « On ne rallie pas 50 % des Français avec des startuppeurs et des avocats d'affaires », estime un membre du gouvernement. « Macron est à rebours de l'histoire, assure Marie-Noëlle Lienemann, sénatrice de Paris et candidate à la primaire de gauche. Aujourd'hui, le vote est antimondialisation, antilibéralisation, anti-establishment. Et le centrisme a toujours été faible en période de tension. » Voilà ce qu'on lisait dans *Le Monde* le 16 novembre 2016.

Sans être forcément aussi aveuglés par leurs biais idéologiques, d'autres faisaient sobrement observer qu'on n'avait jamais vu un outsider s'emparer de l'Élysée sans disposer d'un parti à sa main, robuste et bien en place, pourvu d'élus quadrillant le territoire depuis des décennies et de solides finances. Ce blanc-bec se prenait pour de Gaulle. Il lui manquait juste d'avoir incarné, à lui seul, la France résistante pendant quatre ans… Deux mois avant la présidentielle, je provoquai encore l'indulgente ironie de mes amis et confrères du « club » du « Grain à moudre » de France Culture en suggérant que la situation rappelait celle provoquée par le retour du Général en mai 1958. Certes, les scores mesurant la popularité de Macron dans les sondages montraient que sa campagne prenait. Mais il s'agissait, jugeait-on, d'un emballement sans lendemain. Elle ne démontrait qu'une chose : la vraie campagne n'avait pas commencé.

Chez Les Républicains, comme chez les socialistes, on s'était tellement habitué à hériter du pouvoir à tour de rôle que l'on tenait dorénavant l'alternance pour une sorte d'obligation constitutionnelle. Une politesse du pouvoir en place envers son successeur désigné. Un droit acquis de l'opposition à hériter de l'Élysée et de la majorité à la prochaine échéance. Cette alternance automatique avait entraîné, au fil des années, une conséquence gravissime : les abus de pouvoir, les nominations de complaisance étaient tolérées par l'opposition du moment, convaincue de pouvoir bientôt en bénéficier à son tour. Comme le relevait déjà Benjamin Constant : « Les hommes de parti, quelques pures que leurs intentions puissent être, répugnent toujours à limiter la souveraineté. Ils se regardent comme héritiers et ménagent, même dans la main de leurs ennemis, leur propriété future[1]. » D'où une érosion progressive de ce qu'il restait de libéral dans nos pratiques politiques, un autoritarisme soft et la constitution d'une véritable nomenklatura bipartisane, se partageant les prébendes au mépris de l'intérêt du pays. Mais pour le plus grand profit d'un tiers parti populiste qui espérait bien profiter de la situation ainsi créée pour parvenir un jour au pouvoir…

Mais voilà que l'alternance perdait son caractère rituel et obligatoire. D'où l'indignation des militants de LR qui demeurent, aujourd'hui encore, persuadés qu'on leur a « volé *leur* victoire ». Si les médias avaient

---

1. Benjamin Constant, *Cours de politique constitutionnelle*, Éditions Laboulaye, 1872, t. I, p. 10.

eu la décence de ne pas révéler les turpitudes et l'avidité du clan Fillon, Les Républicains auraient gagné puisque c'était leur tour… Cette thèse est contredite par un fait : l'ensemble des forces de droite (LR + UDI + divers droite) n'a obtenu que 21,6 % des suffrages exprimés au premier tour des législatives. Le moins qu'on puisse dire, c'est que l'on avait pourtant eu l'intelligence de ne pas mettre en avant François Fillon lors de cette seconde campagne. Celle-ci a été menée par François Baroin. Ce vieux jeune homme des années 1990 prétendait encore, le soir de la proclamation des résultats de l'élection présidentielle, « gouverner la France avec [sa] famille politique » au lendemain des législatives… En cohabitation. Car, jusqu'au bout, personne n'imaginait que Macron puisse disposer d'une majorité parlementaire. N'avait-il pas été élu président par un fâcheux concours de circonstances et comme « par erreur » – ainsi que le suggèrent encore aujourd'hui Républicains et Insoumis ?

LR et PS, les deux anciens « partis de gouvernement », n'avaient pas compris que le phénomène de l'essuie-glace, ce remplacement quasi systématique d'une majorité de droite par une autre de gauche et vice versa, observé avec régularité depuis 1981, ne témoignait pas de la bonne santé démocratique de notre pays. Avec la faiblesse croissante de la participation électorale, elle trahissait, au contraire, l'exaspération des Français. Une forme d'usure du système s'était produite, qui appelait des solutions neuves et imaginatives. Macron, lui, avait compris que le « tic-tac gauche-droite », comme il l'avait baptisé, était victime du principe d'entropie. Car si l'énergie produite par cet antagonisme a permis, au cours de notre histoire, de mettre bien des fois l'État en mouvement, il s'est progressivement dégradé. On ne saurait promettre à chaque élection de « changer la vie » (1981), de « réduire la fracture sociale » (1995), ou de « réenchanter le rêve français » (2012) sans parvenir à faire très banalement baisser le chômage ou à chasser les salafistes des territoires perdus… Les ressources imaginaires des cabinets de conseil en communication s'épuisent. On donne aux électeurs l'impression qu'il n'existe « pas d'alternative », mais « seulement des alternances », comme dit Macron. Il dit aussi : « La technostructure vit de l'alternance gauche-droite depuis des années[1]. »

Dans plusieurs interviews, le président de la République a dénoncé les partis existants avec des arguments typiquement gaullistes. Le système politique a été, dit-il, « confisqué par des appareils qui décident pour nous ». Et c'est ce sentiment de dépossession qui aurait « nourri la désaffection vis-à-vis du politique ». C'est une analyse paradoxale. Le général de Gaulle pouvait dénoncer les « arrangements » des partis de la IVe République, parce que leurs dirigeants se réservaient la composition des listes présentées aux électeurs, sans avoir à tenir compte de la popularité personnelle de leurs candidats. Les noms qui figuraient en haut de la liste étaient assurés de leur élection ; or c'étaient les caciques qui décidaient de l'ordre d'apparition. Le mode de scrutin de la Ve République, uninominal majoritaire à deux tours, a rétabli le lien direct entre les candidats et les électeurs. En outre, la pratique des primaires à la présidentielle, importée des États-Unis d'abord par la gauche, puis adoptée par la droite, était censée rendre aux électeurs les plus déterminés le pouvoir de choisir, au sein de leur famille, le candidat le plus représentatif de leur sensibilité – ou celui qu'ils considèrent comme ayant le plus de chances de l'emporter. Pourquoi, alors, un « sentiment

1. Interview au *Monde* du 3 avril 2017.

de dépossession » ? Il faudrait plutôt mettre en cause le déphasage idéologique intervenu entre le positionnement des anciens « partis de gouvernement » et les clivages qui traversent la société française. C'est sur l'Europe, la mondialisation et la place de la nation, le rôle de l'État et de la redistribution sociale, la polarité métropoles/périphéries, la mission de l'école, les questions de société telles que le mariage homosexuel ou la GPA que se déroulent les débats d'aujourd'hui. Ils ne sont recoupés que très imparfaitement par le vieux clivage droite/gauche, maintenu en survie artificielle par des professionnels de la politique qui y trouvent leur intérêt.

Selon Macron, les partis qui incarnaient cette polarité ont eu le tort de désinvestir la sphère idéologique et se sont rabattus sur la fonction de sélection des dirigeants. « Les débats d'idées sont devenus le paravent des combats de personnes – les primaires en sont la caricature », déclarait-il dans une interview-fleuve publiée le 16 octobre 2016 par l'hebdomadaire *Challenges*. Les partis étaient devenus de simples écuries, fondées sur un principe de fidélité personnelle, des machines électorales destinées à se répartir le pouvoir politique. Au fond, Martine Aubry n'était pas moins sociale-démocrate que François Hollande. Mais pour des raisons de pure tactique politicienne, elle s'est ingéniée à lui pourrir son quinquennat. Pour ce faire, elle avait miné l'Assemblée nationale en sélectionnant, pour les législatives de 2012, des candidats susceptibles de faire obstacle aux velléités réformatrices du président élu ; en accordant aux écologistes un nombre de circonscriptions sans rapport avec leur poids électoral réel, qui demeure marginal et nullement en progression, comme l'ont démontré leurs scores aux présidentielles : Dominique Voynet en 1995 : 3,32 % ; Noël Mamère en 2002 : 5,25 % ;

Dominique Voynet en 2007 : 1,57 % ; Eva Joly en 2012 : 2,31 %.

C'est cette initiative malveillante qui explique le phénomène des « frondeurs » du groupe socialiste. Cette quarantaine de députés (sur 291) a bénéficié, à un moment, d'une espèce de monopole de représentation socialiste sur les ondes. Non seulement, ils passaient pour « vraiment de gauche », ce qui est apprécié des journalistes, mais ils passionnaient. On leur sut gré d'avoir poussé l'anticonformisme contestataire jusqu'à la tentative inédite de déposer une motion de censure contre le gouvernement issu des rangs de leur propre parti. Une justice immanente a voulu que ses membres, aussi peu représentatifs que chéris des médias, soient tous battus – à deux exceptions près, Régis Juanico et Laurence Dumont – aux élections législatives de juin 2017. Contrairement à l'analyse maintes fois suggérée par le Parti des médias, Hollande et Valls n'ont pas payé leur « trahison envers les idéaux de gauche ». Si cette analyse était fondée, les « frondeurs » auraient triomphé. Ils ont mordu la poussière. Significativement, dans les terres aubrystes, le PS a été lessivé aux législatives, tandis que Benoît Hamon, que « Martine » avait activement soutenu, culminait à 11 % des voix à Lille à la présidentielle et perdait, on l'a dit, jusqu'à son siège de député de la 11e circonscription des Yvelines. Quant aux écologistes d'EELV, qui disposaient d'un groupe parlementaire au sein de la précédente Assemblée nationale, ils ont tous été battus en 2017. Cécile Duflot, secrétaire nationale du mouvement de 2006 à 2012 et dont François Hollande avait fait sa ministre de l'Égalité des territoires et du Logement, n'est pas parvenue à dépasser le premier tour des législatives. Les seuls écologistes qui ont été réélus sont ceux qui avaient claqué la porte d'EELV pour rejoindre La République en marche.

En réalité, la classe politique nationale tout entière était sur la sellette depuis déjà longtemps. Les partis étaient « fatigués », comme dit Macron. Mais c'était une réalité dont on refusait d'analyser les causes, persuadé que cela pouvait durer toujours. Aux yeux des états-majors, l'essentiel était de faire en sorte de disposer, à l'élection déterminante, d'un candidat capable de se qualifier au premier tour. La candidate du Front national ferait le reste. Par pure nécessité démocratique, la victoire reviendrait à son adversaire. Depuis les années 1980, le parti d'extrême droite joue admirablement le rôle de repoussoir que François Mitterrand avait imaginé pour lui. Mais c'est un jeu qui devient plus dangereux à chaque élection. Marine Le Pen a obtenu plus de 7,5 millions de voix au premier tour, plus de 10,5 millions au second.

Car les institutions conçues par le Législateur, de Gaulle, pour contraindre la gauche et la droite à cesser de s'éparpiller et s'affronter bloc contre bloc, ont été prises en défaut par une réalité politique nouvelle : la forte présence de ce parti protestataire, agrégeant les frustrations sociales, mais impropre à entrer dans une coalition. Le Front national occupe la fonction tribunicienne, autrefois dévolue au Parti communiste. Cela faisait déjà un certain temps que le « quadrille bipolaire » (néogaullistes + centristes proeuropéens/socialistes + communistes) avait été remplacé par un système tripartisan (UMP-PS-FN). Or, nos modes de scrutin ne sont pas prévus pour un tel cas de figure. Macron a saisi l'opportunité de faire exploser les vieux partis. L'effet Macron, qui les a atomisés un par un, en commençant par le PS, finira par le FN lui-même. Celui-ci ne pourra faire longtemps coexister en son sein un FN du Nord, étatiste, social et souverainiste, et un

FN du Sud, archéo-conservateur et libéral. La démission de Florian Philippot, dont la ligne « néochevènementiste » a montré ses limites, atteste que le processus est bien engagé. Il se poursuivra très probablement avec le retour dans le jeu de Marion Maréchal Le Pen.

On peut dater les premiers signes d'essoufflement de l'ancien système partisan de l'année 1992. Le référendum sur Maastricht fut, cette année-là, gagné de justesse (51 % contre 49 %) par la partie de l'électorat favorable à la poursuite de l'intégration européenne, alors que Mitterrand, président en exercice, et Jacques Chirac, chef en titre de l'opposition, avaient l'un et l'autre soutenu le « oui ». Au sein des deux grands partis, des dissensions s'étaient alors produites. Jean-Pierre Chevènement à gauche, Philippe Séguin, Charles Pasqua et Philippe de Villiers à droite firent campagne pour le « non ». Comme le PCF et le FN. Un malaise social était perceptible, qui allait s'aggraver. L'antagonisme opposant « deux France », celle qui bénéficie de l'Europe et de l'ouverture des frontières, et celle qui en souffre, avait commencé de se manifester. Les clivages essentiels qui structurent notre vie politique avaient commencé de transcender l'opposition entre le bloc des gauches et la droite dite « de gouvernement ». Ils traversaient désormais ces partis en leur sein. Progressivement, l'opposition entre la droite et la gauche, qui demeurait un marqueur essentiel pour la classe politico-médiatique, allait perdre de sa pertinence aux yeux des électeurs. C'est ainsi qu'est apparu le thème de la « fracture sociale ».

Jacques Chirac, animal politique dénué de principes, mais doté d'un indéniable flair, gagna l'élection présidentielle de 1995 sur la promesse de la réduire, cette fameuse fracture. Il avait saisi le risque d'un divorce entre une masse croissante de la population et les élites dirigeantes. Contrairement à son rival Édouard Balladur, le favori des sondages et des médias (jusqu'au quotidien *Le Monde* !), il avait senti le vent tourner. Il avait compris l'épuisement d'un équilibre politique résumé à l'époque par l'expression « La pensée unique ». Les analyses des auteurs de *La République du centre*[1], François Furet, Jacques Julliard et Pierre Rosanvallon, avaient pris acte de l'effondrement du Parti communiste, du recentrage du Parti socialiste et de l'émergence d'un Front national exclu par principe de tout système d'alliance. Ils en avaient tiré l'idée qu'un consensus assez large existait dorénavant sur les politiques à mener – ce qu'Alain Minc appelait le « cercle de la raison » : libéralisation de l'économie et de la société, intégration européenne. Et ils en avaient conclu que le PS et le RPR allaient se livrer à une « course au centre », afin de gagner les électeurs indécis. Certes, les auteurs se réjouissaient de l'exténuation de l'« exception française » et, en particulier, de la mythologie révolutionnaire ; mais ils mettaient également en garde contre le risque d'affadissement du débat politique.

Or, l'incapacité de Jacques Chirac à réformer lors de son premier mandat, l'immobilisme du second, fragilisé par une nouvelle cohabitation, allaient causer l'aggravation des problèmes non résolus. Un chômage structurel, l'incapacité de l'État à financer ses dépenses de fonctionnement et le système de protection sociale autrement que par la fuite en avant dans la dette accrurent le sentiment de déclin éprouvé par de nombreux Français. Les deux partis dits « de gouvernement » autour desquels se constituaient les coalitions majoritaires se révélaient

1. François Furet, Jacques Julliard et Pierre Rosanvallon, *La République du centre : la fin de l'exception française*, Calmann-Lévy, 1988.

incapables de mettre en œuvre les réformes qui avaient permis à d'autres pays européens, comme la Suède et l'Allemagne, de nous tirer de la nasse où nous nous débattions. D'autant que leur proximité idéologique relative sur les grandes questions – l'intégration européenne, en particulier – fut de plus en plus perçue comme un facteur de blocage politique. Il engendra un sentiment de frustration chez une partie croissante de l'électorat, entretenant une montée régulière du vote populiste.

Le politologue Pierre Martin, à qui l'on doit la théorie du « réalignement électoral », très utile pour décrire la situation créée par les élections de 2017, a proposé, par ailleurs, dans un article de la revue *Commentaire*, une description assez convaincante de la transformation des systèmes partisans dans l'ensemble de nos démocraties occidentales. Il montre qu'au clivage central traditionnel entre droite et gauche, forces libérales-conservatrices et sociale-démocrates, se sont substitués deux nouveaux clivages : le premier oppose les tenants de l'identité nationale aux partisans du cosmopolitisme ; le second, les altermondialistes aux libéraux favorables à la mondialisation. Le premier est devenu déterminant dès les années 1980. Il explique la percée puis la progression du Front national, sur fond de montée de l'immigration. Le second, qui existe depuis les années 1990, a été fortement réactualisé par la crise de 2008. Il explique l'apparition des nouveaux partis populistes de gauche tels que Syriza et Podemos.

Ces nouveaux clivages ont déstabilisé les systèmes partisans de nos vieilles démocraties occidentales, qui étaient basés, depuis l'effondrement du communisme, sur un « consensus centriste » ; les sociaux-démocrates et la droite de gouvernement convergeaient sur l'essentiel : la démocratie libérale et le libéralisme économique. Ils pouvaient alterner paisiblement au pouvoir, voire cohabiter dans de « grandes coalitions » à l'allemande parce que leurs politiques étaient voisines et leurs idéologies compatibles. Depuis 2015 s'est dessinée une nouvelle répartition. Les partis conservateurs-libéraux ont eu tendance à se radicaliser et à emprunter à l'extrême droite une partie de ses thèmes : identité, protectionnisme, nationalisme, hostilité aux mutations culturelles induites par l'immigration. La gauche a connu un durcissement idéologique symétrique, sous la pression notamment d'une jeunesse très sensible aux thèmes écologistes : voir la percée de Bernie Sanders au Parti démocrate américain et de Jeremy Corbyn, responsable de la gauchisation du Labour britannique. Selon Pierre Martin, la redistribution des cartes politiques aboutit ainsi à un système partisan de structure tripolaire : un pôle « démocrate-écosocialiste » à gauche, un pôle « conservateur-identitaire » à droite. Entre les deux s'est libéré un vaste espace centriste, le « pôle libéral-mondialisateur ». Cela s'est vérifié aux États-Unis, Bernie Sanders, Donald Trump et Hillary Clinton les incarnant respectivement.

Macron avait pressenti que cette redistribution des cartes était en cours, bien avant que les élections de mai et juin 2017 ne vienne la confirmer. Dans une interview au *Monde* du 4 avril, il analysait ainsi le paysage politique en train de se redessiner : « Nous allons vers une tripartition inédite du champ politique, avec un camp progressiste central, représenté par l'offre que nous proposons, avec une gauche conservatrice ou plus extrême, celle de Jean-Luc Mélenchon, qui mange progressivement celle de Benoît Hamon, et avec une droite dure, extrêmement conservatrice, qui se rapproche de l'extrême droite. François Fillon est en train de réaliser le rêve de Patrick Buisson de la convergence entre l'extrême droite et une partie de la droite républicaine. » Il avait vu juste. La France était mûre pour une telle recomposition de l'échiquier, dont Macron occuperait le centre.

Contrairement à une opinion largement partagée à la veille de nos dernières élections, c'est donc le système partisan – et non les institutions de la Vᵉ République – qui était en bout de course. Une large majorité aspirait à renverser la table et cherchait une occasion de le faire sans sacrifier la République avec les partis installés. Son sens de la responsabilité, sa maturité politique nous ont épargnés, en 2017, une victoire du Front national ou de La France insoumise. Ainsi notre pays aura-t-il évité le risque de la guerre civile. Car la conquête du pouvoir par l'un des deux populismes extrémistes rivaux n'aurait pas manqué de déclencher la fureur de tout le camp d'en face et sa résistance à un pouvoir considéré comme illégitime. Une majorité exaspérée se cherchait un agent historique de changement, à la fois radical et mesuré. C'est elle qui a fait Macron et non l'inverse. Tel un pilote de planeur, lui n'a cessé de gagner de l'altitude en se plaçant à l'intérieur d'une ascendance. Encore fallait-il disposer des instruments de mesure aptes à enregistrer les phénomènes atmosphériques environnants. Ne pas se tromper de météorologie sociale.

C'est sans doute que la « boîte à outils conceptuelle » d'Emmanuel Macron était plus étoffée que celle de ses adversaires. Son expérience de la philosophie, en particulier, s'est révélée un atout déterminant, le dotant d'une boussole qui lui a permis de se repérer dans la turbulence. On n'est jamais trop cultivé pour faire de la politique en temps de crise.

Certes, Emmanuel Macron ne se présente pas comme « un philosophe », mais comme notre dirigeant politique suprême. Mais à étudier de près ses discours, ses articles, ses interviews et son livre programmatique, il est évident que sa pensée politique est abreuvée à des sources philosophiques. Comme l'écrit Olivier Mongin : « Qu'il s'aventure et suive des pistes particulières en littérature, en philosophie ou dans les sciences sociales, Emmanuel Macron manifeste toujours un souci, celui de l'action politique. Tel est le fil que je voudrais tirer ici afin de montrer que le président n'est pas seulement un chanceux qui a su occuper une place sur un mode inattendu[1]. »

Les observateurs ont dénoncé un programme flou, inconsistant, équivoque parce qu'ils ne savent pas lire. Obsédés par les jeux d'appareils, les stratégies individuelles et la « communication », les journalistes politiques sont, de manière générale, d'une extrême inculture. Y compris dans les domaines qu'ils devraient maîtriser prioritairement : les sciences politiques, le droit public et constitutionnel, l'économie. La technicité de la plupart des dossiers dépasse largement leurs capacités d'analyse. Plutôt que d'accepter de les concéder à des confrères spécialisés, ils rabattent les décisions qu'on leur communique sur le peu qu'ils en comprennent : telle manière d'occuper l'espace médiatique, une tactique politicienne, le prétendu « dessous des cartes ». Ils s'attachent aux « effets d'annonce », aux « positionnements », au « tempo », à la stratégie médiatique – la politicaille. Lorsque le sage désigne la Lune, l'imbécile regarde le doigt… Mais le plus grave, c'est qu'à force de

1. Olivier Mongin, « Les lectures d'Emmanuel Macron », *Commentaire*, n° 159, automne 2017.

se croire les ordonnateurs du jeu ils avaient fini par en convaincre la plupart des acteurs eux-mêmes, y compris nos deux derniers présidents de la République. Ils leur avaient imposé, avec leurs préjugés de caste, leur propre manière de rythmer l'information : l'accélération permanente des chaînes en continu. Celles-ci n'enregistrent que de microévénements, des miroitements de surface. Les mouvements de fond, le sens des marées leur échappent. Elles recherchent les « petites phrases » à faire tourner en boucle et auxquelles « faire réagir » opposants et alliés. Les propos construits, les visions élaborées, en un mot la complexité n'y ont pas leur place. Or, le réel n'est pas simple. Il réclame de puissants outils d'analyse. La philosophie comme les sciences humaines en fournissent de nombreux. Tout est affaire de point de vue. Le degré de gravité d'une situation détermine le niveau approprié de son appréhension. L'intelligence des drames historiques n'est pas à la portée du journal du soir. Penser les ruptures exige une montée en gamme conceptuelle.

Dans la dernière interview qu'il a donnée, peu de temps avant sa disparition, à l'hebdomadaire *Le Point*, Michel Rocard, l'un des mentors d'Emmanuel Macron, déplorait la prise de contrôle du temps politique par les médias. Dans ses mémoires, publiés en 2010, Rocard expliquait que l'art de gouverner tient au maintien d'un équilibre difficile entre deux exigences. D'une part, gérer une collectivité humaine, en assurer l'adaptation et le changement – c'est ce qu'il désignait comme « pyramide d'influence descendante[1] », du sommet vers la base. De l'autre, la « pyramide ascendante » qui va des citoyens aux gouvernants et s'exprime par

1. Michel Rocard, *« Si ça vous amuse ». Chronique de mes faits et méfaits*, Flammarion, 2010.

l'élection, la confiance. Rocard relevait que ces deux « pyramides » correspondent au double sens du mot « politique ». Car la politique, c'est à la fois un art de la gestion et le mécanisme de sélection des responsables publics. Or, selon Rocard, les médias, parce qu'ils ne visent qu'au spectacle, focalisent l'attention du public sur les seuls jeux de pouvoir. Au détriment des intérêts de la gestion du pays – dont les journalistes, de manière générale, saisissent mal les enjeux.

C'est la raison pour laquelle les politiques, pris dans les projecteurs des médias, sont prisonniers de l'instant. « Le problème de François Hollande, c'est d'être un enfant des médias, disait aussi Rocard au *Point*. Sa culture et sa tête sont ancrées dans le quotidien. Mais le quotidien n'a à peu près aucune importance. [...] Cet excès de dépendance des politiques aux médias est typique de la pratique mitterrandienne, dont François Hollande est l'un des meilleurs élèves. Or, le petit peuple de France n'est pas journaliste. Il sent bien qu'il est gouverné à court terme et que c'est mauvais. »

Dans ses mémoires, Rocard écrit à plusieurs reprises s'être toujours méfié du spectaculaire et du symbolique. Le spectaculaire, parce que c'est une manière d'amuser les médias qui se retourne contre ses initiateurs. Quant au symbolique, il faut l'éviter, disait-il, parce qu'il ne saurait faire l'objet ni de négociations ni de compromis. Macron, sur ce dernier point, n'a pas suivi son mentor.

Tandis que ses rivaux pédalaient le nez dans le guidon, Emmanuel Macron regardait au loin, vers le col à franchir. C'est qu'il avait appris chez son vieux maître, Paul Ricœur, bien des choses utiles sur la manière d'appréhender le temps et l'histoire. Cela lui a permis non seulement de saisir le caractère particulier de la situation, alors que le sens de celle-ci échappait à la plupart, mais d'imaginer le rôle qu'il pouvait y jouer, la manière de s'y prendre, les solutions disponibles.

« *History is about change* », disait Paul Ricœur, qui avait enseigné la philosophie aux États-Unis. Du domaine de l'activité humaine choisi pour objet d'étude dépend l'instrument de mesure de ce changement, ainsi que l'échelle temporelle sur lequel on le projette. Ainsi, l'histoire envisagée sous l'angle des civilisations, à la Toynbee ou à la Braudel, ne se conçoit que dans la perspective des siècles. Elle cherche l'unité culturelle derrière les particularités locales. Elle ne prend en considération que des ensembles immenses et s'intéresse à leurs interactions : échanges, conflits. Elle néglige l'accident politique, tel qu'un changement de dirigeant. L'histoire macroéconomique, telle que pratiquée par David Landes, privilégie, elle aussi, la longue durée. Elle cherche à repérer des régularités afin d'établir des lois qui rendent compte des articulations essentielles. Elle ne s'intéresse guère au rôle joué par les individus, sinon en tant qu'exemples, mais au passage de la centralité d'un système, d'un pays à un autre. À l'autre extrémité, la microhistoire, telle que l'a pratiquée Carlo Ginzburg, est centrée sur l'action d'individus placés dans des situations d'incertitude. Son domaine est le particulier et la contingence. Entre les deux, l'histoire politique, celle qui nous occupe face au phénomène Macron. La chronologie s'y impose et le rôle des acteurs y retrouve tous ses droits. Quand ses prédécesseurs avaient donné l'impression de supporter des forces qu'ils ne contrôlaient pas, d'en être réduits à commenter une actualité qu'ils subissaient au lieu d'être en mesure d'en contrôler le cours, Macron tente de restaurer la portée de la parole politique. Le politique connaît la valeur du logos.

Ce qui est le plus frappant chez Macron, c'est le niveau de réflexion, en amont de l'action politique. Elle porte en tout premier lieu sur l'articulation des temporalités. C'est une idée qui revient avec régularité dans ses interviews et paraît littéralement l'obséder. Elle est bien plus complexe que la simple aspiration à redevenir le « maître des horloges », comme l'avait voulu, avant lui, François Mitterrand. Ainsi distingue-t-il, dans sa première interview à l'hebdomadaire *Le 1*, le temps de la délibération démocratique, qui « s'inscrit dans un temps long », et celui de la décision politique, qui se prend dans « l'urgence ». Se perdre dans le premier, c'est, dit-il, se condamner à « l'inaction politique ». Sacrifier le premier au second, c'est tomber dans l'excès inverse de « l'autoritarisme ». Cette première discordance en croise une autre, celle qui oppose l'axe vertical de la décision et l'axe horizontal de la délibération. Ricœur avait beaucoup réfléchi à ces questions. Macron a bien profité de ses leçons. Il s'en est servi pour développer sa propre pensée et peaufiner son offre politique : un renouveau inattendu du progressisme.

À l'intérieur de notre propre culture, les manières de concevoir le déroulement du temps et d'y situer nos propres actions ont varié au fil des époques. Ainsi, les Anciens, qui avaient de l'histoire une idée cyclique, voyaient se succéder des âges (d'or, d'argent, d'airain, de fer) sur lesquels ils situaient leur propre époque contemporaine. La rupture chrétienne a introduit une manière de vivre la temporalité bien différente : Dieu est intervenu dans l'histoire humaine en s'incarnant à un moment précis. Et Jésus reviendra à la fin des temps. Entre ces deux événements, le temps est conçu comme une attente. Il est devenu, pour nous, vectoriel, orienté, porteur d'une promesse de Salut. C'est sur une telle pente, dangereuse, qu'ont pu s'inscrire les doctrines totalitaires du XXe siècle. Véritables « religions séculières », elles prirent la suite des millénarismes d'autrefois, en promettant le Salut ici-bas, le paradis sur Terre. Mais sans une telle rupture dans la manière de concevoir l'histoire, l'idée de progrès n'était simplement pas pensable : les Anciens, d'ailleurs, ne la connaissaient pas.

Mais c'est bien aux Lumières que nous devons l'idée « progressiste » du progrès. En posant l'idée de la perfectibilité du genre humain, de la conjonction infaillible du progrès des sciences et des techniques et de celui de l'humanité elle-même, de la dynamique d'une amélioration générale des hommes et de la société, sous l'influence bénéfique de la Raison universelle, les Lumières ont posé les fondements intellectuels de ce qui allait devenir, au siècle suivant, plus qu'une idéologie, une quasi-religion : le progressisme. Les penseurs contemporains ont tendance à juger épuisée la croyance au progrès, depuis les grandes catastrophes du XXe siècle. Ce n'est pas le cas de Macron, qui a la prétention de relancer le vieux progressisme. Nous verrons en quoi il se montre, en cela, fidèle à l'héritage intellectuel du centrisme « d'ordre et de progrès » de la IIIe République. Retenons, pour le moment, que Macron a eu l'intuition de remplacer le clivage structurant de notre vie politique (droite contre gauche) par l'opposition entre progressistes et conservateurs. L'idée sous-jacente est qu'il existe des progressistes à droite comme à gauche et que l'ensemble de la gauche a cessé depuis longtemps de ne compter que des progressistes. Défendre les « droits acquis » des *insiders* en faisant supporter le poids des « ajustements » aux nouveaux entrants n'est, on en conviendra, guère « progressiste ». Or, c'est la manière dont on investit le temps, d'espoir ou de crainte, qui définit ces deux sensibilités. D'un côté, ceux qui conservent « cette force de penser que le plus beau reste à venir » que chantait Jean-Jacques Goldman. De l'autre, ceux qui, avec Alain Finkielkraut, demeurent « fidèles à la prière que nous adressent les morts », conscients « qu'il y a le bruit du monde et il y a le silence des absents ».

Dans le discours macronien, le thème du progrès amène de manière presque automatique celui de l'unité nationale. « Mais c'est aussi le mandat du projet progressiste, d'un projet de changement et de transformation profonds. Nos concitoyens ont fait le choix d'un pays qui se remette en marche. [...] Ils savent, parce que cela a été notre expérience commune de ces dernières années, qu'une France arrêtée s'affaisse, se divise, qu'une France apeurée, recroquevillée et victime, s'épuise en querelles stériles et ne produit que du malheur[1]. » Comme si une France qui cesserait d'espérer en un avenir meilleur ne pourrait que succomber aux divisions qui la minent.

L'historien François Hartog, qui a proposé le concept de « régimes d'historicité » pour décrire l'expérience de la temporalité, justifie sa trouvaille comme un outil spécialement adapté à la description des « moments de crise, quand viennent, justement, à perdre de leur évidence, les articulations du passé, du présent et du futur ». Notamment lorsque le « champ d'expérience » ne permet plus à une société de se projeter sur un « horizon d'attente » (Reinhart Koselleck). Comment douter que ce fût précisément la situation dans laquelle nous nous trouvions en cette année électorale ? Parmi les candidats à la présidentielle, Macron était bien le seul à l'avoir

1. Discours devant le Congrès de Versailles, 3 juillet 2017.

compris. « Ce qui est devant nous n'est rien d'autre qu'une vaste rupture dans l'ordre politique et moral [...]. D'une certaine façon, cette révision complète de nos paradigmes se compare à la fin de l'Empire romain. Ou à la Renaissance. [...] Le monde vers lequel nous allons est largement inconnu, mais il n'y a aucune raison de le redouter : ce n'est pas la première fois que l'humanité est confrontée à ces tournants historiques où le pire côtoie le meilleur. [...] Pour ma part, je retire de cette connaissance – certes, imparfaite – de l'histoire, le sentiment que les grandes mutations sont des moments d'une extrême fragilité. Tout ce sur quoi reposaient nos sociétés est soudain fragilisé. Si on laisse les forces de l'entropie l'emporter, tout peut s'effondrer[1]. »

En histoire, tout est affaire de focale, comme en photographie, disait encore Ricœur. L'historien recourt aux échelles temporelles, comme le géographe conçoit l'échelle spatiale de ses cartes : en fonction du type de phénomène qu'il entend faire apparaître, du type de variation qu'il cherche à découvrir. En gros, plus on se rapproche d'une macrohistoire, plus on a affaire à la longue durée. Et plus forte est la présomption de soumission des acteurs à des principes qui les dépassent ; plus élevée, aussi, la prévisibilité des comportements individuels. À rebours, plus on s'enfonce vers la microhistoire, plus les acteurs gagnent en liberté relative, plus leur stratégie devient aléatoire et imprévisible. Telle est la leçon développée dans *La Mémoire, l'Histoire, l'Oubli*[2]. Un ouvrage fondamental, sur lequel un étudiant nommé Emmanuel Macron travailla en tant que

1. « Réconcilier les mémoires », interview donnée à la revue *L'Histoire*, hors-série « La grande querelle de l'histoire de France », avril 2017.
2. Paul Ricœur, *La Mémoire, l'Histoire, l'Oubli*, Éditions du Seuil, 2000.

conseiller éditorial. Il consacra en outre à cet ouvrage une étude critique très révélatrice dans la revue *Esprit*. Nous reviendrons sur la manière dont le président de la République a reçu les leçons de Paul Ricœur et sur l'usage qu'il en a fait pour donner un sens à ce qui était en jeu en cette année électorale 2017.

Contentons-nous pour l'instant d'observer que plus une situation politique est inédite, plus il est essentiel, mais délicat, d'en discerner les sens possibles. Ceux qui raisonnaient à partir de schémas obsolètes (l'« alternance », la « faute à Bruxelles »…) ont été déphasés. Ils étaient dans l'incapacité de proposer un récit de l'histoire immédiate susceptible d'emporter la conviction du public. Les Français étaient et demeurent inquiets, en colère et désemparés. Mais conscients du caractère inapproprié de la description de la situation proposée par les acteurs traditionnels, qu'ils soient responsables ou commentateurs politiques, ils étaient prêts à entendre autre chose. Et ce fut la proposition Macron de mise en récit qui emporta la conviction de la majorité des votants, sinon des électeurs inscrits. Car Emmanuel Macron, élu avec un taux de participation particulièrement faible, n'a pas convaincu la majorité des Français. S'il a obtenu 66,1 % des suffrages exprimés, face à Marine Le Pen, au second tour du scrutin, il n'a réuni sur son nom qu'une forte minorité des inscrits (43,6 %) sur les listes électorales, tant ont été massifs, en mai, l'abstention (25,4 %) et les bulletins blancs ou nuls (environ 950 000 sur 31,4 millions de suffrages exprimés).

Si Emmanuel Macron a cependant convaincu un nombre suffisant de Français pour l'emporter sur ses rivaux, c'est parce que le public a senti obscurément que sa feuille de route s'appuyait sur une pensée personnelle, riche et complexe. À la différence d'un François

Hollande ou d'un Nicolas Sarkozy, Macron dispose d'une colonne vertébrale théorique impressionnante. Sa pensée est structurée. Elle vient de loin. C'est à partir de ce « socle idéologique », selon son expression, que le candidat avait élaboré son plan de redressement du pays. Macron a fait très tôt savoir que son programme à lui ne consisterait pas en un catalogue de mesurettes. Une promesse de baisse des prélèvements obligatoires, un objectif de réduction des dépenses publiques, ou, au contraire, des promesses d'augmenter, ici ou là, le nombre d'embauches de fonctionnaires, cela ne fait pas un programme, cela n'offre pas une vision. Et c'est pourquoi cela ne convainc plus.

La démarche de Macron a consisté à proposer un diagnostic sur l'état du pays et les possibilités de son redressement. « La responsabilité du discours politique en démocratie, c'est de proposer aux gens une traduction de la réalité qu'ils vivent[1] », prétend Marcel Gauchet. En effet, pour être en mesure de formuler des solutions, il faut d'abord être au clair sur les problèmes. « Sur la base du diagnostic qui sera établi, nous proposerons un plan de transformation du pays : à la différence d'un programme, qui comprend beaucoup de mesures et peu d'explications, il s'appuiera sur une vision étayée du pays, un nombre limité de propositions fortes avec le détail de leur mise en œuvre », annonçait Macron dans une interview au quotidien *Les Échos* le 25 août 2016. C'est très précisément ce qui a été fait. L'une des caractéristiques essentielles de Macron, c'est qu'il fait très exactement ce qu'il a annoncé.

« Il est impossible de se mettre d'accord sur l'endroit où aller si l'on n'est pas d'accord sur l'endroit d'où

1. Marcel Gauchet, « Nous assistons à la disparition du surmoi en politique », interview dans *Le Point*, 17 novembre 2016.

l'on part. Nous avons besoin d'un consensus sur le diagnostic », proclame la synthèse, mise en ligne par En Marche !, des entretiens menés par ses militants dans toute la France durant l'été 2016. Les rares universitaires sérieux qui s'engagent encore en politique avaient généralement choisi de conseiller et de soutenir Benoît Hamon. Ce fut notamment le cas de la sociologue Dominique Méda (théoricienne de la « fin du travail »), de l'économiste Thomas Piketty (auteur du best-seller mondial *Le Capital au XXIe siècle*, dont les thèses sont extrêmement contestables), du politologue Patrick Weil (spécialiste de l'immigration), de la philosophe Sandra Laugier (spécialiste des phénomènes de désobéissance) ou du climatologue Jean Jouzel. Macron, lui, a choisi une démarche différente. « Généralement, cette mission de diagnostic est réalisée par des experts et des techniciens, qui réalisent bien souvent un travail précis, juste, documenté, mais que les citoyens ne s'approprient pas. Ces rapports produits en chambre et à la chaîne permettent-ils de légitimer une réforme ? Non. Il faut donc permettre que le diagnostic soit réalisé au sein de la société, et non au-dessus d'elle[1]. » Dans le cadre d'une « longue marche », 5 000 « marcheurs » sont donc allés interroger sur leurs attentes un échantillon représentatif de personnes ; 25 000 questionnaires ont été ainsi remplis, au cours d'interviews d'au moins un quart d'heure.

Il vaut la peine d'aller regarder de près la synthèse des résultats obtenus, mise en ligne sous le titre « La France qui subit. Restitution d'un diagnostic ». Car le candidat Macron, qui en a présenté personnellement les résultats au cours de trois meetings tenus en

1. Quentin Lafay, « Une nouvelle génération en politique », *Le Débat*, n° 194, mars-avril 2017.

octobre 2016 à Strasbourg, au Mans et à Montpellier, s'en est servi pour forger son offre politique.

La première idée qui s'en dégage, c'est que nos compatriotes ont le sentiment d'être « empêchés », paralysés dans leurs aspirations. « On a du mal à vivre. On ne peut pas anticiper. On ne peut pas faire de projets. On est bloqués. » « Mon plus grand espoir, c'est la liberté de pouvoir choisir ma vie avec les outils de la société » (Sarah, 31 ans, Paris). Or, l'organisation de celle-ci apparaît à beaucoup en retard sur l'évolution des aspirations individuelles : « On a confiance en nous, on est bosseurs, on est positifs. La société finira par se remettre en question pour qu'on puisse évoluer » (Nicolas, 39 ans, Lyon). L'État, qui devrait être le facilitateur des changements, apparaît comme incapable de les accompagner. « Les moments les plus compliqués, face à la bureaucratie, sont justement les changements de la vie – un déménagement, une nouvelle embauche, un changement de statut après un mariage, un nouveau job, un nouveau départ. Tous ces moments où l'on s'attendrait, au contraire, à être accompagnés, pas empêchés ! »

La deuxième, c'est un fort sentiment d'insécurité. Insécurité économique et sociale : « Je crains que l'intégralité de mon salaire ne serve qu'à payer des factures, loyer, impôts… » (Grégoire, Hérault). Insécurité physique : « Être une femme dans la banlieue parisienne est dangereux : insultes, vols… Dehors, on doit marcher en baissant la tête » (Julie, Essonne). « Ce qui m'inquiète le plus, c'est la guerre civile » (Pierre, Pas-de-Calais). Beaucoup de témoignages indiquent que le système d'intégration « ne fonctionne plus » (Maria, Paris).

Sur la mondialisation, affirment les « marcheurs », « nous avons entendu des choses très différentes et parfois même divergentes. […] Nous avons le sentiment que la mondialisation coupe notre pays en deux ». *Idem* face au numérique. Si, côté consommateur, on apprécie la transparence sur les prix et la mise en concurrence des offres, côté producteur, on s'inquiète des destructions d'emplois induites par l'automation.

Enfin, comme de nombreux sondages, l'enquête de terrain démontre que l'intérêt pour la politique, chez les Français, n'a nullement disparu, mais que la lassitude envers ce qui en tenait lieu, à cette époque, était proche de l'exaspération. « Nous ne nous sentons plus représentés » (Charles, 74 ans, Bordeaux). « Non seulement nos représentants ne nous ressemblent pas, mais ce sont presque toujours les mêmes. » L'exigence envers les gouvernants est assez claire : « Ce que je demande à la politique, c'est un projet réaliste et pas une succession de promesses. Il faut expliquer ce qui peut être fait et pourquoi » (Anne, 52 ans, Maine-et-Loire). « La politique devrait se préoccuper des grands enjeux et du long terme, plutôt que des polémiques passagères » (Myriam, 26 ans, Yvelines).

On s'étonnera toutefois de découvrir dans ce long document, ici hâtivement résumé, deux jugements que contredisent les sondages. D'une part, l'islam ne semble pas poser de problème particulier aux personnes interrogées par les « marcheurs » : « Nous n'avons pas trouvé trace de polémiques sur "le voile à l'université", et encore moins sur les menus de substitution. » Tout le monde communierait dans un même attachement envers la laïcité. De même, on lit dans ce compte-rendu d'enquête : « Les valeurs liées à l'autorité sont extrêmement minoritaires – elles sont mentionnées 7 fois moins souvent que celles liées à la transparence. » Bizarre.

Voilà des jugements que ne corroborent guère les sondages. Selon l'enquête « Fractures françaises 2017 », publiée par *Le Monde* le 3 juillet 2017, seulement 40 % des sondés estiment que « la manière dont la religion musulmane est pratiquée en France est compatible avec les valeurs de la société française » ; 46 % pensent que « l'islam porte malgré tout en lui des germes de violence et d'intolérance » ; et 74 % que « l'islam cherche à imposer son mode de fonctionnement aux autres ». 73 % des électeurs favorables à En Marche ! partagent ce point de vue, contre 54 % de ceux du Parti socialiste et 53 % de ceux de La France insoumise. De la même façon, Pascal Perrineau relève, le même jour, dans le même quotidien, que « l'autorité est une valeur largement plébiscitée par les Français » : 88 % des sondés, selon le programme Viepol, considèrent « qu'on a besoin d'un vrai chef, en France, pour remettre de l'ordre » ; et 84 % que « l'autorité est une valeur trop souvent critiquée ». Sur ce dernier point, au moins, il semble que le président Macron se montre davantage en phase avec les sondages qu'avec les résultats des enquêteurs de son propre mouvement…

Emmanuel Macron a pris conscience de l'exaspération d'une grande partie de la population envers les élites dirigeantes. Dans une société aussi hiérarchisée que la nôtre (voilà bien l'une de nos plus importantes et moins bien perçues « exceptions françaises »), où ceux qui se trouvent au sommet de la pyramide jouissent de pouvoirs sans équivalent dans les démocraties occidentales, nul autre qu'eux ne peut être tenu responsable des échecs de la nation. C'est sans doute injuste, car nos échecs sont, dans une large mesure, collectifs. Les forces de l'« empêchement » sont à l'affût. Tout changement, toute adaptation au cours du monde tel qu'il va est ressentie par une partie de la population comme une agression à son endroit. Nous renâclons depuis des années devant la perspective de réformes qui, chez nos voisins suédois ou allemands, ont assuré le maintien d'un système social non seulement généreux, mais financé. La candidature de Macron a bénéficié des échecs à répétition des anciens « partis de gouvernement » dans la mesure où la frustration populaire qui en a résulté a créé un appel d'air. Sa campagne électorale a mêlé étrangement la « bienveillance » à des éléments populistes. Ce pur produit de la méritocratie, au parcours de premier de la classe, est parvenu à occuper le créneau de la contestation des représentants du système. Comme il l'écrit lui-même dans son livre *Révolution*, « rien ne me prédestinait aux fonctions que j'ai occupées comme ministre de l'Économie, ni à l'engagement politique qui est le mien aujourd'hui ». Mais cet ancien ministre aura été l'agent paradoxal du « dégagisme » ; la boule qui renverse le jeu de quilles politicien ; celui qui rebat toutes les cartes. Pourquoi ? Parce qu'« [il a] décidé de ne payer aucun tribut à un système politique qui ne [m']a jamais véritablement reconnu pour l'un des siens ». « Si j'ai décidé de défier les règles de la vie politique, écrit encore Macron, c'est que je ne les ai jamais acceptées. » Cette transgression assumée des règles en usage dans un milieu qu'il a décrit comme une « profession réglementée » inscrit Emmanuel Macron dans une tradition bonapartiste. En même temps qu'elle fait écho au principe appliqué par Aziz Senni, l'« entrepreneur des banlieues », dans son livre *L'ascenseur social est en panne… j'ai pris l'escalier de service*[1].

L'idée que Macron se fait du pays est très révélatrice. Dans l'interview qu'il donne à l'hebdomadaire allemand *Der Spiegel* (très impressionné de le voir parcourir la France en TGV 2de classe !), en mars 2017, le candidat

1. L'Archipel, 2005.

d'alors dit : « Partout je rencontre une immense énergie. Même si les gens présument le contraire, les Français veulent construire quelque chose, créer quelque chose. Vous pouvez ressentir une vitalité qui, trop souvent, demeure non reconnue ; elle n'apparaît pas dans les médias. Mais, bien sûr, il y a aussi beaucoup d'anxiété. Anxiété à propos de l'avenir et parfois la nostalgie d'un passé qui peut n'avoir jamais existé. »

Les nouveaux mouvements politiques, dans notre pays, se créent souvent par identification avec les aspirations de nouvelles couches sociales en ascension. Le parti radical s'est créé, en 1901, pour servir l'émancipation des « couches nouvelles », dont Gambetta avait annoncé, dans son fameux discours de Grenoble de 1872, qu'elles n'allaient pas tarder à faire leur entrée en politique. Le Parti socialiste a été fondé, en 1971, pour offrir un débouché politique aux « nouvelles couches salariées ». C'est ce que François Mitterrand avait à l'esprit, lorsqu'il avança, après sa victoire le 21 mai 1981, que « la majorité politique, démocratiquement exprimée, [venait] de s'identifier à sa majorité sociale ». À ses yeux, ouvriers, employés et cadres avaient vocation à rejoindre la gauche, expression politique du salariat dans son ensemble. De la même façon, En Marche ! apparaîtra aux sociologues qui voudront bien en analyser les militants et les électeurs comme un mouvement politique né de l'impatience de catégories sociales qui ne s'estimaient pas représentées par les vieux partis de gouvernement. Entrepreneurs de banlieue, précariat décidé à se faire une place grâce aux nouveaux outils numériques, jeunes diplômés startuppeurs ou pas, chômeurs qui rongent leur frein, tous aspirent à une société plus mobile et plus souple, et qui leur fasse une place.

À beaucoup, Emmanuel Macron est ainsi apparu comme le candidat qui pouvait leur donner leur chance, en remettant en mouvement une société qui leur paraissait bloquée. En même temps, il a tranché le nœud gordien d'une crise politique qui aurait pu – et pourrait encore – mal se terminer. Ainsi, apparaît-il comme l'« homme providentiel » qu'appellent nos crises nationales. C'est une bien lourde responsabilité. Le risque de décevoir est immense.

Reste à savoir quelle sorte de président il sera. Techno ? Messianique ? Autoritaire ? Libéral ? Modernisateur ? Startuppeur ? Plutôt Napoléon III ou plutôt Pierre Mendès France ? Un Tony Blair national, qui nous arriverait avec vingt ans de retard ? Apportera-t-il l'ultime déception qui provoquera la crise finale, tant désirée par les extrémistes ? Plutôt que de chercher à lire son avenir et le nôtre dans les astres ou le marc de café, ce livre propose d'explorer les sources intellectuelles du « macronisme ».

Il retrace les lignes directrices d'une formation intellectuelle, un chemin de culture, une *Bildung*, comme disent les Allemands.

Car la pensée de Macron s'est élaborée au cours d'études assez inhabituelles chez nos dirigeants. La politique qu'il a commencé à mettre en œuvre est le fruit d'une réflexion très personnelle. On se propose ici de la reconstituer brique par brique.

1

Bildung présidentielle, acte I : un jeune hégélien de gauche

« Certes, l'homme doit nécessairement se livrer au fini ; mais il existe une nécessité plus haute, qui consiste à pouvoir disposer d'un dimanche de la vie où nous nous élevons au-dessus des travaux de la semaine pour nous consacrer à ce qui est Vrai et le porter à la conscience[1]. »

Hegel, *La Raison dans l'Histoire*

« Quant à la parole médiatique, c'est la nourriture donnée à un monstre qui ne s'arrête jamais. [...] Il en demande davantage. Il prend ce que vous lui donnez jusqu'au moment où il vous rejette. [...] C'est pourquoi l'action politique se construit aussi par des périodes de parenthèse, de retrait vis-à-vis de l'action. [...] La politique et la pensée politique se construisent dans les plis, pour reprendre une formule de Gilles Deleuze. Les plis de la vie sont les moments où il y a une forme d'opacité assumée. C'est une

1. Hegel, *La Raison dans l'Histoire*, 10/18, 2003, p. 62.

bonne chose parce qu'on se construit dans l'obscurité. On peut lire, réfléchir, penser à autre chose, être en recul, c'est une nécessité. »

Emmanuel Macron, *Le 1*,
8 juillet 2015

Un intellectuel en politique

Cela faisait longtemps que la France n'avait pas porté au pouvoir un authentique intellectuel. Nous avions pris l'habitude, sous la Ve République, de confier notre destin collectif à des gestionnaires, à des technocrates. Déléguer la modernisation du pays à de grands commis de l'État, considérés comme compétents, apolitiques et garants de l'intérêt général, telle était l'intention du général de Gaulle, le fondateur de nos institutions. Il se méfiait des notables et des corps intermédiaires, et du « régime des partis », auxquels il attribuait les échecs de la IVe.

Giscard, Chirac et Hollande sont d'anciens élèves de l'ENA. Aucun n'a particulièrement brillé par sa culture. Personne ne les soupçonnera d'avoir dissimulé une philosophie de l'histoire, contrairement à un François Mitterrand : la sienne, très marquée par sa formation intellectuelle d'extrême droite, charriait un sens du tragique et du destin des peuples ; elle comportait même une dimension mystique assez étrange. Certes, Georges Pompidou était, lui, un authentique normalien. Mais il avait dérogé à la carrière intellectuelle pour s'enrichir dans la banque. Et s'il avait édité une anthologie de la poésie française, ses discours étaient plus fréquemment illustrés de citations des chansons de l'époque (*Les Cactus*, de Dutronc) que de vers de Ronsard ou de Mallarmé.

Macron se présente d'emblée sous le patronage de ses penseurs préférés. Et ils ne relèvent pas de la fast-culture contemporaine. Qu'on en juge : « J'ai passé beaucoup de temps à lire Kant, Aristote, Descartes. [...] J'ai ensuite découvert Hegel[1]. » Aristote et non Platon, ça vous marque d'emblée dans une mouvance plutôt conservatrice, ces jours-ci. En outre, Platon a mauvaise presse chez les libéraux, ses amis. Dans *La Société ouverte et ses ennemis*[2], Karl Popper fait figurer le disciple de Socrate au premier rang des accusés : il le soupçonne d'avoir rêvé d'une société totalitaire, économiquement autarcique, dont les philosophes seraient devenus les princes. Concrètement, l'auteur de *La République* n'imaginait-il pas convertir à son régime idéal Denys, tyran de Syracuse ? Le despotisme éclairé est décidément le rêve récurrent de certains philosophes. Mais nous voilà entraînés à opposer deux penseurs majeurs de la philosophie antique, à jauger les choix personnels d'un président de la République, faisant allusion à sa formation. Dans la bouche de Nicolas Sarkozy, de tels propos auraient prêté à rire. D'où vient que, au contraire, on prenne au sérieux le nouveau président ?

De manière générale, les intellectuels n'ont pas bonne réputation en politique. Du côté libéral et conservateur, en particulier, on les tient pour de dangereux théoriciens, adeptes d'idées bien trop générales pour faire face aux réalités particulières et concrètes. Dans *L'Ancien Régime et la Révolution*, Tocqueville accuse les gens de lettres d'avoir exercé, durant la seconde moitié du XVIIIe siècle, une influence délétère sur les milieux de la noblesse et de la bourgeoisie. Tenues à l'écart de l'exercice du pouvoir

1. *Le 1*, interview du 8 juillet 2015.

2. Karl Popper, *La Société ouverte et ses ennemis* (*The Open Society and Its Enemies*, 1945), Éditions du Seuil, 1979.

par la monarchie, mais abreuvées de théories, ces classes sociales auraient ainsi développé, dans la serre chaude de leurs salons, une « politique littéraire ». Dépourvus d'expériences concrètes, les « philosophes » français des Lumières ignoraient tout, en effet, de la résistance que peuvent opposer les réalités sociales et économiques à l'élégance de leurs théories : « La condition même de ces écrivains les préparait à goûter les théories générales et abstraites en matière de gouvernement et à s'y confier aveuglément. Dans l'éloignement presque infini où ils vivaient de la pratique, aucune expérience ne venait tempérer les ardeurs de leur naturel ; rien ne les avertissait des obstacles que les faits existants pouvaient apporter aux réformes même les plus désirables[1]. » Et il fait des révolutionnaires de la Convention les redoutables continuateurs de ces provocateurs de salon. Ce qui les distingue : une absence de frein moral comme de l'idée de limite. « L'esprit humain perdit entièrement son assiette ; il ne sut plus à quoi se retenir ni où s'arrêter, et l'on vit apparaître des révolutionnaires d'une espèce inconnue, qui portèrent l'audace jusqu'à la folie, qu'aucune nouveauté ne put surprendre, aucun scrupule ralentir, et qui n'hésitèrent jamais devant l'exécution d'un dessein[2]. » Observation qui n'a pas perdu sa pertinence face à certains délires populistes contemporains. La certitude d'être en possession d'une vérité ultime n'encourage pas à la prudence ou à la sagesse pratique, prônée par Aristote.

Dans *Les Origines de la France contemporaine* (1875-1893), Hippolyte Taine reprend ces arguments pour fustiger les « spéculateurs de cabinet » et autres « prédicateurs de carrefour ». Il leur reproche d'avoir

1. Alexis de Tocqueville, *L'Ancien Régime et la Révolution*, GF Flammarion, 1988, p. 232.
2. *Ibid.*, p. 247-248.

répandu un « esprit de dénigrement » qui aurait miné les fondements de l'Ancien Régime sans avoir eu, en réserve, de réels projets précis de remplacement. N'ayant aucune expérience des affaires publiques, dans une France où l'État monarchique s'en réservait l'exclusivité, ils auraient été les responsables de la politique révolutionnaire de la table rase. Mais on peut aussi soupçonner les politiques dotés de grandes ambitions intellectuelles d'éprouver quelques difficultés à ajuster leurs théories à la gestion au quotidien des affaires de l'État. C'est ce que vérifient les premiers mois d'exercice de la présidence par Emmanuel Macron.

Il y a eu pourtant, dans notre histoire, des époques où le pouvoir politique fut exercé par d'authentiques intellectuels ; et ils n'ont pas laissé que de mauvais souvenirs. La monarchie de Juillet, l'un de nos rares épisodes libéraux, fut ainsi marquée par la revanche des grands professeurs suspendus en 1827 par la Restauration pour leur esprit critique : Victor Cousin, François Guizot et François Villemain. Elle s'en est bien portée, dans l'ensemble. Et Albert Thibaudet voyait dans la victoire du Cartel des gauches de 1924 le point culminant de sa *République des professeurs* : « Le triumvirat Herriot-Painlevé-Blum triomphait, écrit-il. Herriot, le plus brillant des agrégés des lettres, Painlevé, grand professeur mathématicien, et Blum, le normalien du dehors, l'universitaire *in partibus Parisiorum*, représentant cette importante partie de l'École – son aristocratie[1]. » Nos intellectuels n'ont pas toujours été les rivaux des politiques. Certains n'ont pas daigné se mêler directement des affaires publiques.

1. Albert Thibaudet, *La République des professeurs* (1927), Robert Laffont, coll. « Bouquins », 2007, p. 84.

Autoportrait de l'artiste en conquistador

Emmanuel Macron a raté à deux reprises le concours d'entrée de l'École normale supérieure alors que, reçu au bac avec la mention « Très bien », il avait été admis à l'une des khâgnes les plus prestigieuses de France, celle du lycée Henri-IV. Il voulait écrire. Il conserverait dans ses tiroirs des écrits de jeunesse, dont un « roman épique » intitulé *Babylone, Babylone*, où il « racontait d'une manière un peu décalée l'aventure de Hernán Cortès. Il n'a eu qu'une seule lectrice, mon épouse, et il n'en aura pas d'autres[1] », confie l'auteur. Il est intéressant, pour sa biographie, que le futur président de la République se soit projeté dans la figure du conquistador espagnol ; de l'homme qui a « brûlé ses vaisseaux » (c'est à son geste qu'on doit cette expression) pour forcer ses maigres troupes à partir à la conquête de l'immense Empire aztèque plutôt que de retourner s'abriter à Cuba ; de l'homme qui a désobéi au représentant de l'autorité impériale (incarnée par Diego Velázquez de Cuéllar) pour poursuivre une aventure qui paraissait insensée ; un homme qui a su aussi utiliser habilement les dissensions au sein de ses adversaires pour les vaincre et les soumettre… ; et qui a poussé l'audace aventurière jusqu'à se faire passer pour l'espèce de messie qu'attendaient les Aztèques (Quetzalcóatl) afin de les désarmer moralement.

Bien plus que chez Eugène de Rastignac, c'est du côté de Hernán Cortès qu'il faut chercher le vrai modèle d'Emmanuel Macron. Lui aussi a brûlé ses vaisseaux, en quittant le gouvernement. Lui non plus « ne paie

1. Emmanuel Macron, *Macron par Macron*, Éditions de l'Aube, 2017, p. 86.

pas son tribut au système », comme il dit et cultive une image de rebelle qui lui a permis de bénéficier du courant politique actuel de rejet des élites. « Je suis un métèque de la vie politique » (28 avril 2017). Et certains n'hésitent pas à s'amuser de ce que son prénom, Emmanuel, signifie étymologiquement « Dieu avec nous ». L'hebdomadaire catholique *La Vie* juge ainsi que la « visitation » du candidat Macron dans ses locaux à la veille de Noël a constitué « une facétieuse coïncidence ». Le personnage qu'il s'est dessiné comporte un caractère messianique. Après avoir été décrit par ses adversaires, de droite et de gauche, comme celui qui « risquait de faire gagner Marine Le Pen[1] », il a retourné l'argument en réclamant en sa faveur le vote utile contre la candidate du Front national, aussitôt qu'il devint clair que Benoît Hamon ne pouvait pas l'emporter.

On rappellera aussi les analyses de l'esprit du capitalisme produites au début du XXe siècle : tant Werner Sombart que Max Scheler ont insisté sur la continuité anthropologique qui relie historiquement le personnage du condottiere, du conquistador, de l'explorateur ou du corsaire au capitaine d'industrie et à l'entrepreneur modernes. Tous les deux ont opposé l'« esprit bourgeois », obsédé par la conservation de ses possessions au point d'appauvrir la vie, à l'« esprit capitaliste », entretenu par une forme de narcissisme qui nourrit un appétit de puissance débridé et se traduit par une forte intensité vitale. On le verra : Macron déteste la « rente », mais entend favoriser l'entrepreneur-condottiere, l'innovateur audacieux. Comme s'il était resté fidèle à l'idéal du conquistador de sa jeunesse.

1. « Certains disent pourtant que vous feriez le plus mauvais candidat face à Marine Le Pen ? », interview d'Emmanuel Macron, *Le Monde*, 3 avril 2017.

Ses amis : des technocrates et des intellectuels

Avant de s'inscrire à Sciences Po, il avait suivi des cours de philosophie à l'université de Nanterre. Il admet ne jamais avoir eu en vue une carrière universitaire, mais avoir été motivé par le simple « goût de comprendre les choses ». On a le sentiment d'avoir affaire à une personnalité qui se serait construite de manière systématique ; à une *Bildung* à l'ancienne : « penser par les textes au contact de la vie[1] ». Un « chemin de culture » qui aurait débuté, logiquement, par les fondations : une solide formation philosophique, avant de se lancer dans l'étude des sciences politiques, puis du droit et des finances publiques et enfin de s'initier à la vraie vie des affaires, dans la banque. Ainsi se donne-t-on les moyens de son ambition. Mais dans son esprit, le savoir est surtout conçu comme la condition de l'émancipation et donc de la liberté. « Au fond, de ces années [d'études], j'ai appris l'effort, le désir de savoir pour trouver la liberté[2]. »

Pour autant, l'homme n'est certainement pas un contemplatif ni un esthète. La culture est, chez lui, l'horizon de l'action. Dans ses interviews, comme dans ses écrits, il ne cesse d'insister sur la nécessité, pour l'homme d'action, de réfléchir au sens de ce qu'il fait. « Il faut articuler la pensée et l'action[3]. » Il aspire encore et toujours à « faire circuler d'un espace à l'autre » les champs politique et philosophique. Et il ne conçoit pas l'action politique sans la définition préalable d'un horizon de sens préalablement défini. Nous voilà à cent lieues de la « politique littéraire » de Tocqueville et des « prédicateurs de carrefour »

1. Emmanuel Macron, *Révolution*, *op. cit.*, p. 20.
2. *Ibid.*, p. 17.
3. Interview au *1*, 8 juillet 2015.

de Taine. Et, on le verra, l'esprit de Macron est également à l'opposé de la dérision de principe et du dénigrement universel, devenus la marque de notre culture médiatique contemporaine, bien davantage encore qu'ils ont pu l'être à la veille de la Révolution.

Beaucoup n'ont pas pris cette dimension au sérieux. Ils n'ont voulu y voir qu'une simple stratégie de communication, destinée à gommer la réalité, technocratique, du personnage, sorti de l'ENA dans la botte et membre de la prestigieuse inspection des Finances ; une manière de donner le change et de se concilier l'intelligentsia. À gauche : « Derrière le mythe Macron, se cache un pur produit de la technocratie française, au cœur des plus hautes fonctions de l'État depuis dix ans[1]. » À droite : « Dans le récit heureux de l'ascension d'Emmanuel Macron, on trouve en très bonne place la philosophie. C'est, en France, un atout pour capter la bienveillance générale. [...] C'est au moins autant un choix d'image que de doctrine. Cela lui confère une gravité, une profondeur intellectuelle, quand ses caricaturistes le ramènent à un ersatz de beach boy californien[2]. » De manière générale, la droite politique a sous-estimé la dimension intellectuelle de Macron. Mal lui en a pris. Comme l'écrivait, avec dépit, Marin de Viry : « On a tout dit sur la platitude, la virtualité, l'évanescence, le côté "manager" ectoplasmique de "teams" à slogans "corporate" éculés d'Emmanuel Macron ; sur son côté ami des grandes marques, des grandes banques et des grands corps. On a tout essayé, il est toujours le favori[3]. »

Emmanuel Macron a noué de solides amitiés dans la technostructure (grâce à Jean-Pierre Jouyet, puis à la commission Attali). Il bénéficie des travaux et réflexions

1. Erwan Manac'h, *Politis*, 13 avril 2017.
2. Charles Jaigu, *Le Figaro*, 19 mai 2017.
3. *Le Figaro*, 14 avril 2017.

de nombreux économistes (Jean Pisani-Ferry, Philippe Aghion, Hélène Rey, Élie Cohen, etc.). Certes, la gauche universitaire lui a été et lui reste globalement hostile : elle avait misé sur Benoît Hamon. La philosophe Sandra Laugier avait organisé pour le candidat de La Belle Alliance populaire des rencontres, intitulées « Forums des idées », avec tout ce qui compte dans le monde académique. Dominique Méda et Thomas Piketty notamment leur ont apporté leur notoriété. Dans ce milieu, on considérait Macron comme le candidat de la « mondialisation libérale » exécrée, de la « pensée unique qui interdit de critiquer le monde, le marché et la construction européenne tels qu'ils vont », selon le philosophe Yves Sintomer. Macron, en homme de son temps, a préféré s'appuyer sur les travaux des think tanks – ceux du libéral Institut Montaigne, en particulier, ce qui n'exclut pas des liens noués avec Thierry Pech, le directeur de Terra Nova – d'une gauche réformiste et proche de la CFDT.

Macron exaspère Michel Onfray. Pour le penseur de notre « décadence », le « Moloch totalitaire qui impose la religion du veau d'or » a placé « un de ses desservants là où ils doivent se trouver pour bien faire fonctionner la machine ». Bref, Macron est le fruit d'un complot libéral mondialisateur : à l'en croire, les partisans de Hollande auraient même « bourré les urnes » de la primaire de gauche de bulletins « Hamon »... puisque c'était le « plus mauvais candidat possible », afin de favoriser la victoire de Macron. Laurent Joffrin a dit tout le mal qu'il faut penser d'une logique aussi ouvertement démente et que ne corrobore aucun fait : « Un entretien sur la campagne présidentielle qui restera dans les annales de l'approximation, du sophisme et du storytelling paranoïaque[1]. »

1. *Libération*, 2 juin 2017.

La gauche radicale partage généralement l'analyse du couple sociologique Michel Pinçon et Monique Pinçon-Charlot, selon lequel Macron est « mandaté par des milliardaires pour donner un grand coup de balai sur des divisions politiques qui paralysent les intérêts de l'oligarchie. Avec lui, il n'y aura plus de droite ni de gauche, mais une unité de l'élite autour du veau d'or qu'est devenu l'argent[1] ».

Emmanuel Todd, le contempteur de l'esprit du 11 janvier, se vante de s'être abstenu lors du second tour de la présidentielle. « Je prends le risque [Le Pen]. Je vais m'abstenir. Dans la joie », déclarait-il alors. Quant à Régis Debray, il ne lui a pas échappé que Macron chantait *La Marseillaise*... la main droite sur le cœur : la preuve qu'il était le candidat de l'Amérique honnie. C'est peut-être un détail pour vous, mais pour lui, ça veut dire beaucoup !

Pourtant, Macron a su aussi soulever des enthousiasmes au sein de l'intelligentsia. Erik Orsenna est un ami et un fan. Michel Houellebecq a accepté des rencontres et reconnaît, avec le mélange de naïveté et de cynisme qu'on lui connaît, « appartenir à la classe qui vote Emmanuel Macron » parce qu'il se considère comme « trop riche pour voter Le Pen ou Mélenchon »... Il dit de Macron : « Il est bizarre, on ne sait pas d'où il vient, il fait un peu mutant [...], mais oui, il y a une certaine fascination. » Un ou deux crans au-dessus dans l'enthousiasme, on trouve le grand sociologue Alain Touraine, le rival de Pierre Bourdieu, héros de toujours de la gauche radicale chic. Touraine écrit sur son blog : « Qu'ai-je entendu ? Un retour de la parole la plus haute, celle qui se met

1. *Politis*, 13 avril 2017.

au service de la démocratie en même temps qu'à la recherche d'un bon gouvernement. Quand avais-je entendu cette parole pour la dernière fois ? Je suis obligé de répondre : quand de Gaulle ou Mendès France parlaient. [...] De Gaulle était avant tout un homme d'État démocrate qui avait traversé la guerre, tandis que Macron parle en intellectuel, ce qui me convainc plus facilement, mais déplaît beaucoup. [...] Le fauteuil présidentiel n'est plus vide[1]. »

Quant au philosophe allemand Peter Sloterdijk, il estime l'élection d'Emmanuel Macron tellement surprenante, dans le contexte de la montée des populismes, qu'elle nécessiterait l'utilisation d'un terme normalement étranger au lexique de la politique – celui d'« apparition ». « Il y a eu Jeanne d'Arc, il y a eu le général de Gaulle, et il y a maintenant Macron, dit-il, mi-sérieux mi-ironique. Il brille d'une aura de sagesse naturelle et d'intelligence supérieure. C'est aussi son intelligence qui a séduit son électorat[2]. » Voilà qui vaut pour brevet de profondeur intellectuelle de la part d'un spécialiste ! Marcel Gauchet, codirecteur de la revue *Le Débat* et l'un des esprits les plus affûtés de notre haute intelligentsia, a accepté de mener une série de cinq dialogues avec Macron, lui apportant ainsi une caution importante. Et Olivier Mongin, qui fut longtemps directeur de la revue *Esprit*, a tenu à témoigner en faveur de Macron, dans les colonnes du quotidien *Le Monde*. Une version plus complète de ce texte important se trouve sur le site de la revue *Esprit* datée du 31 mai 2017.

J'ai entendu une animatrice d'une radio de service public évoquer la « légende de Macron, assistant de Paul

1. http://alaintouraine.blogspot.fr/, 4 juillet 2017.
2. *Le Point*, 27 avril 2017.

Ricœur » et se faire prestement rabrouer par un témoin direct aussi crédible que François Dosse, très proche de Ricœur, et auteur d'une biographie qui lui est consacrée. Oui, Emmanuel Macron a bien été l'assistant éditorial de Paul Ricœur. Il l'a assisté dans ses lectures et l'écriture d'un de ses livres les plus importants. On y reviendra. Et il n'a jamais prétendu avoir été son assistant universitaire, contrairement à une thèse répandue par la philosophe Myriam Revault d'Allonnes et par la journaliste Anne Fulda dans son livre *Emmanuel Macron, un jeune homme si parfait*[1]. Témoignage de Mongin : « J'ai rencontré Emmanuel Macron au cours d'un anniversaire où Paul Ricœur réunissait ses amis à Châtenay-Malabry. »

La deuxième gauche, celle de la revue *Esprit*

Car si Emmanuel Macron a fait partie du groupe de hauts fonctionnaires sociaux-libéraux Les Gracques, ou encore du club En temps réel, de même sensibilité, s'il a été le rapporteur général adjoint de la commission dite « Attali » pour la libération de la croissance française, il a également siégé au comité de rédaction de la revue *Esprit*, de janvier 2009 à janvier 2017. « Il en est sorti, à notre demande, [afin de garantir] l'indépendance mutuelle, au-delà des liens d'amitié et d'estime, tissés durant ces années », écrit *Esprit* à ses lecteurs. La rumeur veut qu'une féroce lutte politique se déroule depuis au sein de la rédaction de cette prestigieuse revue intellectuelle entre les partisans de Macron et un courant beaucoup plus à gauche, favorable à Jean-Luc Mélenchon. Sans doute. Mais imagine-t-on Nicolas Sarkozy siéger au comité de

1. Plon, 2017.

rédaction de la revue *Commentaire* – qui est à la droite ce qu'*Esprit* est à la gauche ? Ou Hervé Morin à celle de la revue *Le Débat*, de sensibilité centriste ?

À *Esprit*, Macron s'est réellement investi. Non seulement il a sauvé financièrement cette revue, qui n'est pas adossée à un groupe éditorial contrairement à la plupart de ses rivaux, mais il y a signé six articles, dont plusieurs étaient consacrés aux questions universitaires. Et il y a animé un groupe de réflexion sur le rôle de l'État – sujet qui a été constamment au cœur de sa réflexion. Il s'est montré, précise Olivier Mongin, « très présent, collectif, convivial, efficace[1] ». Selon le même témoin, Macron n'a pas cherché à se servir de la revue des chrétiens de gauche au profit de ses ambitions personnelles. Il y aurait simplement trouvé un lieu de réflexion collective. *Esprit* était un choix logique pour un homme qui avait été l'assistant éditorial de Paul Ricœur, très proche de la revue. C'est Ricœur qui l'a présenté à Mongin. Ce choix contribue aussi à inscrire Macron dans le paysage de la « deuxième gauche », antijacobine et émancipée du « surmoi communiste » qui plombait la première ; celle de Rocard et de Delors. De Rocard, dont Macron fut proche à la fin de sa vie et qu'il considère comme un modèle, il écrit : « Une volonté de regarder la vie en face, le réel en face, non seulement pour les décrire, mais pour les changer. » Chez Macron aussi, l'étape de la compréhension constitue le préalable à l'action. On songe à ce qu'écrivait, de son côté, Raymond Aron des intellectuels communistes de son époque et qui caractérise si bien les néocommunistes de la nôtre : « Ils ne veulent ni penser le monde, ni le changer, ils veulent le dénoncer[2]. »

---

1. *Esprit*, 31 mai 2017.
2. Raymond Aron, préface à *Polémiques*, 1955, *Penser la liberté, penser la démocratie*, Gallimard, coll. « Quarto », 2005, p. 415.

Ses premières armes du côté du « Che » de Belfort

Macron ne cache pas être arrivé à ce terme par des détours. Devenu disciple de Rocard à l'époque où celui-ci avait pris une quasi-retraite politique, il avait auparavant noué des liens forts avec le camp d'en face, celui de Jean-Pierre Chevènement. Ce dernier a été en effet, au sein du Parti socialiste, le grand rival de Rocard, dont il qualifiait aimablement le courant de « gauche américaine ». La tendance que Chevènement animait au sein du PS, le Ceres, était de tendance marxiste et très anti-atlantiste. François Mitterrand a qualifié ses dirigeants de « faux communistes, mais vrais petits-bourgeois ». Mais en tant que premier secrétaire du Parti socialiste, il savait s'en servir, lors des congrès des années 1970, pour contrer et neutraliser Rocard et son allié, l'authentique social-démocrate Pierre Mauroy. À l'époque où Emmanuel Macron a soutenu « le Che », ces querelles, il est vrai, semblaient déjà lointaines. Fréquenter les chevènementistes témoignait d'une volonté de dépasser le clivage droite/gauche, et n'interdisait donc pas de sympathiser bientôt avec des idées rocardiennes. Reste qu'en 2002 Chevènement a rêvé de « faire turbuler le système » et que, quinze ans plus tard, c'est Macron qui y est parvenu.

Des témoins – et même une photographie ! – attestent la présence du jeune Emmanuel Macron (il venait de sortir de la khâgne d'Henri-IV) dans le car qui menait les sympathisants du Mouvement des citoyens à leur université d'été de Perpignan, en août 1998. Cette proximité avec le MDC a valu à Emmanuel Macron, alors étudiant à Sciences Po, un stage effectué auprès de Georges Sarre, vice-président du mouvement chevènementiste et maire du 11e arrondissement de Paris. Chevènement avait rompu avec le PS en 1993, en désaccord avec la politique proeuropéenne de son ancien parti : il avait fait campagne pour le « non » à Maastricht l'année précédente.

À l'époque, en 1998, Chevènement plaidait pour une « Europe des nations » sur le mode gaulliste, même s'il disait souhaiter également « construire une Europe des peuples ». Ce qu'il dénonçait, c'était l'« Europe de la fuite en avant irresponsable ». Macron l'europhile ne parle pas très différemment aujourd'hui. S'il est favorable à l'approfondissement de l'UE, il n'est nullement le partisan béat de l'Union telle qu'elle fonctionne aujourd'hui, qu'ont dépeint ses adversaires eurosceptiques du Front national ou de Debout la France. L'Union européenne, « c'est aujourd'hui, dit-il, un épuisement des idées et des méthodes, [...] un système complet qui rend l'âme et tourne à vide, [...] un système coupé du monde et du réel[1] ».

Postmoderne ou enfant des Lumières ?

Sur le plan philosophique, Macron, le libéral de gauche d'aujourd'hui, revient de loin. Il n'est pas anodin qu'il ait consacré son mémoire de DEA (travail de 3e cycle universitaire qui donne l'autorisation de poursuivre son doctorat) à *La Raison dans l'Histoire* de Hegel. Un homme d'action désireux de disposer d'un outil lui permettant de penser son époque ne pouvait qu'être séduit par un penseur qui proclamait que « la philosophie est son temps conçu dans la pensée[2] ». L'Élysée refuse de communiquer

1. Emmanuel Macron, *Révolution*, *op. cit.*, p. 224.
2. Hegel, préface des *Principes de la philosophie du droit* (1820), GF Flammarion, 1999, p. 75.

ce travail, et c'est fort dommage. À l'époque de sa rédaction, l'étudiant Macron semble avoir été assez proche d'un marxisme dont on ne trouve guère de trace dans les discours présidentiels d'aujourd'hui.

Il y a deux sortes de politiques. Ceux qui pensent, avec Shakespeare, que l'histoire humaine est un « récit, conté par un idiot, plein de bruit et de fureur et qui ne signifie rien » (*Macbeth*) et ceux qui croient, au contraire, à un sens de l'histoire. Les premiers professent, comme Aristote, que l'histoire est faite de contingence : selon celui-ci, il y aura demain une bataille navale, ou bien il n'y en aura pas. Mais il y n'a pas plus de *nécessité* à ce qu'il y en ait une plutôt qu'à ce qu'il n'y en ait pas. Les dirigeants politiques qui sont animés par une telle vision du monde, assurément les plus nombreux aujourd'hui, sont généralement focalisés sur la mécanique du pouvoir. Ils pensent la vie politique selon le paradigme du « grand escalier » dont on gravit les échelons, en tentant d'atteindre le sommet, mais dont on peut dégringoler à tout moment et sans raison particulière – ce que le critique polonais Jan Kott voyait dans les drames de Shakespeare[1].

La « fin des grands récits », minés par la postmodernité telle qu'elle a été diagnostiquée par Jean-François Lyotard en 1979 dans *La Condition postmoderne*, a rendu les seconds plus rares et surtout plus discrets : l'idée de « nécessité historique », au nom de laquelle les régimes totalitaires ont exterminé des millions de personnes, est devenue suspecte depuis une quarantaine d'années ; et c'est une bonne chose. Pourtant, comme en témoigne le cas de Raymond Aron, donner dans la philosophie de l'histoire ne condamne pas nécessairement

1. *Cf.* Jan Kott, *Shakespeare, notre contemporain*, Payot, nouvelle édition 2016.

à la tentation totalitaire. Parmi les politiques aussi, il reste quelques personnalités curieuses, qui tentent d'isoler des forces agissantes, de découvrir des tendances de fond et des régularités, afin d'en déduire de véritables lois historiques. Jean-Pierre Chevènement en fait manifestement partie. Le jeune Macron, étudiant à Nanterre, aussi.

Notre époque a vu l'émergence de politiciens postmodernes. Ils ont pris *Macbeth* non pas au tragique, mais sur le mode jovial : non, l'histoire n'a aucun sens. La politique peut donc devenir récréative. Berlusconi en aura été l'incarnation la plus aboutie à ce jour. Qu'est-ce que la postmodernité ? Une esthétisation de la vie quotidienne, qui prétend en évacuer non seulement le tragique de l'histoire, mais l'esprit de sérieux lui-même. Un refus de se projeter dans le futur et de lui sacrifier les jouissances du présent. Une extrême méfiance envers les idéologies, ressenties comme bétonnées, sacrificielles, en retard sur l'époque. Une prise de distance ironique avec l'idée de raison et la réhabilitation d'aspects irrationnels, comme l'instinct, la transe, le caractère festif des relations sociales. Ce qui implique, bien entendu, une dénonciation de l'esprit des Lumières, considérées, avec le cartésianisme et la « raison occidentale », comme l'idéologie même d'une modernité périmée. Cette philosophie fait l'apologie d'une société éclatée en « tribus » et manifeste, avec Michel Maffesoli, une cruelle ironie envers les prétentions unificatrices de l'idéal républicain. La personnalité postmoderne, enfin, est caractérisée par le refus de se laisser définir par une identité unique. L'individu de la postmodernité prétend se diffracter en des personnages multiples et changeants. Il fait preuve d'une extrême plasticité en fonction du contexte. La seule loi morale qu'il admet, c'est l'infidélité à soi-même, dans la mesure où il doute profondément de l'existence de ce soi-même. On a parfois rangé le sociologue Zygmunt Bauman dans cette famille de pensée. Bien à tort : il n'a cessé de déplorer ce qu'il appelle la « société liquide » et n'en a jamais fait l'apologie.

Le postmodernisme n'est pas qu'une philosophie et une esthétique. C'est une culture qui imprègne la plupart de nos médias de masse – voyez l'« esprit Canal + ». Elle a connu son apogée dans les années 1980, époque festive contemporaine de l'effondrement des grandes idéologies. Berlusconi, homme de télévision, l'aura importée sur le champ politique avec beaucoup de succès. Sous prétexte qu'il faisait éclater le paysage politique et qu'il le recomposait autour de ses propres intuitions, certains ont comparé l'aventure personnelle de Macron à celle de Berlusconi. Le politologue Gaël Brustier estimait ainsi, dans les colonnes de *L'Humanité*, en mars 2017, que Macron jouait, comme Berlusconi, le jeu « d'une contestation des élites par les élites, au bénéfice des élites, qui parvient à susciter le consentement d'une société pourtant rétive dans sa majorité aux solutions proposées ». Dans *Les Prédateurs au pouvoir*[1], Michel Pinçon et Monique Pinçon-Charlot font le même rapprochement, dans des termes voisins. Comme Berlusconi, Macron aurait monté une « entreprise politique ». Berlusconi, en homme des années 1990, sur le modèle d'un groupe audiovisuel et à partir de clubs de supporters de football. Macron, en homme de son propre temps, sur celui de la start-up.

Dans une interview au *Figaro*, Shmuel Trigano, sans classer Emmanuel Macron dans la famille postmoderniste, prétend néanmoins que sa victoire électorale est

1. Michel Pinçon et Monique Pinçon-Charlot, *Les Prédateurs au pouvoir : main basse sur notre avenir*, Textuel, 2017.

le « fruit de l'état de fait produit par cette nouvelle idéologie ». La définition qu'il donne de l'idéologie en question est particulière. Et on ne voit guère en quoi elle aurait pu favoriser la victoire d'Emmanuel Macron plutôt que celle de Benoît Hamon. Dans le livre qu'il a consacré à *La Nouvelle Idéologie dominante. Le postmodernisme*[1], Shmuel Trigano tend à définir celle-ci comme une attaque en règle contre la réalité objective, qui disparaîtrait sous les « narratifs ». Toutes les limites posées par la nature, comme le sexe, ou la société, comme les frontières nationales, seraient récusées au nom d'un subjectivisme ravageur. Quoi de commun avec Macron ? Selon Trigano, le fait que ce dernier dénie la pertinence de la coupure droite/gauche. L'argument, on en conviendra, est un peu mince[2].

C'est se tromper lourdement. Emmanuel Macron est tout ce qu'on voudra, sauf postmoderne. C'est un défenseur acharné des Lumières, de leur idéal d'autonomie individuelle, et, en outre, un rationaliste convaincu. Loin de juger dépassées les idéologies, il est l'un des rares politiques à en défendre, au contraire, l'impérieuse nécessité. « L'idéologie – un mot qui fait peur aujourd'hui – est une lecture du monde qu'on construit. Elle suppose un rapport à une forme de transcendance : on croit à des principes, à des choses qui dépassent le quotidien et le simple perceptible[3]. » L'emploi qu'il fait de ce mot est relativement inusuel. Nous sommes habitués par le marxisme à concevoir les idéologies comme des constructions intellectuelles destinées à occulter des réalités sociales et à légitimer des systèmes de domination. À ne pas les considérer comme des

1. Hermann, 2012.
2. *Le Figaro Vox*, 28 juillet 2017.
3. Interview à *La Vie*, 22 décembre 2016.

instruments de connaissance, mais comme des manipulations d'une « fausse conscience » par laquelle un sujet aliéné est victime d'une représentation falsifiée de sa situation véritable. Chez Macron, le mot retrouve le sens positif qu'il a, par exemple, chez Raymond Boudon, lorsque celui-ci fait de l'idéologie la conceptualisation d'une « rationalité située ». Pour Macron, « c'est une construction intellectuelle qui éclaire le réel en lui donnant sens[1] » ; ce dont les anciens partis politiques n'étaient plus porteurs. Ou encore : « Le rôle du politique, c'est d'expliquer, de porter une idéologie au sens noble du terme, une vision commune du pays, des valeurs[2]. » Il va jusqu'à réhabiliter la nécessité d'un « récit national » et à faire l'éloge du *Petit Lavisse* de la IIIe République. Et il écrit : « Contrairement à ce qu'affirme une critique postmoderne facile des "grands récits", nous attendons du politique qu'il énonce de "grandes histoires[3]". Hier encore, cela pouvait passer pour provocateur. On n'en est plus là. La crise est si profonde que le temps n'est plus aux simples gestionnaires. » Les peuples réclament des discours porteurs de sens.

Macron estime que le discours politique se déploie sur trois niveaux, correspondant à des temporalités différentes. Il s'en est expliqué dans son interview à *Challenges*[4] (16 octobre 2016). La « strate idéologique » correspond à la nécessité de « donner du sens et des perspectives » à l'action politique. En-dessous,

1. *Le 1*, 8 juillet 2015.

2. *Le 1*, 13 septembre 2016.

3. Emmanuel Macron, « Les labyrinthes du politique », *Esprit*, mars-avril 2011.

4. *Challenges*, « Macron ne croit pas au "président normal", cela déstabilise les Français », interview-fleuve du 16 octobre 2016.

la « strate technocratique » est celle qui « détaille les moyens de l'exécution ». Et l'on sait combien il s'inquiète de la déconnexion croissante entre elles, de l'extrême lenteur mise par les administrations à rédiger et à promulguer les décrets d'application. Enfin, la « strate de la réalité et du quotidien, que l'univers politico-médiatique ridiculise et dédaigne ». Le paradoxe, c'est que la deuxième a progressivement absorbé et étouffé les deux autres. Les dirigeants politiques, englués au niveau des moyens de l'exécution, se montrent incapables de formuler une idéologie cohérente, qui pourrait emporter la conviction et leur donner la légitimité nécessaire pour réformer le pays. L'idéologie dont Macron se réclame, le progressisme réformiste, postule un sens de l'histoire, ou, en tout cas, la possibilité d'une amélioration progressive. À rebours des post-modernismes. Enfin, son idéal est franchement républicain et il s'est déclaré hostile au multiculturalisme. Bref, son idéologie est celle de la modernité. À ce titre, il ne pouvait qu'être attiré par le philosophe qui a prétendu penser cette modernité en tous ses aspects et édifier le système de son apparition et de sa dynamique : Hegel.

Un rapport très hégélien à l'histoire de France

Marcel Gauchet est l'un des penseurs français qui comprend le mieux le rôle intellectuel joué, en son temps, par la philosophie de Georg W. F. Hegel. Dans *La Révolution moderne*, le premier tome de sa somme *L'Avènement de la démocratie*, Gauchet montre bien le changement de perspective qu'apporte le philosophe allemand par rapport au progressisme des Lumières françaises. « Ce n'est pas seulement que l'humanité améliore son sort ou perfectionne sa condition, petit à petit, grâce aux efforts des meilleurs et des plus éclairés de ses membres. C'est qu'elle se fait de part en part dans le temps, et collectivement, au fil d'un travail où tous sont mobilisés à leur façon. Elle est ce que l'a faite le devenir ; elle est ce qu'elle s'est faite en devant[1]. » Le progressisme prend un tournant radical lorsque l'histoire n'est plus pensée comme pilotée par les grands hommes, mais devient, avec la Révolution française, l'œuvre des peuples eux-mêmes.

En outre, explique Gauchet, Hegel a contredit la prétention des révolutionnaires français de fonder une humanité neuve à partir de leur fameuse table rase. Ils ont cru « conduire le peuple », alors qu'ils étaient eux-mêmes menés par une nécessité historique qu'ils ignoraient. Ils se sont imaginé interrompre le cours de l'histoire, ou le faire bifurquer vers la cité de la Raison. Illusion. Ce que les jacobins ont pris pour une rupture aura constitué en réalité un accomplissement. Non, l'humanité n'était pas entrée dans une phase de recommencement absolu, comme ils le croyaient, mais dans un processus de récapitulation historique. Et la science de l'histoire que Hegel prétend fonder présuppose le « travail d'une raison transcendante, en route vers elle-même, en quête de sa vérité[2] ». Quant à l'individu, il ne peut trouver sa « liberté objective » qu'en prenant conscience de nécessités historiques auxquelles, certes, il concourt, mais qui le dépassent. La pensée hégélienne, dit encore Gauchet, est la plus aboutie de celles qui ont éclos sous la Restauration. À partir du constat de la Révolution et de la nouveauté politique

1. Marcel Gauchet, *L'Avènement de la démocratie*, vol. 1, *La Révolution moderne*, Gallimard, 2007, p. 132.
2. *Ibid.*, p. 135.

radicale qu'elle institue, elle intègre l'histoire de l'Ancien Régime. Et elle débouche sur une apologie de l'État modernisateur, rationnel et sécularisé, de la Prusse.

L'hégélianisme, prétend encore Gauchet, a beaucoup contribué à lancer, en Allemagne, mais aussi en France, la mode du patrimoine. Hegel publie ses *Principes de la philosophie du droit* en 1820. Il commence ses cours sur l'histoire universelle en octobre 1822. C'est dans ce climat qu'est créée, en France, en 1821, l'École des chartes, destinée à « ranimer un genre d'études indispensables à la gloire de la France ». Et que Guizot lance sa « Collection complète des mémoires relatifs à l'histoire de France » (dont la parution s'étale de 1823 à 1835). Il s'agit, comme l'écrit l'historien Laurent Theis, de « renouer la chaîne des temps pour comprendre cet événement autrement inexplicable, la Révolution, en l'intégrant dans une évolution continue, et en recherchant les précédents qui le rendent intelligible, en faisant apparaître, à travers ses avatars multiples et successifs, l'unité de l'histoire et du peuple français que la Révolution a semblé mettre en cause et que la Restauration à son tour menace par un mouvement symétrique inverse[1] ». Se fait jour une piété nouvelle envers un passé dont nous sommes non seulement les héritiers, mais le produit.

C'est très précisément la logique qui est à l'œuvre chez Macron lorsqu'il fait sa fameuse sortie sur la « figure absente du Roi » dans le paysage politique français contemporain, qui fait scandale[2]. Le président de la République fait partie de ces républicains qui pensent, comme il le dit, que « la France, en tant que nation, n'est pas née en 1789, alors que pour beaucoup, c'est le

1. *In* Pierre Nora (dir.), *Les Lieux de mémoire*, vol. 1, *La République*, Gallimard, 1984, p. 1 582.

2. *Cf. Le 1*, 8 juillet 2015.

cas[1] ». C'est généralement à droite que l'on tient ce discours. Ainsi, pour le grand historien Patrice Gueniffey, la décapitation de Louis XVI, loin d'abolir, une fois pour toutes, la « figure traditionnelle du pouvoir » afin de disperser enfin celui-ci dans la multitude du peuple, a créé un vide d'incarnation que sont venus remplir, chacun à leur manière, les « héros » et autres « sauveurs de la République » : les Gambetta, Clemenceau, Poincaré... jusqu'à de Gaulle. « Tous ont successivement et à des titres divers fait renaître [...] la figure royale du pouvoir incarné, comme si la république ne pouvait compenser la fragilité de son assise qu'en renouant avec la sacralité monarchique appliquée à l'exécutif. De Gaulle l'a institutionnalisée en 1958-1962. La Ve République, c'est une tête royale posée sur un corps républicain[2]. » Ainsi s'explique le soin mis par Emmanuel Macron, à peine élu, à incarner la fonction présidentielle avec une gravité et un formalisme qui contrastaient volontairement avec le style *casual* de ses deux prédécesseurs, le président agité et le président normal.

Un comportement qui séduit l'écrivain François Sureau : « Emmanuel Macron était lent, tête haute, et regardait les soldats dans les yeux, comme on doit. Je ne sais pas ce que deviendra ce quinquennat, mais j'ai aimé ces regards », écrit-il dans la revue *Commentaire*. Et d'expliquer les raisons de cet assentiment : « Emmanuel Macron me paraît être le seul parmi nos hommes politiques récents qui se soit interrogé sur le problème que pose la Révolution française à notre pratique du pouvoir, dans la mesure où elle combine le régicide fondateur et une conception de souveraineté populaire qui s'incarne tantôt dans le

1. Entretien avec Emmanuel Laurentin, France Culture, 9 mars 2017.
2. Patrice Gueniffey, *Napoléon et de Gaulle. Deux héros français*, Perrin, 2017, p. 12.

gouvernement d'assemblée, tantôt dans l'émeute. » Et de saluer une « construction politique où le sacré s'incarne dans la personne du roi et non du peuple[1] », ce qui permettrait, selon lui, d'admettre plus aisément les différences au sein de la société. Macron a beaucoup médité sur la dimension symbolique du pouvoir.

Le politologue Stéphane Rozès, conseiller de plusieurs présidents de la République et subtil observateur de notre vie politique nationale, estime que la sacralité de la fonction présidentielle est inévitable parce qu'elle trouve son origine dans notre histoire. « C'est une question existentielle qui procède de ce que la France n'a pas d'origine. À partir d'un commencement pluriel qui réunit des populations celtes, germaines et latines, le pays doit s'assembler au travers de projections communes dans l'espace et le temps, à travers un projet et son incarnation politique. Celui qui veut l'emporter est obligé de se fondre dans le creuset de la réactivation de l'imaginaire du pays. Il en sera l'acteur et non l'auteur[2]. » À ses yeux, le président de la République assume une double dimension, spirituelle et temporelle qui réactive le mythe du « double corps du roi », mis à jour par l'historien Ernst Kantorowicz. Ce dernier est d'ailleurs cité par Macron comme l'un des historiens qui « l'ont marqué ».

Dans son entretien avec Emmanuel Laurentin, à France Culture, Emmanuel Macron, alors candidat à la présidentielle, livrait le rapport qu'il entretient aujourd'hui avec l'histoire, et, en particulier, avec notre histoire nationale. Il considère que « nous avons besoin d'un enracinement historique » pour aborder aux rives de la nouvelle étape de notre modernité. Idée à laquelle il tient

1. *Commentaire*, n° 158, p. 416.

2. Stéphane Rozès, « Le rite de la présidentielle et l'imaginaire français », *Études*, avril 2017.

et qu'il répète sous différentes formes : « La France ne se recrée pas chaque jour à partir de rien. Cette volonté s'appuie sur l'héritage de notre Histoire qui structure notre réponse aux nouveaux défis. [...] On ne construit pas la France, on ne se projette pas en elle si on ne s'inscrit pas dans son Histoire, sa culture, ses racines, ses figures : Clovis, Henri IV, Danton, Napoléon, Gambetta, de Gaulle, Jeanne d'Arc, les soldats de l'An II, les Tirailleurs sénégalais, les Résistants, tous ceux qui ont marqué l'Histoire de notre pays... La France est un bloc. On ne peut pas à la fois être français et vouloir faire table rase du passé[1]. » La marge de manœuvre d'un dirigeant est donc limitée par les pesanteurs historiques. Il faut connaître le passé d'une nation pour prétendre la gouverner. Un horizon d'attente suppose un espace d'expérience, pour parler comme Reinart Koselleck.

Mais la particularité de Macron, c'est qu'il réclame l'héritage en bloc, se refusant au jeu des identifications politiques par sélection des épisodes et personnages. Il réclame l'héritage de 1830 et de 1848, de la révolution bourgeoise et libérale « et en même temps » de la révolution républicaine et sociale. De 1958 (le retour du Général) et de 1981 (l'alternance et la victoire de François Mitterrand). C'est que « l'histoire segmentée mise au service des idéologies ne livre pas les clefs nécessaires pour forger les réponses au monde qui vient[2] ». D'une manière qu'on peut juger subtilement hégélienne, Macron observe que prétendre opérer ce type de sélection, c'est s'interdire de comprendre le progrès en tant que succession d'étapes et de transformations d'un degré précédent. L'exemple qu'il cite est particulièrement probant, quoique généralement

1. Emmanuel Macron, *Révolution*, *op. cit.*, p. 169 et 176.
2. Emmanuel Macron, « Réconcilier les mémoires », *L'Histoire*, *op. cit.*

mal connu : c'est le rôle joué par les jansénistes dans la préparation de la Révolution française. Un bel exemple de « ruse de l'histoire », en effet ! *Les Nouvelles ecclésiastiques*, éditées clandestinement entre 1728 et 1803 pour protester contre les persécutions subies par les partisans de Port-Royal, sont généralement considérées comme le seul journal d'opposition politique dans la France du XVIIIe siècle. Les jansénistes, un peu à la manière des puritains anglais du XVIIe, étudiés par Michael Walzer dans *La Révolution des saints*, ont constitué l'embryon d'un véritable parti d'opposition. Les deux mouvements sont parvenus à « noyauter » les Parlements dans chacun des pays. Et ils ont ainsi posé les jalons de deux révolutions politiques. La leçon de Hegel se trouve justifiée : oui, l'histoire est faite d'accomplissements qui se présentent comme des ruptures.

Néanmoins, comme le remarque mon confrère de France Culture Emmanuel Laurentin, le panthéon personnel de Macron demeure révélateur. D'abord, parce que sa vision de l'histoire s'incarne dans une série de grands hommes. Jusqu'à une période très récente ont dominé, en histoire, des idéologies qui tendaient à dénier le rôle des acteurs individuels. Au nom des sciences sociales et de la « longue durée », on privilégiait les permanences et on tenait pour peu significatif le rôle des individus. Macron s'inscrit manifestement dans le courant qui réagit aux excès des disciples tardifs de l'École des annales. Il croit au rôle de la volonté, à la capacité des dirigeants à infléchir le cours de l'histoire. On peut soupçonner François Hollande d'avoir entretenu une vision beaucoup plus pessimiste.

Révélateur aussi de l'œcuménisme du futur président : la gauche a vivement critiqué et elle a boycotté la commémoration du baptême de Clovis, qui lui paraissait contredire la laïcité républicaine, en 1996, et elle est parvenue à interdire celle de la victoire d'Austerlitz en 2005, pour cause de rétablissement de l'esclavage par Napoléon. Révélateurs du candidat d'alors, aussi, ses choix personnels : Henri IV incarne une figure de réconciliation nationale, célébrée par les centristes – François Bayrou lui a consacré une biographie. Il opte pour Danton et non pour Robespierre – cette préférence, manifestée aussi par Andrzej Wajda dans son film consacré au premier lui avait valu, en 1983, les protestations indignées du président de l'Assemblée nationale, le socialiste Louis Mermaz, et l'agacement de François Mitterrand en personne. Macron distingue Gambetta, le républicain de la Défense nationale, mais paraît oublier Jaurès, le socialiste qui a tenté d'empêcher la guerre avec l'Allemagne, etc.

Dans *Révolution*, Macron avoue deux modèles : Charles de Gaulle, pour le sens de l'histoire nationale, de sa continuité ; et Pierre Mendès France, pour la rigueur intellectuelle et morale, le sens du concret, la passion de réformer pour moderniser. Un coup à droite, un coup à gauche, dira-t-on pour stigmatiser la prétention macronienne à se poser *en même temps* sur l'un et l'autre bord. De nos jours, plus personne à droite ne se réclame de Tardieu ou de Poincaré ; ni personne, à gauche, de Jules Guesdes ou de Guy Mollet.

On relèvera aussi que Macron convoque la mémoire des guerres de Religion entre l'Europe catholique et l'Europe protestante pour expliquer les divergences franco-allemandes – ce qui est généralement considéré comme relevant de la déviation « culturaliste » par le « politiquement correct » universitaire. Ou encore qu'il considère que le « mandat de la fidélité historique » lui enjoint en tant que président de la République de « rester fidèle à l'histoire de France ». Ce qui le pousse à dénoncer, devant le Congrès, l'instrumentalisation politique de cette histoire. « Ces dernières années, l'histoire a été prise en otage par le débat politique. Nous avons vu fleurir l'histoire procoloniale et celle de la repentance, l'histoire identitaire et l'histoire multiculturelle. [...] Il n'appartient pas aux pouvoirs, exécutif ou législatif, de décréter le roman national [ce qui vise indiscutablement les lois mémorielles, adoptées au cours des dernières années], que l'on veuille lui donner une forme "réactionnaire" ou une forme "progressiste[1]". » Macron veut réconcilier les mémoires parce qu'il espère réunifier les Français autour de grandes ambitions communes.

Macron, personnage (déjà) historique

Au-delà des spécificités de notre histoire nationale, Macron, comme tout lecteur de *La Raison dans l'Histoire*, a découvert chez Hegel une philosophie de l'histoire selon laquelle l'aventure humaine est un processus rationnel, se déroulant par étapes, et par le biais duquel l'Esprit se découvre lui-même. « L'histoire est le produit de la Raison éternelle et la Raison a déterminé ses grandes révolutions[2]. » « L'Esprit se produit et se réalise selon sa connaissance de lui-même ; et il agit en sorte que ce qu'il sait de lui-même devienne une réalité. » Chez Hegel, l'« Idée » se projette en des manifestations extérieures, afin de se ressaisir elle-même en elles. « L'histoire universelle est la manifestation du processus divin absolu de l'Esprit dans ses plus hautes figures : la marche graduelle par laquelle il parvient à

1. Discours d'Emmanuel Macron au Congrès de Versailles, 3 juillet 2017.

2. *Ibid.*, p. 66.

sa vérité et prend conscience de soi. » Avec lui, l'histoire redevient providentielle, comme dans le christianisme. Mais d'une tout autre manière : elle est comme le terrain de jeu de l'Esprit, l'aventure par laquelle il se comprend lui-même. Cependant, son but n'est pas le Salut, comme pour les chrétiens, c'est la Liberté ; puisque celle-ci est la « substance même de l'Esprit[1] ».

Aujourd'hui, Macron semble avoir pris ses distances avec une vision de l'histoire en forme de destin. « Il y a toujours plusieurs options ouvertes au même moment. Je ne crois pas qu'une main nous guide[2]. » C'est la leçon de Paul Ricœur. Mais cette vision d'une histoire orientée, susceptible de délivrer un sens à qui sait le décrypter, l'aura hanté dans sa jeunesse. Et elle a laissé des traces chez le président. Il est intimement persuadé de savoir décrypter le sens historique des événements, de même qu'il se fixe des caps de portée historique. Une des idées fortes qui anime son action est que ses prédécesseurs se sont perdus dans les « détails du quotidien », oubliant ainsi le sens des « grands desseins » ; il pense, ainsi que l'avait vu Rocard, que les stratégies de conquête et de conservation du pouvoir absorbent une énergie qui devrait être employée d'abord et prioritairement dans son exercice.

À l'homme d'action tenté par le pouvoir, Hegel offre des leçons fort utiles. Pour se mettre en mesure de diriger les peuples, il faut prendre conscience de l'esprit particulier de ce peuple et se conformer à lui. Sachant que, chez Hegel, tout est historique et que cet « esprit du peuple » lui-même connaît de lents développements ; c'est pourquoi on ne saurait lui imposer des lois qui contrediraient ses mœurs. Pourtant, « chaque peuple

1. *Ibid.*, p. 77.
2. Entretien avec Emmanuel Laurentin, France Culture, 9 mars 2017.

a son principe propre et tend vers lui. C'est lui qui se manifeste dans toutes les actions et les aspirations du peuple[1] ». Macron résume ce principe de deux manières. D'une part, une tension entre une appartenance très intense à un territoire, à une langue, bref un enracinement, et l'aspiration à une forme d'universalité. La contradiction entre un extrême particularisme et une prétention à l'universalisme, qui n'a guère d'autre rival au monde que celui des Américains. D'autre part, le rôle décisif et particulier joué par l'État dans la construction de la nation. « Je crois dans la place de l'État. Dans notre histoire, il tient la nation. Il ne faut jamais l'oublier. La nation française s'est construite dans et par l'État. Ce sont des choix de l'État qui ont fait nos frontières, imposé la langue et tenu le pays. La France est un pays très politique. La nation n'est pas une création spontanée, ni l'agrégation de territoires. C'est un fait politique qui passe par l'État. La société s'est ensuite émancipée[2]. » « Lorsqu'il s'est agi d'assurer la continuité de notre Histoire après 1789, c'est vers l'État que les Français se sont tournés[3]. »

Si les Allemands ont eu la conscience d'appartenir à un même peuple longtemps avant d'être parvenus à se doter d'un État, les Français n'ont pris conscience de leur unité qu'après la création de l'État par leurs rois. La fondation de l'État souverain, sous Philippe Auguste, au XIIIe siècle, est, en effet, largement antérieure à la naissance du sentiment national. C'est la monarchie qui a construit la France. Mais c'est la Révolution qui a conféré le sentiment de son unité à un ensemble culturellement encore disparate à la fin du

1. Emmanuel Macron, *Révolution*, *op. cit.*, p. 86.
2. *Le 1*, 13 septembre 2016.
3. Emmanuel Macron, *Révolution*, *op. cit.*, p. 46.

XVIIIe siècle. « Notre Histoire a fait de nous les enfants de l'État, et non du droit, comme aux États-Unis, ou du commerce maritime, comme en Angleterre[1]. »

Patrice Gueniffey fait une comparaison du même ordre. Il observe que l'Angleterre, avec sa gentry, a su se doter d'une classe dirigeante indépendante du pouvoir politique. La France, elle, a eu une administration d'État dans laquelle la monarchie a très vite préféré les bourgeois aux grands aristocrates. « C'est bien pourquoi, écrit-il, la France ne peut se passer, pas plus que d'un État fort, de grands hommes ou de héros. Ils figurent son introuvable unité. Mieux, ils lui permettent de continuer à survivre à ces moments, pas si rares dans son histoire, où elle frôle l'abîme. [...] Si la France possède une si longue liste de héros, c'est aussi parce que pendant longtemps, elle n'en eut qu'un seul : le roi. En le décapitant en 1793, les révolutionnaires détruisirent le corps qui, symboliquement, figurait l'unité de ce royaume de constitution si hétérogène. [...] C'est précisément pour combler le vide laissé par la disparition de ce "corps visible et signifiant" de la nation qu'au XIXe siècle, ses historiens, ses écrivains, ses hommes politiques s'attachèrent à "produire ce corps symbolique manquant" à travers "un corpus d'insignes, d'images, de rites et de récits[2]". »

Macron est hanté par la mémoire de nos « héros nationaux » – on le sent à la recherche constante de modèles dans notre passé – et décidé à figurer lui-même un jour dans les annales des grands hommes qui ont sauvé la patrie, à l'heure des périls que provoquent ses divisions... « Nous pouvons retrouver les grands

1. *Ibid.*, p. 48.
2. Patrice Gueniffey, *Napoléon et de Gaulle. Deux héros français*, *op. cit.*, p. 138.

exemples du passé, nous en nourrir et les prolonger[1]. » Dans sa « réponse à Macron », le philosophe Peter Sloterdijk ne manque pas de lui rappeler la leçon de Hegel : nous sommes dans une époque posthéroïque. « Cela remonte à Hegel, écrit-il, qui l'explique très bien dans son *Esthétique* : l'âge des héros, au sens de celui qui crée son État par la violence, est révolu, Napoléon étant probablement son dernier avatar. Et cela a été redit par Marx : Achille n'est plus compatible avec les armes à feu modernes. L'artillerie a tué le héros, et c'est désormais le fonctionnaire qui assume le rôle[2]. » Macron situe son propre rôle historique à mi-chemin entre le Législateur, fondateur d'État à la Solon, et le prince-fonctionnaire à la Frédéric II de Prusse. Il est encore plus ambitieux qu'on le croit, car il se juge capable d'infléchir le sens de l'histoire, non seulement en France, où il exerce le pouvoir, mais en Europe. Ce qui n'est guère hégélien.

Car si la Raison hégélienne « gouverne l'histoire universelle », ses acteurs, les hommes et les peuples n'en sont que les agents inconscients. Ils ne savent pas l'histoire qu'ils font. Celle-ci ne révèle son sens que lorsque le rideau est tombé, que la « chouette de Minerve[3] » s'est envolée. « Il résulte des actions des

1. Emmanuel Macron, discours au Congrès du 3 juillet 2017.

2. « Peter Sloterdijk répond à Emmanuel Macron », *Le Point*, 7 septembre 2017.

3. « La chouette de Minerve ne prend son envol qu'à la tombée du crépuscule » est l'une des phrases les plus célèbres et les plus mystérieuses écrites par Hegel. Elle figure dans la préface aux *Principes de la philosophie du droit* (p. 76). Elle signifie que « la philosophie vient toujours trop tard pour enseigner comment le monde doit être ». Puisque, « en tant que pensée du monde, elle n'apparaît qu'à l'époque où la réalité effective a achevé son processus de formation ». La philosophie ne peut prétendre saisir le sens du présent, mais seulement celui de l'histoire accomplie.

hommes quelque chose d'autre que ce qu'ils ont projeté et atteint, que ce qu'ils savent et veulent immédiatement. Ils réalisent leurs intérêts, mais il se produit en même temps quelque autre chose qui y est cachée, dont leur conscience ne se rendait pas compte et qui n'entrait pas dans leurs vues[1]. » Mais Hegel, lui, sait. Ou prétend savoir. D'où l'incroyable fascination qu'il exerce sur ses disciples. Et Macron affiche une ambition intellectuelle du même ordre lorsque, dans son fameux discours d'Athènes, il déclare : « Regardez l'heure que nous partageons, c'est ce moment dont Hegel parlait, ce moment où la chouette de Minerve s'envole. Il est délicieux, ce moment, parce qu'il a quelque chose de confortable et de rassurant. La chouette de Minerve porte la sagesse, mais elle regarde toujours derrière. C'est aussi ce que nous dit Hegel avec humilité en parlant du philosophe ; elle regarde derrière parce qu'il est toujours si facile et si agréable de regarder ce que nous avons, l'espace déterminé de ce que nous connaissons. Ne vous arrêtez pas à la chouette de Minerve. Ayez cette ambition folle à nouveau de vouloir une Europe plus forte, plus démocratique, refondée par sa culture et ce qui nous unit ! Je vous le demande à vous en particulier, jeunesse d'Europe[2]... » Macron est persuadé de vivre une époque de rupture, un temps de bifurcation. Il semble se méfier des méditations sur le passé lorsqu'elles portent sur le niveau européen. Elles pourraient s'avérer mauvaises conseillères.

Quels conseils un dirigeant peut-il recevoir de la lecture d'un penseur aussi exceptionnel que Hegel ? D'abord, un avertissement et une leçon de modestie :

1. Hegel, *La Raison dans l'Histoire*, *op. cit.*, p. 111.
2. Discours d'Athènes, 8 septembre 2017.

le leader politique, quel que soit son importance historique, accomplit lui aussi les desseins de l'histoire universelle en croyant atteindre ses propres objectifs. L'histoire se sert de lui et de ses ambitions. Il inscrit ses actions dans un livre dont il n'est pas l'auteur. Leur sens réel apparaîtra plus tard. « Les individus disparaissent devant la substantialité de l'ensemble et celui-ci forme les individus dont il a besoin. Les individus n'empêchent pas qu'arrive ce qui doit arriver[1]. » C'est manifestement en disciple de Hegel que Macron déclare devant le Congrès : « Et à la fin, nous aussi, nous aurons fait l'histoire, sans nous être réclamés abusivement de ce qu'elle pourrait être, mais en gardant nos esprits et nos volontés tendus vers le meilleur. »

Mais l'« individu historique », selon Hegel, est celui qui aura accompli « non pas une chose imaginée et présumée, mais une chose juste et nécessaire et qu'il l'a comprise parce qu'il a reçu intérieurement la révélation de ce qui est nécessaire et appartient réellement aux possibilités du temps. [...] Les individus historiques connaissent et veulent leur œuvre parce qu'elle correspond à leur époque[2] ». « Ils sont conscients de l'impuissance de ce qui existe encore mais qui n'a plus qu'un semblant de réalité. » C'est une idée très présente encore aujourd'hui chez Macron. Il évite de dire à son électorat ce qu'il pense de la situation du pays : il ne faut pas décourager. Mais à l'hebdomadaire allemand *Der Spiegel*, il confie le fond de sa pensée : « J'essaie de répandre l'optimisme. Dans mes meetings de campagne, je ne parle pas sans cesse des réformes que notre pays doit entreprendre et combien cela sera pénible.

1. Hegel, *La Raison dans l'Histoire*, *op. cit.*, p. 81.
2. *Ibid.*, p. 121.

Je ne crois pas que la France soit capable de réformes en temps normal. Heureusement, nous faisons l'expérience, en ce moment, de circonstances exceptionnelles. C'est le moment où tout devient possible. » Comme disait de Gaulle à Aron : la France ne fait des réformes qu'à l'occasion des révolutions. Et Macron croit que les temps sont redevenus révolutionnaires...

Chez Hegel, il a trouvé l'idée que les citoyens d'un État, en poursuivant leurs intérêts privés, concourent malgré eux à la réalisation d'un plan d'ensemble. « Hegel, dans ses *Principes de la philosophie du droit*, montrait déjà combien les corporations et les représentants politiques, en tant que représentants d'intérêts particuliers, et par le truchement de la discussion, parvenaient à faire émerger l'intérêt général[1]. » Mais la grande différence avec la théorie de la « main invisible » des libéraux, c'est que, pour Hegel, la recherche, par les individus, de leur intérêt personnel n'aboutit pas nécessairement à l'harmonie sociale ni à l'accroissement du bien-être collectif. Le rôle de l'État est essentiel. En tant que point de vue de l'universel et appuyé sur la « classe universelle » des fonctionnaires, il forme la direction consciente de la nation. Celle-ci est traversée de conflits d'idées et d'intérêts. « Un État est bien ordonné et fort en lui-même quand l'intérêt privé des citoyens est uni à la finalité générale de l'État ; quand l'intérêt privé et les finalités poursuivies par l'État trouvent l'un dans l'autre leur satisfaction et leur réalisation. Mais cette unification ne peut devenir réelle que si l'État arrive – ce qui présuppose de longues luttes intellectuelles – à prendre conscience de cette finalité générale et à se

1. Emmanuel Macron, « Les labyrinthes du politique. Que peut-on attendre de 2012 et après ? », *Esprit*, mars-avril 2011.

donner une multitude d'institutions conformes à cette fin. En outre, il faut lutter contre les intérêts particuliers et les passions, et les soumettre à un dressage aussi long que difficile[1]. » C'est pourquoi, comme Macron, Hegel admire Napoléon : l'empereur des Français a compris la nécessité de concilier les principes révolutionnaires – fonder l'État sur la raison – et l'autorité de cet État.

Faut-il chercher ailleurs les sources de la conception très particulière de l'État qu'on trouve chez le libéral Macron ? Interrogé par *Marianne* sur ce qu'il retient de son passé chevènementiste, l'intéressé répond : « Autant la deuxième gauche m'a inspiré sur le plan social, autant je considère que son rapport à l'État reste très complexé. Je me suis interrogé sur le rôle de l'État et c'est pour cette raison que, plus jeune, je m'étais tourné vers Jean-Pierre Chevènement. » Dans son discours devant le Congrès, Macron le libéral proclame la nécessité d'une « République forte », aux « institutions puissantes ». Il déclare aussi faire confiance aux institutions de la Ve République qui « ont démontré leur solidité ». Il ne sera pas le Législateur, celui qui fonde un régime nouveau. Mais il compte bien devenir un « individu historique ». Il n'a pas oublié les leçons de Hegel : « Les individus historiques sont conscients de l'impuissance de ce qui existe encore, mais qui n'a qu'un semblant de réalité. [...] Ce sont ceux qui ont dit les premiers ce que les hommes veulent. Il est difficile de savoir ce qu'on veut. [...] Il serait vain de résister à ces personnalités historiques parce qu'elles sont irrésistiblement poussées à accomplir leur œuvre. Il appert par la suite qu'ils ont eu raison[2]. » Macron :

1. Hegel, *La Raison dans l'Histoire*, *op. cit.*, p. 109.
2. *Ibid.*, p. 122-123.

« Écouter le peuple, c'est entendre ce qu'il veut, ce à quoi il est prêt[1]. »

Ceux, nombreux, qui ont présenté la victoire de Macron comme le résultat d'un « complot des élites », que ce soit un « coup » préparé dans les officines de la technocratie socialisante en perdition ou, carrément, une conjuration de « la finance » pour imposer au sommet de l'État un homme de paille à leur service, ont fait fausse route. Ne comprenant pas le sens de ce qui était en train de se produire dans les profondeurs de la société française, ils ont eu besoin de s'inventer des chefs d'orchestre clandestins, montreurs d'une marionnette, pour justifier la survenue de l'impensable. La lecture de Hegel les aurait convaincus de leur erreur : même si on peut douter que l'histoire ait un sens (une direction), il est certain qu'une situation politique a un sens (une signification). Les uns savent le saisir, les autres non.

Nul plus qu'Emmanuel Macron n'a semblé conscient, en mai dernier, que le système politique n'avait plus que l'apparence de la réalité. Qu'il n'était plus qu'un théâtre d'ombres, dissimulant de plus en plus mal de pures logiques d'appareil. Que le système partisan n'embrayait plus sur les véritables enjeux économiques, sociaux, culturels. Et il a su proposer aux imaginations les rivages de son « nouveau monde ».

En passant, on remarquera que Macron utilise toujours l'Histoire avec une majuscule. Il est resté hégélien.

1. Interview à *Challenges*, 16 octobre 2016.

2

En cure de désintoxication hégélienne chez Paul Ricœur

> « Nous ne pensons plus selon Hegel, mais après Hegel. Car quel lecteur de Hegel, une fois qu'il a été séduit comme nous par sa puissance de pensée, ne ressentirait pas l'abandon de Hegel comme une blessure, qui, à la différence précisément des blessures de l'Esprit absolu, ne se guérit pas ? À ce lecteur, s'il ne doit pas céder aux faiblesses de la nostalgie, il faut souhaiter le courage du travail de deuil[1]. »
>
> Paul Ricœur, *Anthologie*

« Sa confiance m'a obligé à grandir »

Ricœur, qui écrit ce texte en 1985, vise nommément l'œuvre de Hegel à laquelle Macron a consacré son mémoire de DEA (rédigé entre 2000 et 2001), *La Raison dans l'Histoire*. L'un des deux ouvrages du

1. Paul Ricœur, *Anthologie*, textes choisis et présentés par Michaël Fœssel et Fabien Lamouche, Points, 2008, p. 406.

philosophe allemand, avec ses *Principes de la philosophie du droit*, traitant de la philosophie de l'histoire. Aux yeux de Ricœur, « l'effondrement incroyablement rapide de l'hégélianisme, en tant que pensée dominante, est un fait de l'ordre des tremblements de terre ». Avoir le « courage du travail de deuil », se débarrasser de son cher Hegel et passer rapidement à autre chose, est-ce le conseil qu'il a prodigué au jeune Emmanuel Macron, lorsque celui-ci est devenu son assistant, entre 1999 et 2001 ? On peut le supposer.

C'est François Dosse[1], le biographe de Ricœur, dont il est très proche, qui remarque le jeune Emmanuel Macron parmi ses élèves de Sciences Po. Il présente cet étudiant de 21 ans au philosophe vieillissant (86 ans). Car si la Rue d'Ulm n'a pas voulu d'Emmanuel Macron, à Sciences Po, par contre, il figure parmi les étudiants les plus brillants de sa promotion. Les appréciations de ses professeurs en témoignent : « Beaucoup d'intelligence et d'élégance morale, une vraie générosité, des qualités intellectuelles hors du commun. » « Un étudiant exceptionnel à tous égards. » Mais Macron ne renonce pas à sa *Bildung*. Elle passe par la philosophie. Puisque Normale sup lui est fermée, il poursuivra l'étude de cette discipline à Nanterre, parallèlement à Sciences Po. Jean-François Baudré, président de cette université et au nom de celle-ci, a félicité publiquement « son ancien étudiant pour son élection à la présidence de la République ». Il souligne que « c'est une satisfaction pour Nanterre, d'autant qu'il n'a pas suivi une filière attendue, comme droit ou économie » (qui aurait été, en effet, plus utile à son cursus à Sciences Po).

1. *Cf.* François Dosse, *Le philosophe et le président. Ricœur et Macron*, Stock, 2017.

« Son détour par la philosophie, souligne-t-il, est intéressant. » Nanterre, c'est assez loin de la rue Saint-Guillaume. Macron a dû passer ces années-là à potasser dans le métro et le RER. Pourquoi le choix de Nanterre ? Réponse : Paul Ricœur.

Ricœur a fait, en 1964, le « pari audacieux » (selon son ami le grand historien René Rémond) de « quitter la douillette quiétude de la vieille Sorbonne », pour se lancer dans l'aventure de la « délocalisation » à Nanterre. Titulaire, après guerre, de la prestigieuse chaire d'histoire de la philosophie de Strasbourg, où il succédait au grand spécialiste de Hegel, Jean Hyppolite, il avait décroché la Sorbonne en 1957 et était alors venu rejoindre la communauté personnaliste de Châtenay-Malabry. Faire le pari de l'université de Nanterre témoignait, de la part de cet universitaire coté, de beaucoup d'audace. Car Nanterre, à la fin des années 1960, c'était un peu l'« université expérimentale ». Un lieu d'innovation pédagogique et d'agitation politique. Comme on sait, c'est de Nanterre qu'est partie, avec le Mouvement du 22 mars de Daniel Cohn-Bendit, la grande vague contestataire qui allait bouleverser la France : Mai 68. Le Mouvement du 22 mars de Daniel Cohn-Bendit eut, dès ses débuts, le « mandarin Ricœur » dans son collimateur et ne se privait pas de venir perturber ses cours. Pourtant, le 18 avril 1969, sur la base de la loi Edgar-Faure qui prévoyait l'élection des responsables des facultés par les enseignants, les étudiants et les personnels administratifs, le philosophe Paul Ricœur fut élu doyen de Nanterre. Selon les mœurs du temps, son bureau fut « occupé » à moult reprises par les divers groupes gauchistes en concurrence les uns avec les autres, mais qui avaient en commun l'opposition à l'application de la loi Edgar-Faure. « Des minorités ne faisaient pas mystère de leur détermination à s'opposer à toute tentative de reconstruire une société organisée par refus de toute règle ou par une utopie qui espérait fonder la nouvelle université sur l'absence de toute autorité[1]. »

Or, toujours selon le témoignage de son collègue René Rémond, « le philosophe fondait son action sur la confiance, la force de l'argumentation, la persuasion, l'appel à la conscience. De surcroît, sa tradition religieuse et son expérience de la guerre l'orientaient plutôt vers la non-violence que vers le recours à la force, fût-elle publique ». Aussi, le 26 janvier 1970, lorsqu'un groupuscule renverse une poubelle sur la tête du doyen, plutôt que d'appeler la police, celui-ci préfère donner sa démission et mettre fin à une fonction qui n'aura duré que neuf mois. René Rémond lui succédera. Mais l'ombre de Ricœur (et l'influence de sa philosophie sur le département qu'il a contribué à créer) ne cessera de planer sur Nanterre – où elle était en concurrence avec celle des structuralistes, beaucoup plus tendance. C'est de toute évidence ce qui explique le choix de Macron. Un « cube » de la khâgne d'Henri-IV aurait dû logiquement s'inscrire à Paris-IV-Sorbonne, réputée plus prestigieuse… et distante de Sciences Po de trois stations d'autobus.

Lorsque Macron lui est présenté, Paul Ricœur vit douloureusement la perte de sa femme Simone, compagne de sa vie durant soixante-trois ans, décédée l'année précédente. Les adversaires politiques de Macron se sont acharnés, sinon à nier, ce qui est impossible, du moins à minimiser la proximité qui a existé entre les deux hommes. Pour les personnalités et les médias hostiles à

1. René Rémond, « Paul Ricœur à Nanterre », *in* Myriam Revault d'Allonnes et François Azouvi (dir.), *Paul Ricœur*, Éd. de L'Herne, coll. « Cahiers de L'Herne », 2004, t. I, p. 44-56.

sa candidature à la présidence de la République, c'était de bonne guerre. Si Macron était bien le porte-parole des intérêts de la finance déterritorialisée qu'ils décrivaient, il fallait nier le sérieux de son ancrage philosophique. En outre, le faire passer pour un vantard, voire un mythomane, comme le font les rédacteurs de sa fiche Wikipédia, permettait de jeter le doute sur le sérieux de sa personnalité. Mais il y a de grands témoins qui attestent la réalité et la profondeur des liens ayant existé entre deux personnalités, dont l'une achevait sa vie et son œuvre quand l'autre commençait à peine à poser les premiers jalons de sa carrière. « C'est Ricœur qui m'a poussé à faire de la politique », prétend Macron.

Marc-Olivier Padis, l'ancien rédacteur en chef d'*Esprit*, assure que la filiation intellectuelle « n'est pas usurpée ». Quant à François Dosse, il parle d'un « phénomène de fascination mutuelle » entre deux hommes que soixante-cinq années séparaient. Les auteurs de *Macron, et en même temps...* n'ont pas tort de relever que « Macron aime les vieux, à rebours de ce que l'esprit du temps a de plus débile ». « Il travailla, ajoutent-ils, avec joie avec le philosophe Paul Ricœur, admira successivement Jean-Pierre Chevènement et Michel Rocard, se lia profondément avec le mécène Henry Hermand, vénère sa grand-mère[1]. » On sait aussi la profondeur des liens qu'il a noués avec Gérard Collomb, ex-maire de Lyon et chef de file des « réformateurs » du PS, devenu son ministre de l'Intérieur. Pas un jeune homme, non plus.

Pour Olivier Mongin, témoin capital, « il est inutile et ridicule de faire de Ricœur un macronien ou

1. Laurent Bigorgne, Alice Baudry et Olivier Duhamel, *Macron, et en même temps...*, Plon, 2017, p. 27.

de Macron un ricœurien. Mais, pour en avoir parlé avec lui [Ricœur], je pense qu'au-delà du travail sur le livre, il y a eu une rencontre véritable entre le vieux sage et le jeune philosophe, qui s'intéresse à Hegel et Marx à l'époque ». Olivier Abel, figure éminente du protestantisme en philosophie, témoigne : « Je ne veux pas bien sûr contester qu'Emmanuel Macron soit venu très régulièrement assister Ricœur dans l'établissement éditorial de *La Mémoire, l'Histoire, l'Oubli*, ni contester que l'actuel président français ait vraiment été un jeune ami du philosophe[1]. »

Une photographie témoigne de leur proximité et du plaisir qu'ils éprouvaient à se trouver ensemble. Prise devant une bibliothèque, on y découvre un Ricœur les bras croisés, souriant et épanoui, tandis que Macron, épaisse tignasse bouclée, éclate de rire. Les deux hommes sont épaule contre épaule. Comme si la vieillesse soutenait la jeunesse de l'immensité de son savoir et la jeunesse la vieillesse de sa fougue et de sa vitalité.

Les archives de Paul Ricœur comportent un grand nombre de notes et de commentaires de la plume de son jeune assistant. « Emmanuel Macron s'y exprime, selon Catherine Goldenstein, du comité éditorial qui gère le Fonds Ricœur, avec une certaine autorité. » À l'époque, Ricœur, âgé et fatigué, se débat avec un projet éditorial terriblement ambitieux consacré aux questions relatives à la concurrence entre histoire et mémoires, qui déchire la communauté historienne et auquel il souhaite apporter les lumières de la philosophie. C'est Emmanuel Macron qui l'aidera à mettre en forme la quantité de notes et de réflexions accumulées, et

1. Olivier Abel, « Le politique et le philosophe. Emmanuel Macron et Paul Ricœur », *Études*, septembre 2017.

l'aidera à accoucher de cette somme énorme que constitue l'ouvrage *La Mémoire, l'Histoire, l'Oubli*, paru aux Éditions du Seuil à la rentrée 2000. En échange, l'étudiant aura droit, chaque matin, à Châtenay-Malabry, à des cours privés dispensés par l'un des philosophes les plus originaux de sa génération. Sa pensée politique va y trouver, pour fondation, un sol à la fois solide et exigeant. Car la pensée de Ricœur est complexe et ne se laisse pas aisément résumer. En outre, comme le reconnaît Olivier Abel, elle a connu des développements successifs. Or Macron s'est appuyé, poursuit-il, sur les orientations du « dernier Ricœur ».

Mais d'abord un mot sur sa méthode pédagogique. Ricœur, professeur extraordinaire, a profondément marqué les étudiants qui ont eu la chance de bénéficier de son enseignement au cours de sa longue carrière de professeur. Témoignage de l'une d'entre elles, la philosophe Rose Goetz, qui lui a consacré un numéro de la revue *Le Portique* : « Il menait ce dialogue d'égal à égal. Il sollicitait notre avis sur des points litigieux comme s'il en eût attendu quelque lumière. Pour la première fois, me frappait chez lui une attitude consistant à créditer l'interlocuteur de capacités dont il est douteux qu'il soit pourvu. Elle était, en l'occurrence, pédagogiquement efficace : en nous donnant le sentiment de collaborer à une recherche commune, il nous hissait à sa hauteur. Le ton des échanges était celui de la conversation[1]. » Contrairement à bien des grands professeurs de sa génération, Paul Ricœur, qui n'avait rien d'un « mandarin », était dénué d'arrogance et de mépris. Il voyait en l'autre un égal dans une quête de

---

1. Rose Goetz, « Strasbourg », *in* Myriam Revault d'Allonnes et François Azouvi (dir.), *Paul Ricœur*, *op. cit.*

vérité, qui passe par la confrontation en commun avec les grands textes de la philosophie.

Dans sa fameuse interview donnée à Éric Fottorino, Laurent Greilsamer et Adèle Van Reeth pour l'hebdomadaire *Le 1*, le 8 juillet 2015, Emmanuel Macron évoque le rôle qu'a joué Paul Ricœur dans sa formation intellectuelle, immédiatement après avoir mentionné Hegel. « J'ai ensuite rencontré Paul Ricœur, qui m'a rééduqué sur le plan philosophique. [...] Parce que je suis reparti de zéro[1]. » Et dans *Révolution*, il complète : « Durant plus de deux années, j'ai appris à ses côtés. » Après la publication de *La Mémoire, l'Histoire, l'Oubli*, « je n'avais plus aucun titre pour jouer ce rôle. Sa confiance m'a obligé à grandir. Grâce à lui, j'ai lu et appris chaque jour. [...] Il m'a appris à penser par les textes au contact de la vie[2] ». On peut parier que Ricœur aura désintoxiqué Macron de son hégélianisme de jeunesse. Et que cela lui aura pris du temps.

Il n'existe pas de « tribunal de l'Histoire »

Comment Ricœur peut-il affirmer que la philosophie de l'histoire selon Hegel est désormais périmée ? Irrecevable ? Qu'est-ce qui autorise un philosophe à décréter qu'une philosophie est bonne pour les poubelles de l'histoire ? Marx, avec son « matérialisme dialectique », s'était contenté de prétendre remettre l'« idéaliste Hegel » « sur ses pieds ». Ricœur l'assassine et réclame à ceux que Hegel a fascinés d'en faire eux-mêmes leur deuil. Hegel est sans doute le bâtisseur du système

1. Emmanuel Macron, *Macron par Macron*, *op. cit.*, p. 20.
2. Emmanuel Macron, *Révolution*, *op. cit.*, p. 20.

philosophique le plus complet et le plus absolu qui ait vu le jour du côté des philosophies de l'histoire. Il a réponse à tout. Il synthétise toute l'histoire du monde en une doctrine extraordinairement séduisante. C'est une expérience bien connue : quiconque a été séduit un jour par ce système totalisant, qui prétend tout englober, rendre compte de tout et même de son contraire, éprouve les plus grandes difficultés à échapper à sa fascination. Hegel est un hypnotiseur intellectuel. Ricœur avait cependant des arguments susceptibles de rompre le charme.

D'abord la « proposition majeure » de l'hégélianisme, l'idée que le déroulement de l'histoire est tout entier rationnel, que « tout le réel est rationnel », que « la Raison gouverne le monde et que, par conséquent, l'histoire universelle s'est elle aussi déroulée rationnellement », est insoutenable selon Ricœur. Hegel écrivait sous le coup de la rupture produite dans les consciences de son temps par la Révolution française et l'épopée napoléonienne. « J'ai vu l'Empereur – cette âme du monde – sortir de la ville pour aller en reconnaissance, écrit-il en octobre 1806 ; c'est effectivement une sensation merveilleuse de voir un pareil individu qui, concentré ici sur un point, assis sur un cheval, s'étend sur le monde et le domine. » Napoléon, enfant des Lumières, à la conquête de l'Europe, c'est, en effet, la Raison incarnée dans une volonté souveraine.

Or, au regard de l'expérience historique qui est la nôtre, au sortir du XXe siècle, l'idée du « tout-rationnel » ne peut paraître qu'odieusement comique. Ricœur s'est confronté de manière scrupuleuse à la question du mal, de son origine, de la manière dont « toutes les sphères de l'espérance humaine peuvent devenir des sphères de déchéance humaine[1] ». Qui peut prétendre qu'une quelconque « rationalité » ait été souterrainement à l'œuvre durant nos deux guerres mondiales ? Pire encore, l'idée hégélienne de « ruse de la Raison », selon laquelle l'histoire se sert des passions égoïstes et des ambitions humaines – voire des mensonges et des crimes – pour progresser, malgré les acteurs, vers ses propres buts, a trop servi à justifier des politiques criminelles dans un passé récent. Elle ne doit nous inspirer qu'une extrême méfiance. Les pouvoirs totalitaires et leurs exécutants en ont fait un élément clé de leur logique mortifère : la police politique, les persécutions, les camps de concentration, les génocides ont été présentés par eux comme autant de douloureuses « nécessités historiques » ; des « étapes » inévitables, même si elles étaient regrettables, dans le déroulement d'une histoire dont ils prétendaient partager les secrets et anticiper le cours.

« L'Histoire nous a appris que souvent, les mensonges la servent mieux que la vérité. [...] Nous savons que la vertu ne compte pas devant l'Histoire, et que les crimes restent impunis ; mais que chaque erreur a ses conséquences et se venge jusqu'à la septième génération. [...] Nous sommes donc tenus de punir les idées fausses comme d'autres punissent les crimes : par la mort[2]. » C'est la logique que prêtait Arthur Koestler aux dirigeants du « parti d'avant-garde » de Staline dans son fameux roman, *Le Zéro et l'Infini*. Pire : refuser de se « salir les mains » en leur compagnie, c'était refuser de participer à l'accouchement de la société ultime et parfaite. « L'histoire est *a priori* amorale ; elle

1. Olivier Abel, « La place de Paul Ricœur dans la philosophie contemporaine », *La Revue des Deux Mondes*, octobre 2017, p. 38.

2. Arthur Koestler, *Le Zéro et l'Infini*, Calmann-Lévy, 1947, p. 111.

n'a pas de conscience. Vouloir mener l'histoire selon les maximes du catéchisme ; c'est laisser les choses en l'état[1] », fait dire Arthur Koestler à l'un des tortionnaires du KGB dans le même roman. On reconnaît là l'écho de la thèse hégéliano-marxiste classique : « L'histoire mondiale est le tribunal du monde » (que Hegel a emprunté à Schiller). « En général, les idées justes, ce sont celles qui réussissent » (disait le fameux opportuniste Mao Tsé-Toung). Quels que soient les détours qu'elle prend, l'histoire rend la justice. Le triomphe d'une cause apporte la démonstration de sa justesse. Le vainqueur avait nécessairement raison depuis le début, puisque la victoire lui est acquise et que l'histoire ne se trompe jamais.

Ricœur est particulièrement hostile à cet argumentaire extravagant : l'histoire a-t-elle jamais dit son dernier mot ? Il appelle non seulement à « remettre en cause la légitimité du fait accompli », plutôt qu'à lui accorder l'acquittement du tribunal de l'histoire, mais à imaginer, en permanence, « une autre histoire que celle qui advient ». Hegel avait tort. Les faits ne coïncident pas plus avec les valeurs que l'être avec le devoir-être. L'histoire comporte davantage de contingence que de nécessité. Elle est le produit de ce que font des hommes, l'œuvre de leur liberté ; du reste, il faut toujours garder à l'esprit pour comprendre le déroulement qu'elle aurait très bien pu connaître un autre cours, se conclure différemment. C'était la méthode qu'employait Raymond Aron qu'énervait le constat que tant d'historiens « incluent à tenir le passé pour fatal et l'avenir pour indéterminé[2] ». La même idée, exprimée de manière

1. *Ibid.*, p. 166.
2. Raymond Aron, *L'Opium des intellectuels*, Pluriel, 2010, p. 179.

plus lapidaire encore : « L'histoire : une collection de faits qui n'étaient pas obligés de se produire[1] ». C'est la formule de l'humoriste polonais Stanislaw Jerzy Lec.

« Déplacer les mémoires ensemble pour rouvrir, dans le passé, des promesses écrasées et former un horizon d'attente commun[2] », c'est, selon Olivier Abel, la première des trois principales leçons retenues par Macron de ses cours particuliers chez Ricœur. Chez le philosophe, l'utopie apparaît ainsi comme le symétrique de l'idéologie. Celle-ci permet de consolider une collectivité historique autour d'un imaginaire commun, fait de souvenirs partagés ; celle-là pose un lieu imaginaire, à partir duquel il est possible de mener une critique radicale de la société existante. Mais l'histoire, telle qu'elle se sédimente dans de « grands récits » et alimente l'« identité narrative », n'est pas le narratif définitif et clos sur lui-même des manuels de la IIIe République. Ricœur, au lieu d'opposer la froide objectivité de l'histoire à la subjectivité contestable des mémoires collectives particulières, articule subtilement ces deux dimensions d'un même phénomène de remémoration. Pour faire l'histoire d'une collectivité quelle qu'elle soit, il faut savoir « faire mémoire de toutes les traditions qui s'y sont sédimentées » (Ricœur, cité par Olivier Abel).

Et Olivier Abel montre bien ce que le discours macronien sur la nécessité d'une réconciliation des mémoires collectives, aujourd'hui en concurrence, mais constitutives de l'identité de la France, doit à Ricœur. Par appétence personnelle, autant que par nécessité politique,

---

1. Stanislaw Jerzy Lec, *Pensées échevelées*, Noir sur blanc, 2000, p. 201.

2. Olivier Abel, « Le politique et le philosophe. Emmanuel Macron et Paul Ricœur », *Études*, *op. cit.*

Macron refuse de prendre parti dans la compétition entre ces discours victimaires qui ont prospéré sur la décomposition du « roman national ». Dans un entretien accordé à la revue *L'Histoire*, le candidat d'alors à la présidence de la République déclarait : « Les deux souffrances ne s'annulent pas. Elles s'additionnent. Je peux d'une même main reconnaître la souffrance des harkis et des pieds-noirs et reconnaître celle des colonisés [...]. Je souhaite réconcilier les mémoires et non les opposer[1]. »

Que la violence ne soit *pas* la sage-femme de l'histoire, contrairement à ce qu'affirmait Marx, c'est le genre de choses qu'on apprend au contact de la « génération antitotalitaire », celle d'Olivier Mongin, qui trouva asile à la revue *Esprit*. L'événement historique capital, pour cette génération, sa « scène primitive », c'est l'émancipation de l'Empire soviétique et des régimes totalitaires installés par ses dirigeants qui fut celle des peuples d'Europe centrale. Or, cette « réfolution » de 1989 (mélange de « réforme » et de « révolution », selon Timothy Garton Ash), par laquelle un monde s'est écroulé sur lui-même, s'est produite sans effusion de sang. La non-violence aussi peut accoucher de la grande histoire. L'indignation morale des modérés est aussi puissante que celle des minorités agissantes et des révolutionnaires professionnels, comme l'a relevé Milan Kundera. Dès l'insurrection de Budapest, en 1956, *Esprit* était devenu le refuge de la gauche anticommuniste. Quant à Ricœur, il avait jugé si passionnant l'essai consacré par l'historien François Furet à la fascination des intellectuels par le communisme, *Le*

1. Emmanuel Macron, « Réconcilier les mémoires », *L'Histoire*, *op. cit.*

Passé d'une illusion, qu'il en avait conçu le projet d'un livre commun. Le tout dernier ouvrage signé Furet, paru après sa mort, *Inventaires du communisme*, est la trace laissée par leurs échanges oraux. Enseignants à l'université de Chicago, les deux intellectuels avaient enregistré leurs dialogues sur la question du communisme. La mort de François Furet, en juillet 1997, a mis fin au projet. Les éditeurs n'ont conservé que les interventions de Furet pour ce livre posthume.

Macron, par son contact avec Ricœur et son association à *Esprit*, est aujourd'hui l'héritier de la génération antitotalitaire, à laquelle il n'appartient pas lui-même : il avait 12 ans à la chute du mur de Berlin[1]. L'idée qu'il se fait de l'histoire récente, il la décline volontiers en termes générationnels. Ainsi, lors de son discours-fleuve du 17 avril 2017 à Bercy, il dit : « Chaque génération a son rôle historique, sa responsabilité, sa mission. » Et il distingue la génération de la reconstruction, celle qui, à la Libération, rebâtit le pays et fait la décolonisation, et celle de 1968, qu'il appelle la génération « de l'émancipation ». « Une grande vague de libération a alors déferlé, de San Francisco à Paris, et elle a tout emporté sur son passage, jusqu'au mur de Berlin. La première a été incarnée par le général de Gaulle et Pierre Mendès France. La seconde, par Bob Dylan, Lech Walesa, Vaclav Havel. [...] Ces deux générations ont su vaincre les deux grands totalitarismes qui ont ensanglanté et profané le XXe siècle, le nazisme et le communisme », dit Macron dans le même discours. Faire de l'effondrement du communisme en Europe un des effets principaux de Mai 68 est une thèse soutenable,

1. « Je suis de la génération où fut théorisée la fin de l'histoire, où advint la chute du mur de Berlin », Emmanuel Macron, « Réconcilier les mémoires », *L'Histoire*, *op. cit.*

mais aussi contestable : à la différence du Printemps de Prague, le Mai 68 français s'est exprimé, dans une large mesure, dans des termes marxistes et communisants (trotskisme, maoïsme, etc.). Quant au rapprochement du nazisme et du communisme sous le même label totalitaire, il demeure récusé par une partie importante du monde universitaire, qui refuse catégoriquement cette équivalence. Qu'on se souvienne à ce propos des polémiques ayant suivi la publication du *Livre noir* du communisme, qui défendait précisément la thèse selon laquelle les deux types de régime étaient non seulement comparables, mais que les régimes communistes s'étaient révélés *in fine* plus meurtriers encore que les divers avatars du fascisme. Ricœur, lui, assume l'idée de totalitarisme. Mais c'est pour ajouter qu'on ne saurait mesurer les degrés d'inhumanité respectifs des États hitlériens et staliniens, puisqu'on est face à des phénomènes « hors échelle ». On ne saurait s'interdire, pour autant, le recours à un concept explicatif commun, celui de totalitarisme, dans la mesure où, précisément, il permet, à travers des comparaisons, de désigner les spécificités respectives d'Auschwitz et du goulag[1].

Cette présentation « générationnelle » permet à Macron de désigner ce qui lui importe vraiment : les trente ans d'« enlisement », les « trois décennies d'inefficacité » qui lui semblent avoir caractérisé notre pays, succédant à l'ère des reconstructeurs et à celle des émancipateurs. Certes, Macron considère que les passions politiques suscitées par les deux grandes idéologies totalitaires de jadis ne sont pas complètement éteintes. « Nous sentons partout la tentation de la barbarie, prête à ressurgir sous d'autres traits. Soyons

1. *Cf.* Paul Ricœur, *La Mémoire, l'Histoire, l'Oubli*, *op. cit.*, p. 435.

fidèles, soyons vigilants. » Mais, à ses yeux, le problème du moment n'est pas tant la menace de l'islamisme intégriste – que nombre d'intellectuels de la génération antitotalitaire considèrent comme le « troisième totalitarisme » menaçant nos démocraties – que le cynisme et le relativisme qui sont à la fois la cause et l'effet de notre laisser-aller collectif.

Macron aime citer la phrase de Camus : « Chaque génération, sans doute, se croit vouée à refaire le monde. La mienne sait pourtant qu'elle ne le refera pas. Mais sa tâche est peut-être plus grande. Elle consiste à empêcher que le monde ne se défasse[1]. » Une idée redevenue d'actualité. Le désenchantement postidéologique a ouvert la voie au cynisme. En politique, il se manifeste par le « Prafisme[2] », diagnostiqué par Brice Teinturier, et se traduit par des taux de participation électorale de plus en plus faibles. C'est pourquoi, aux yeux de Macron, la priorité n'est plus au combat contre des idéologies bétonnées, mais à la redécouverte d'un sens susceptible d'être partagé. Dans la double signification que Ricœur insistait pour donner au mot « sens » : à la fois une signification et une direction. Cette réhabilitation de l'idéologie est un signe des temps. Et cette idéologie, on le voit, suppose de capitaliser – de manière très hégélienne – l'héritage des générations politiques précédentes. Celle de la Libération et celle de Mai 68 ; ainsi se trouvent réconciliés, fort dialectiquement, de Gaulle et l'antigaullisme soixante-huitard.

Or, un autre argument apparaît particulièrement insoutenable à Ricœur dans la philosophie de l'histoire

---

1. Albert Camus, « Discours de Suède », *Œuvres*, Gallimard, coll. « Quarto », 2013, p. 82.

2. *Cf.* Brice Teinturier, *« Plus rien à faire, plus rien à foutre » : la vraie crise de la démocratie*, Robert Laffont, 2017.

de Hegel. « Le pas que nous ne pouvons plus faire », écrit-il, c'est l'idée que toute l'expérience du passé soit contenue dans le présent et que l'avenir y soit également en germe. En outre, l'« histoire universelle », telle que Hegel en avait entrepris la synthèse, est de part en part européenne : son aboutissement rationnel est incarné... par l'État prussien ! « Il nous paraît maintenant que Hegel, saisissant un moment favorable, qui s'est dérobé à notre vue et à notre expérience, avait totalisé quelques aspects éminents de l'histoire spirituelle de l'Europe, lesquels se sont, depuis lors, décomposés. [...] Ce qui s'est défait, c'est la substance même de ce que Hegel avait tenté de porter au concept[1]. » En outre, l'idée de totalité historique est datée. Macron, de son côté, appelle à penser la situation présente de notre pays dans le cadre plus vaste des évolutions planétaires en cours. Il est europhile au point de désirer une « souveraineté européenne » dans plusieurs domaines clés, mais il n'est pas eurocentriste. Significativement, dans son livre, le chapitre intitulé « La France que nous voulons » est précédé d'un autre intitulé « La grande transformation », consacré à l'analyse des effets produits par la révolution numérique et la mondialisation.

Traduire, transposer, convertir... innover ?

La manière dont Ricœur conseille d'aborder toute pensée de l'histoire est la prudence. Là encore, il est à l'opposé de Hegel. C'est la quasi-totalité de ses écrits qui pourrait être placée « sous le signe de la critique sans merci dirigée contre l'hubris de la réflexion

1. Paul Ricœur, *La Mémoire, l'Histoire, l'Oubli*, *op. cit.*, p. 403.

totale[1] », qu'il évoque à propos de *La Mémoire, l'Histoire, l'Oubli*. On l'a souvent dit : Paul Ricœur est un philosophe qui n'a pas cherché à « faire système », qui s'est méfié des projets intellectuels aux trop vastes proportions. En outre, la mouvance philosophique dans laquelle il s'est lui-même inscrit, aux confluents de la phénoménologie et de l'herméneutique, est suffisamment vague pour l'avoir autorisé à dialoguer tant avec les grands philosophes du passé qu'avec les théoriciens des sciences humaines les plus contemporains. Sa curiosité intellectuelle, presque sans limites, était servie par une bonne connaissance de plusieurs langues étrangères. Enseignant pendant une quinzaine d'années à l'université de Chicago, il a vécu et enseigné aux États-Unis. Lui-même traducteur, il a beaucoup réfléchi à ce que la traduction met en jeu et avait tendance à penser sur le mode de la transposition entre les registres. Car pour lui, une telle approche produit un enrichissement de sens, comme on l'observe dans le recours à la métaphore. Là encore, c'est une dimension qui demeure très présente chez Macron. « Ricœur, c'est la discipline, dit-il. Celle de prendre tous les matins son crayon, sa page, et de se demander comment on peut réinventer ce qu'on écrit, le revisiter, le redire autrement. Cette herméneutique m'apporte beaucoup[2]. »

Ricœur nomme « événement de langage » une manière de rompre avec l'usage courant d'un mot ou d'une expression, pour lui conférer une signification décalée ou inhabituelle, « faire éclore un sens inattendu » (Michaël Foessel). Dans la logique de la phénoménologie, il s'agit de renouveler la perception du réel. Le discours

1. *Ibid.*, p. 537.
2. *Le 1*, 8 juillet 2015.

d'Emmanuel Macron comporte ainsi des expressions légèrement ou franchement détournées de leur usage courant. Il met notamment en circulation, à des fins d'analyse politique ou sociale, des concepts imaginés pour des contextes très différents. Ainsi utilise-t-il parfois l'expression « notre solidarisme » pour désigner le système français d'État providence, superposant au contenu du mot « solidarité » une idéologie particulière dont il s'inspire lui-même, le « solidarisme » de Léon Bourgeois. Ainsi encore de l'usage, très particulier et franchement discutable, qu'il fait de l'expression de « part maudite ». Chez Georges Bataille, qui en est l'inventeur, elle désigne cette part d'énergie excédentaire qui demande à être dilapidée ou réinvestie, sous peine de se retourner contre les individus ou les sociétés qui la produisent. Macron l'emploie pour désigner des phénomènes qui n'ont rien à voir : les solutions-limites révélatrices de la logique de fonctionnement de la société globale. Dans le cinquième de ses entretiens avec Marcel Gauchet, il affirmait ainsi que « la part maudite, c'est ce qui dit la vérité d'une société ». Idée développée dans son discours au Congrès de Versailles, lorsqu'il évoque les « plus âgés au rebus », les chômeurs, les réfugiés, les détenus, les exclus, les sans-abri et en fait la « part maudite de notre société ». Cela provoque l'hilarité de certains journalistes, comme Fabrice Pliskin, du *Nouvel Obs*, qui y voit des connotations érotiques assez étonnantes. Sans doute parce que c'est la seule idée qu'il se fait de Bataille.

D'un contre-sens à propos de l'« en même temps »

De manière générale, les journalistes sont bien en peine de répondre à cette question : en quoi le discours politique de Macron reflète-t-il sa fréquentation régulière de Paul Ricœur ? La pauvreté de la réponse, répétée en boucle – « c'est l'influence de Ricœur, hostile aux oppositions tranchées, comme à la dialectique hégélienne, qui explique l'usage régulier, par Macron, de l'expression "et en même temps" » –, atteste cet embarras. Certes, Hans Georg Gadamer, philosophe allemand spécialiste de l'herméneutique comme Ricœur, disait de son rival français : « Ricœur cherche trop à tout réconcilier[1]. » Mais la pensée de Ricœur ne se laisse certainement pas enfermer dans cette formule : « Penser ensemble des choses hétérogènes », comme on le lit dans les journaux. De là à opposer, comme le fait Myriam Revault d'Allonnes, Macron, « homme de la synthèse, qui essaie de faire tenir ensemble des positions contradictoires », et Ricœur, en tant que « penseur du conflit », c'est tout aussi caricatural et manifestement inspiré par la volonté de nuire[2]. Ce qui est exact, c'est que Ricœur refuse le système « dialectique » hégélien et s'efforce de penser à partir de « concepts duels qui se corrigent mutuellement : travail et parole, responsabilité et conviction, *Amour et justice* (1990), éthique et morale, *La Critique et la Conviction* (1995), etc.[3] ».

Ce qui nous semble avoir beaucoup marqué la manière de penser de Macron, dans l'œuvre protéiforme de Ricœur, c'est ce qui, dans son herméneutique, préconise la « distanciation du sens ». Elle lui permet d'appréhender la réalité sociale à travers des distances

1. Jean Grondin, « De Gadamer à Ricœur. Peut-on parler d'une conception commune de l'herméneutique ? », *in* Gaëlle Fiasse (dir.), *Paul Ricœur. De l'homme faillible à l'homme capable*, PUF, 2008.

2. *Cf. L'Obs*, 20 avril 2017.

3. « La place de Paul Ricœur dans la philosophie contemporaine », Olivier Abel, *op. cit.*

focales différentes, et donc du plus lointain au plus proche. Car tout interprète de la réalité sait à quel point elle peut sembler différente selon la distance à laquelle on s'en tient pour tenter de la comprendre.

Ainsi, lorsque, par exemple, Ricœur distingue – après tant d'autres – *le* politique de *la* politique. *Le* politique, écrit-il, concerne les « décisions de portée historique », celles qui « changent de manière durable la destinée du groupe humain que l'État organise et dirige[1] ». *La* politique, de son côté, « est décisions : analyse probable de situations, pari sur l'avenir ». « *Le* politique prend son sens après coup, dans la réflexion, dans la "rétrospection", *la* politique se joue à mesure, dans la prospection, dans le projet, c'est-à-dire dans un déchiffrement incertain des événements contemporains et dans la fermeté des résolutions. C'est pourquoi si *le* politique est sans intermittence, on peut dire en un sens que *la* politique n'existe que dans les grands moments, dans les "crises", dans les "tournants", dans les nœuds de l'histoire[2]. » Selon qu'on s'intéresse *au* politique ou *à la* politique, le bilan qu'on pourra établir des actions d'un dirigeant pourra ainsi apparaître très différent. Il pourra, par exemple, se révéler *en même temps* négatif et positif. Très mauvais dans la gestion au jour le jour, excellent à saisir le sens d'une évolution historique et à y inscrire le destin de la communauté dont il a la charge.

En s'interrogeant, par ailleurs, sur le travail de l'historien, Ricœur montre combien, pour que les traces du passé qu'il a choisies fassent sens, il lui faut les réagencer. Et là encore, le régime d'historicité choisi fait apparaître des réalités bien différentes. Dans

1. Paul Ricœur, *Anthologie*, *op. cit.*, p. 364.
2. *Ibid.*, p. 365.

La Mémoire, l'Histoire, l'Oubli, Ricœur revient sur la subtile distinction établie par Kzysztof Pomian entre chronométrie, chronologie, chronographie et chronosophie[1]. La première s'intéresse aux cycles temporels qui « reviennent et tournent en rond » : saisons, semaines... La deuxième ordonne les événements en fonction de la date où ils sont survenus. La troisième enregistre des événements en les situant les uns par rapport aux autres : l'époque postrévolutionnaire, etc. La dernière est celle qui tente d'établir les grandes périodisations de l'histoire, religieuses ou politiques : temps de l'Hégire, ou « Antiquité », « Moyen Âge »...

Mais c'est surtout dans la IIIe partie du chapitre 2 de la deuxième partie de ce livre, intitulée « Variations d'échelles », que Ricœur développe une théorie dont on peut augurer qu'elle a profondément marqué Macron. « L'idée-force attachée à celle de variation d'échelles est que ce ne sont pas les mêmes enchaînements qui sont visibles quand on change d'échelle, mais des connexions restées inaperçues à l'échelle macrohistorique[2]. » « La notion d'échelle est empruntée à la cartographie, à l'architecture et à l'optique », précise-t-il. De la même façon que, du côté de la cartographie, « on observe, d'une échelle à l'autre, un changement du niveau d'information en fonction du niveau d'organisation », en histoire comme en politique, « en changeant d'échelle, on ne voit pas les mêmes choses en plus grand ou en plus petit, en grandes lettres ou en petits caractères [...]. On voit des choses différentes[3] ».

C'est là, sans doute, qu'il faut aller chercher l'une des vraies sources de la locution « et en même temps »

1. Paul Ricœur, *La Mémoire, l'Histoire, l'Oubli*, *op. cit.*, p. 193.
2. *Ibid.*, p. 268.
3. *Ibid.*, p. 269-270.

macronienne : face à une même réalité, Macron réclame le droit de pouvoir viser des catégories de faits différents, selon l'approche mise en œuvre et l'échelle (ou la « focale ») qu'il privilégie. Et tout l'art du politique, selon lui, réside dans l'articulation entre eux de ces différents plans ; dans la manière de distribuer son action entre ces différents niveaux de réalité. Sa pensée politique la plus profonde, le fil conducteur de sa compréhension du monde tient à l'idée de juste articulation entre les niveaux de réalité. Cela apparaît avec une grande netteté dans la présentation qu'il donne de l'articulation des temporalités politiques dans son fameux article, paru en mars-avril 2011, dans *Esprit*, « Les labyrinthes du politique ». « L'action politique est écartelée entre deux temporalités », constate-t-il. La première est celle des questions politiques fondamentales, telles que « le climat, la dette publique, la régulation financière internationale, les inégalités mondiales, le vieillissement des populations qui met en cause la pérennité des systèmes sociaux, pour n'en citer que quelques-unes ». Ces questions de fond, qui appelleraient des réponses de long terme et concertées au niveau international font l'objet de sommets mondiaux, de vastes débats ; mais elles ne débouchent que très rarement sur des décisions politiques. Pourquoi ? Parce que « la satisfaction sociale et les dividendes électoraux ne sont pas perceptibles à court terme ». Le temps électoral n'est pas indexé sur les grands cycles climatiques terrestres...

À l'autre bout, poursuivait Macron, on trouve les « urgences », les « sujets de court terme » qui, en raison de la pression médiatique, en particulier, exigent des réponses très rapides. Le problème, relevait-il à juste raison, c'est que ces sujets ont fini par occuper toute la place. Et pour montrer qu'ils les prennent en charge, les décideurs ont multiplié les lois de circonstance, qui s'empilent en désordre sans construire de politique au sens *du* politique. « Myopie de l'urgence et du temps court qui conduit la politique à “réagir” plutôt qu'à construire une action articulée. » Rappel : on était alors à la fin du quinquennat de Nicolas Sarkozy, manifestement visé par ce tableau. « L'action politique est ainsi écartelée entre ces deux temporalités : le temps long qui la condamne à la procrastination ou à l'incantation et le temps court qui appelle l'urgence imparfaite et insuffisante. […] L'aporie de l'action politique contemporaine est précisément liée au fait que, écartelé entre ces deux temporalités, le politique ne semble plus parvenir à construire une action propre et durable[1]. »

Sans surprise, on retrouve, six ans plus tard, dans les déclarations du Macron candidat à la présidence de la République, la même idée, reformulée ainsi à la lumière de l'expérience Hollande : « Le temps de la présidence et des engagements pris ne saurait se construire en fonction de l'actualité : ce serait s'engouffrer dans une forme d'obsession de la politique qui ne définit jamais les termes et les conditions de sa propre efficacité. Une présidence de l'anecdote, de l'événement et de la réaction banalise la fonction. [Cette fois Hollande et Sarkozy sont tous deux visés…] Ce type de présidence ne permet pas de se réconcilier avec le temps long et le discours du sens. À l'inverse, dans une présidence de type gaullo-mitterrandienne, la recherche d'un champ, d'une focale, éloigne du quotidien et installe un rapport différent à l'actualité. Cela suppose d'entretenir

1. Emmanuel Macron, « Les labyrinthes du politique », *Esprit*, mars-avril 2011.

un rapport fort aux idées et à la lecture du monde. Qu'est-ce que l'autorité démocratique aujourd'hui ? Une capacité à éclairer, une capacité à savoir, une capacité à énoncer un sens et une direction ancrés dans l'Histoire du peuple français. Une autorité qui est reconnue parce qu'elle n'a pas besoin d'être démontrée, et qui s'exerce autant en creux qu'en plein[1]. »

Le plus frappant dans la pensée de Macron, c'est le désir qu'il manifeste en permanence de ne jamais perdre le point de vue large, celui de la *big picture*, comme disent les Anglo-Saxons. Il semble craindre que, parvenu au pouvoir qu'il ambitionnait, les exigences de la politique au jour le jour ne lui dérobent le sens de l'histoire et le fil directeur de son quinquennat. C'est ainsi qu'il faut comprendre sa mise en garde, adressée tant aux journalistes qu'aux administrations, contre le risque de la « myopie ». Le myope souffre de ne pas distinguer les formes de loin. Il ne distingue bien, et de près, que les détails. Les réformes, souligne-t-il, ne sont pas un but en soi. Ce ne sont que « des moyens, des instruments pour parvenir à autre chose : la libération des énergies[2] » et, à travers elle, la réconciliation des Français entre eux et avec le monde tel qu'il évolue.

« L'homme capable »... y compris du mal

Une bonne part de la réflexion philosophique et théologique de Ricœur (qui était protestant, comme son ami Rocard) est consacrée, c'est vrai, à la question du mal. « C'est l'un de ceux qui ont pensé de la

1. *Challenges*, 16 octobre 2016.
2. « Nous devons renouer avec l'héroïsme politique », interview dans *Le Point*, 31 août 2017.

manière la plus forte le sujet de la violence et du mal en politique. Il a marqué la courant de l'antitotalitarisme. On l'a trop oublié[1] », relève justement Macron. À quel oubli fait-il allusion ? Au rôle de Ricœur dans le courant antitotalitaire, ou à la question du mal ? C'est, en effet, une dimension de la pensée tout à fait étrangère à l'idéologie actuelle de nos sociétés. Elles refoulent vers leur propre passé la question du Mal, comme d'ailleurs celle de l'ennemi. Il suffit de voir comment le Parti des médias nous invite à renoncer à la colère face à des actes aussi abjects que l'égorgement d'un prêtre en pleine messe, ou à l'assassinat d'enfants juifs à bout portant dans une cour d'école... Camus, lui, écrivait, durant l'Occupation, dans ses *Lettres à un ami allemand* : « Nous, nous sommes partis de l'intelligence et de ses hésitations. En face de la colère, nous n'étions pas de force. Mais voici maintenant que le détour est achevé. Il a suffi d'un enfant mort pour qu'à l'intelligence nous ajoutions la colère et désormais nous sommes deux contre deux. Je veux vous parler de la colère[2]. » Quant à Macron, il n'élude pas la question du mal, mais, en l'actualisant immédiatement en termes politiques, il explique pourquoi il s'est opposé à la déchéance de nationalité des binationaux, proposée un moment par François Hollande : « Penser pouvoir rassurer le peuple en chassant le mal radical en dehors de la communauté nationale est une promesse dangereuse et intenable[3]. » Sur cette question encore, Macron penche vers Ricœur.

Alors que, chez Hegel, le mal trouve naturellement sa place dans l'histoire – dont il n'est qu'un à-côté

1. *Le 1*, 8 juillet 2015.
2. Albert Camus, *Œuvres*, *op. cit.*, p. 478.
3. *La Vie*, 22 décembre 2017.

regrettable mais nécessaire –, Ricœur le définit comme « ce qui est et ne devrait pas être ». Pas de « ruse de la raison » ni de « nécessité historique » d'une « part de mal » en vue d'un bien supérieur à une étape ultérieure du développement. Pour Ricœur, on ne saurait même « reconnaître une place » au mal. Encore moins une nécessité... Tandis que, du côté de Hegel, le mal paraît dépourvu d'auteur identifiable et le produit impersonnel de la mécanique de l'histoire, l'existence du mal atteste, au contraire, pour Ricœur, la liberté de l'homme. « Le mal a la signification de mal parce qu'il est l'œuvre d'une liberté ; je suis l'auteur du mal. Par-là, je répudie comme un alibi l'allégation que le mal existe à la manière d'une substance ou d'une nature, qu'il a le statut des choses observables par un spectateur étranger[1]. » Le mal, en tant qu'œuvre d'une liberté, a un auteur auquel il est « imputable ». L'homme est le père de ses actions, disait Aristote, que Ricœur aime citer. Cette idée revient régulièrement dans les écrits de Ricœur, qui médite sur l'« homme faillible », puis sur l'« homme capable ». « Le mal est une catégorie de l'action et non de la théorie », écrit encore Ricœur, « le mal, c'est ce contre quoi on lutte, quand on a renoncé à l'expliquer[2] ». La philosophie de Ricœur est une philosophie de l'action et de la responsabilité qui, si elle n'est marquée par aucun volontarisme, ne cède pas pour autant à la tentation du fatalisme. « Ce monde qui me situe et m'engendre selon la chair, je le change ; par le choix, j'inaugure de l'être en moi et hors de moi[3]. » Quoiqu'« en situation », l'acteur politique conserve une capacité à poser

1. Paul Ricœur, *Anthologie*, *op. cit.*, p. 298.
2. *Ibid.*, p. 281.
3. *Ibid.*, p. 272.

des actes qui créent, innovent, transforment. Une telle pensée était bien faite pour inspirer un politicien ayant de grandes ambitions réformatrices. « Comme vous, je n'en pouvais plus du défaitisme et de l'impuissance qu'on nous renvoyait au visage. Ce que je vous propose, c'est le grand combat de la volonté contre le renoncement, de l'optimisme contre la nostalgie. De la transformation profonde contre l'immobilisme ou la nostalgie[1]. »

Macron devrait méditer une autre leçon de Ricœur : l'acteur – le politique en particulier – doit pourtant se souvenir que sa liberté d'action est soumise à des contraintes : « La décision est brusquée par l'urgence et l'information est toujours bornée. » C'est pourquoi « le caractère propre du choix humain, c'est qu'il procède d'un risque et non pas d'un décret[2] ». Macron, lancé dans la voie de la politique, ne cesse de pester contre la frénésie législative sous la pression de médias qui ne réagissent qu'à l'événement et au fait divers. Il dénonce « cette myopie de l'urgence et du temps court qui conduit la politique à réagir plutôt que construire une action articulée », « l'urgence nouvelle qui chasse celle de la veille », sans s'inscrire dans la perspective d'un horizon clairement dessiné. « La vraie autorité est de ne pas se laisser imposer l'ordre des choses par ceux qui nous assaillent. Ce qui est moral, c'est la capacité des gouvernants à ne pas se laisser dicter leurs décisions par la tyrannie des événements[3]. »

Mais d'une manière plus essentielle, la marque ricœurienne imprègne le libéralisme de Macron, alors

---

1. Emmanuel Macron, discours de campagne à Paris-Bercy, 17 avril 2017.

2. Paul Ricœur, *Anthologie*, *op. cit.*, p. 275.

3. *Le 1*, 13 septembre 2016.

même que la pensée de Ricœur, sans lui être hostile, ne s'inscrit pas elle-même dans cette tradition intellectuelle. L'idéologie dans laquelle Macron a inscrit son projet politique est d'essence libérale, dans la mesure où elle se fonde non seulement sur la confiance en l'individu, mais aussi progressiste dans la mesure où elle donne mission au politique de lui fournir les moyens de son autonomie dans le cadre d'une « société du choix ». Elle s'adosse, en outre, à une conception de l'« homme capable » qui est redevable à Ricœur. Pour le philosophe, la dignité de la personne tient à sa capacité à assumer ses propres préférences au sein d'une hiérarchie des valeurs, à endosser la responsabilité, morale et légale, des actes qu'il a posés. L'homme a des droits et des devoirs. L'extension, souhaitable, des premiers ne va pas sans un élargissement des seconds. Cette idée est très présente chez Macron. « La responsabilité est précisément ce qui, me semble-t-il, peut contribuer à restaurer un peu de cette morale collective dont nous avons tant besoin[1]. »

Olivier Abel parvient à résumer la pensée éthique de Ricœur, pourtant particulièrement subtile, à travers la métaphore d'une « fusée à trois étages » par laquelle le philosophe lui-même combine les niveaux de déploiement souhaitables d'application de la morale avec l'histoire de la philosophie. Au premier, on trouve « la visée éthique qui est la visée du bon ». C'est le « moment Aristote ». Au deuxième, on trouve « la norme morale qui est plutôt une protection contre le mal[2] ». C'est le « moment kantien », dont il nous semble que Ricœur l'associe à la « règle d'or » de l'éthique de

1. Emmanuel Macron, *Révolution*, *op. cit.*, p. 252.
2. Olivier Abel, « La place de Paul Ricœur dans la philosophie contemporaine », *La Revue des Deux Mondes*, octobre 2017, p. 34.

la réciprocité : « Toutes les choses donc que vous voulez que les hommes vous fassent, faites-les-leur, vous aussi, de même ; car c'est là la loi et les prophètes[1]. » Au troisième et dernier, « la sagesse pratique, qui surgit de l'autre côté du tragique, comme la sagesse toujours incertaine du moindre mal[2] ».

L'un des grands intérêts de la pensée de Ricœur, c'est qu'elle autorise, dans bien des cas, l'extrapolation à la communauté politique des concepts qu'elle développe pour la compréhension de l'individu et l'évaluation de ses actes dans ses rapports avec l'autre. Ricœur pense souvent la politique en termes de mise en pratique de conceptions morales qu'il vient d'élaborer à l'usage des relations interindividuelles. Sa pensée se déploie sur trois plans : celui de la connaissance de soi, celui de la relation à l'autre, et celui de ce qu'il nomme « les institutions ». C'est là que se situe sa pensée politique. Mais les trois plans communiquent entre eux. Ainsi utilise-t-il fréquemment les concepts clés de la psychanalyse (destinés à la compréhension du psychisme individuel) pour décrypter des pathologies sociales. En tant qu'acteur politique c'est essentiellement ces applications à la politique qui intéressent Macron. Même si, dans la présentation qu'il offre de lui-même, on discerne une évidente influence de Ricœur. Ainsi n'est-il pas anodin qu'il entame son livre-programme *Révolution* par un bref récit de son propre itinéraire de vie : « Chapitre 1. Ce que je suis. » Sans doute un tel rappel était-il nécessaire, s'agissant d'un nouveau venu sur la scène politique. Mais plus profondément, la manière dont il conduit ce bref récit autobiographique apparaît

1. Matthieu 7, 12.
2. Olivier Abel, « La place de Paul Ricœur dans la philosophie contemporaine », *op. cit.*

marquée par ce que Ricœur appelle l'« identité narrative », dont il convient de dire deux mots.

L'identité narrative : de l'individu à la nation

Pour Ricœur, « répondre à la question “qui ?”, comme l'avait fortement dit Hannah Arendt, c'est raconter l'histoire d'une vie. L'histoire racontée dit le *qui* de l'action[1] ». Or, notre conception de ce qu'est être un sujet pensant ne peut plus être aussi naïve que celle de Descartes : Nietzsche, la psychanalyse, les philosophies du soupçon ont ruiné la croyance ancienne en une permanence et une inaltérabilité du moi. Nous ne pouvons plus nous penser comme un bloc de conscience claire et de volonté transparente à elle-même. C'est pourquoi Ricœur distingue deux niveaux distincts. L'idée de soi en tant qu'*idem* (en latin ; en anglais *same*, en allemand *gleich*), qu'il appelle la « mêmeté » et qui désigne ce qu'il y a de permanent en nous, ce qui n'est pas affecté par notre histoire personnelle, comme le caractère, et qui fait qu'on peut faire et tenir des promesses. Et le « soi-même », cette autre idée de l'identité pour laquelle il invoque le latin *ipse* (en anglais *self*, en allemand *selbst*), soumise au changement dans le temps d'une vie. La première est notre « identité substantielle ou formelle », la seconde, notre identité narrative. Ces deux faces de notre propre personne sont engagées dans une dialectique. Et c'est la mise en récit qui, réconciliant l'*idem* et l'*ipse*, donne de la cohérence aux événements qui ont ponctué nos vies. C'est à travers l'évocation de souvenirs, leur disposition

1. Paul Ricœur, *Anthologie*, *op. cit.*, p. 230.

au sein d'une narration (par les procédés qui sont ceux de l'historien, mais aussi du romancier) que nous pouvons prendre conscience du sens de nos vies vécues. L'agencement des faits au sein d'un récit construit est ce qui permet de comprendre et aussi de se comprendre. Sachant que ce réagencement est l'objet d'une réécriture permanente. « L'histoire d'une vie, note Ricœur, ne cesse d'être refigurée par toutes les histoires véridiques ou fictives qu'un sujet raconte sur lui-même. » C'est donc en examinant le récit de nos vies que nous nous construisons nous-mêmes. De la même façon, au cours de la cure psychanalytique, on substitue « à des bribes d'histoire à la fois inintelligibles et insupportables, une histoire cohérente et acceptable, dans laquelle l'analysant peut reconnaître son ipséité ». Car en mettant notre vie en récit, nous sommes amenés à vérifier sur la base de traces, à épurer nos souvenirs des scories de semi-légendes qui les encombrent.

Cette aptitude à la mise en récit de soi ne concerne pas que la connaissance de soi. Aux yeux de Ricœur, elle joue aussi un rôle essentiel dans la vie morale. Comme l'écrit Olivier Abel, « il faut une certaine capacité narrative si l'on veut pouvoir s'imputer ses actions. Et le problème aujourd'hui, c'est peut-être que la capacité narrative s'est affaissée. [...] Pour Ricœur, on ne peut constituer un sujet éthique que sur la base d'un sujet déjà capable d'agir, de parler et de raconter, capable de faire confiance et crédit au témoignage d'autrui[1] ». Ricœur, en effet, ne cesse de revenir à cette question : comment l'être humain peut-il tenir ses promesses, malgré les changements qui affectent sa personne et sa vie ?

---

1. Olivier Abel, « La place de Paul Ricœur dans la philosophie contemporaine », *op. cit.*

Et le philosophe, qui a toujours professé, comme Macron, « qu'on ne se connaît bien soi-même » que par la confrontation avec les grandes œuvres de la culture et à travers l'effort de se les approprier, ajoute que tout texte du genre autobiographique comporte, comme les grandes œuvres, un « envoi » final, « qui vise à imposer au lecteur une vision du monde qui n'est jamais éthiquement neutre, mais qui plutôt induit implicitement ou explicitement une nouvelle évaluation du monde et du lecteur lui-même[1] ». À travers la mise en récit de sa propre vie, dans *Révolution*, Macron a voulu nous convaincre que l'autonomie qu'il a conquise, le sens des possibles qu'il n'a cessé de chercher à élargir à son profit, en un mot les moyens de sa propre réussite, pouvaient devenir aussi les nôtres... pour peu que nous l'élisions président de la République. Et cette mise en récit de sa propre existence est censée donner du poids à ses propres promesses, selon la philosophie de Ricœur.

Ricœur, je le disais, n'hésite pas à transposer cette idée de la connaissance par lui-même de l'individu à la manière dont une collectivité – une nation, par exemple – peut prendre conscience d'elle-même. « Au niveau de l'histoire des peuples, comme à celui des individus, la contingence des péripéties contribue à la signification globale de l'histoire racontée et à celle de ses protagonistes. Le reconnaître, c'est se déprendre d'un préjugé concernant l'identité revendiquée par les peuples, sous l'emprise de l'arrogance, de la peur ou de la haine[2]. » Bref, du côté de la nation ou du peuple, l'insistance sur l'*idem* au détriment de l'*ipse*,

1. Paul Ricœur, *Anthologie*, *op. cit.*, p. 235.
2. *Ibid.*, p. 357.

l'incapacité à considérer que l'identité est « narrative » constituent un danger politique, celui du nationalisme. Cela explique la méfiance exprimée parfois par Macron envers le concept d'« identité nationale » – un concept, dit-il, trop aisément instrumentalisé lorsqu'il est utilisé de manière défensive –, alors même qu'il se prononce lui-même pour la réhabilitation d'un « récit national ». À condition, ajoute-t-il, que ce récit ne constitue ni une « vérité d'État », dictée de manière autoritaire par le pouvoir, ni un « bloc de vérité », immuable et inaltérable. Bref une « identité narrative » nationale. Le *Petit Lavisse* de la IIIe République ? lui oppose Emmanuel Laurentin. Et pourquoi pas ? répond Macron. « Il ne faut pas le jeter à la poubelle. On devrait, au contraire, le rééditer, mais accompagné d'un appareil critique, herméneutique », afin de montrer « que les traces de l'histoire sont multiples, qu'elle est faite de narrations successives ».

L'obsession de Macron, c'est la fracture qui déchire la nation. C'est pourquoi la réhabilitation de l'histoire nationale, qui souffre aujourd'hui d'une mise en pièces consécutive à la montée revendicatrice des « mémoires », lui apparaît nécessaire. Sans restauration du sentiment d'appartenance, pas de projection dans l'avenir partagée, répète-t-il. « La France est un bloc », proclame Macron. Mais cela relève davantage de l'ordre performatif que du constat, comme disent les philosophes... Car la réalité du pays, c'est la grande fracture, sous l'effet de la nouvelle division internationale du travail, constatée par Christophe Guilluy[1]. Elle oppose deux France. D'un côté, celle des métropoles, connectées

1. *Cf.* Christophe Guilluy, *Fractures françaises* et *La France périphérique*, Flammarion, 2013 et 2014.

aux flux de la mondialisation, où diplômés aisés des centres-villes cohabitent avec leurs banlieues, peuplées d'immigrés qui fournissent aux premiers des services à bas coût. De l'autre, celle des « périphéries », petites villes et campagnes, anciennes zones industrielles en friche, où un immense découragement couve une grande colère. Casse-cou ! Car le même découplage territorial a donné la victoire à Donald Trump aux États-Unis (voir les analyses du politologue et géographe Joel Kotkin) et au camp du *Leave* au référendum britannique sur le Brexit. Les « gens de n'importe où » et les « gens de quelque part[1] », pour paraphraser le politologue britannique David Goodhart.

Un coup d'arrêt à la montée des populismes ?

Dans ce contexte, la victoire à l'arraché d'Emmanuel Macron a été interprétée comme un coup d'arrêt à la montée du populisme dans le monde démocratique. Mais le bénéficiaire de cette possible inversion de tendance n'est pas convaincu lui-même de sa réalité. À *Challenges*, en octobre 2016 : « L'heure est grave pour notre pays. L'enjeu est de préserver sa cohésion, d'organiser sa réconciliation. Nous vivons une période de fracturation de la France : il y a désormais plusieurs France. Ces déchirures profondes qui traversent notre pays produisent une crise profonde et perturbent notre imaginaire collectif. » Au *Figaro*, en avril 2017 : « Mais il faut que je sois dans une dynamique qui montre que j'ai entendu la colère pour ensuite, car tel

1. David Goodhart, *The Road to Somewhere. The populist revolt and the future of politics*, C. Hurst & Co, 2017.

est mon objectif, réconcilier les Français. » Emmanuel Macron tranche, là encore, avec le discours politique d'hier, celui d'une « gauche castor » (comme l'a baptisée le politologue Laurent Bouvet) en particulier, qui se contentait d'appeler à « faire barrage au Front national », sans jamais s'intéresser aux causes de la montée en puissance des votes populistes. Il fait manifestement partie de ceux qui considèrent le double problème posé par ce phénomène et celui de l'abstention comme des symptômes de maux plus profonds, qu'il s'agit d'oser nommer et de traiter.

À l'élection présidentielle, les candidats des deux principaux partis extrémistes ont obtenu chacun près de 20 % des suffrages exprimés. Les fractures politiques et sociales, qui s'exacerbent, sont redoublées par de profondes fractures culturelles. De ce côté, les revendications identitaires se nourrissent mutuellement. D'une part, un islamisme conquérant entend prendre le contrôle des familles issues de l'immigration récente et leur imposer son mode de vie. De l'autre, le populisme xénophobe réagit par un narcissisme identitaire symétrique. Contrairement à ce qu'on lit à ce propos dans la presse de droite, Macron n'est ni communautariste, ni aveugle, ni naïf. Il fait sienne la notion d'« insécurité culturelle », proposée par Laurent Bouvet, mais refusée comme « non scientifique » par la bien-pensance universitaire. Et il est très attentif au quadrillage des « territoires perdus par la République » par les groupes salafistes. « Certaines tendances d'un islam particulièrement rétrograde sont à l'œuvre dans notre société pour venir en quelque sorte "tester" les limites de la laïcité[1] », relève-t-il. Dans son livre-programme *Révolution*, il

1. *Challenges*, 16 octobre 2016.

appelle carrément à une « bataille culturelle » pour la « reconquête positive de nos quartiers », qui passe par « le démantèlement des organisations qui prêchent la haine de la République, de nos valeurs, de ce que nous sommes et de ce qui nous tient » (p. 174-175).

Mais l'instrument principal de cette reconquête « culturelle », à ses yeux, c'est la reconstitution d'un imaginaire national pacifié. La République, raffermie, pourrait ainsi opposer à « l'imaginaire islamiste, où des enfants, au fin fond d'un quartier déshérité, considèrent désormais appartenir à une communauté mondialisée de croyants[1] », un monde symbolique commun. Il faut, répète Macron, « organiser la réconciliation ». Et cela implique un travail sur l'histoire nationale, aujourd'hui écartelée entre des mémoires identitaires en concurrence les unes avec les autres. On observe que Macron se montre également critique envers une école de gauche, obstinée à gratter interminablement les blessures d'un passé jugé coupable, et une autre, de droite, raidie dans la défense d'une identité bienheureuse, reconstruite de manière largement imaginaire. « Nous avons laissé se créer des histoires parallèles, ouvrant de nouvelles fractures et émiettant les références culturelles qui devraient pourtant unifier la France. C'est ainsi qu'une partie de la gauche s'est construite sur une mémoire reposant sur la lutte des classes et l'anticolonialisme, thématiques devenues les clefs de lecture quasi exclusives de la situation sociale de la France d'aujourd'hui. [...] Dans le même temps, une partie de la droite s'est ancrée dans une vision historique rétrécie à un identitarisme dont elle nourrit désormais son rapport à la République[2]. »

1. *Ibid.*
2. *Ibid.*

Restaurer une mémoire pacifiée

Il est impossible de ne pas voir dans ces prises de position l'écho du travail de Macron sur le livre de Ricœur, *La Mémoire, l'Histoire, l'Oubli*. Il fallait avoir longuement travaillé sur le texte du manuscrit – et en particulier sur « la mise en forme de son appareil critique », comme le relève l'auteur en rendant nommément hommage à Emmanuel Macron dans son avertissement liminaire – pour être capable d'en résumer le propos dans un article de seize pages de la revue *Esprit*.

Ricœur y travaille à trouver les moyens de restaurer une « mémoire heureuse » (p. 96), « une mémoire apaisée », voire à faire l'éloge d'un « oubli heureux » (p. 536), en réfléchissant aux méthodes et aux moyens de la science historique elle-même, de ses rapports avec la mémoire, et en s'interrogeant *in fine* sur les vertus et la mélancolie des oublis. Quels sont ces moyens ? Ceux de la psychanalyse, pour commencer : il faut éviter la délectation morose, la remémoration d'une perte qui hante la mémoire par incapacité à faire son deuil (la « perlaboration » freudienne). « La hantise est à la mémoire collective ce que l'hallucination est à la mémoire privée, une modalité pathologique de l'incrustation du passé au cœur du présent. » (p. 65) Fidèle à sa propre philosophie, Ricœur recommande sa solution habituelle : « la mise en intrigue » (*emplotment*), qui permet de mettre de l'ordre dans les faits à partir des souvenirs et des traces écrites. Elle constitue en outre une manière « d'offrir aux absents de l'histoire la pitié d'un geste de sépulture » (p. 476).

Mais il est attentif aussi à la mise en garde de Nietzsche, « trop d'histoire tue l'homme ». L'excès de mémoire empêche la vie de se déployer dans sa plasticité ; elle bloque le renouvellement. Elle plombe l'homme, comme les nations qui en sont atteintes ; ces dernières ressassent alors leurs défaites sans être capables de se projeter dans l'avenir. Ricœur met en garde contre deux périls symétriques : celui de la mémoire officielle (le « péril majeur ») et celui du refoulement, en analysant, à la suite d'Henry Rousso, comment l'épisode de l'« État français » de Vichy a été réécrit de manière contradictoire au cours de notre passé récent : d'abord objet de déni, il est revenu hanter la mémoire nationale, nous obnubiler : on croit le voir partout, même là où il n'y a rien de comparable. Un peu comme les jeunes gauchistes des années 1970, qui croyaient combattre « le fascisme » alors qu'ils avaient à faire avec des démocrates parlementaires assez irréprochables en Allemagne, en Italie ou en France.

Des idées telles que « le passé n'est plus la garantie de l'avenir, là est la raison principale de la promotion de la mémoire heureuse que constitue la reconnaissance actuelle du souvenir passé » (p. 539) n'ont pu que frapper Emmanuel Macron. Il a construit l'idée qu'il se fait de sa propre fonction et de la manière de l'incarner à partir de Ricœur. « Tout groupe tient, je veux dire se tient debout, acquiert une consistance et une permanence, grâce à l'image, stable et durable, qu'il se donne de lui-même. Cette image stable et durable exprime le niveau le plus profond du phénomène idéologique[1]. » Remarquons que les expressions « ce qui nous tient », « ce qui nous tient debout » émaillent les discours « de rassemblement » de Macron. Leur origine est claire : elles sont directement empruntées

1. Paul Ricœur, *Anthologie*, *op. cit.*, p. 375.

à Ricœur et véhiculent le sens qu'il lui donne. Celui de la référence fondatrice qui permet à une société politique de persister dans son être (« durable ») et de faire preuve de solidité (« stable »). Elle est souvent destinée à ses partisans d'En Marche !, mais il l'emploie aussi en élargissant son extension à l'ensemble des « Françaises et des Français ». Ricœur, le philosophe, enseigne au dirigeant que toute décision qu'il prend s'inscrit dans l'horizon d'une visée d'avenir, en aval, mais qu'en amont elle est tributaire d'une mémoire collective qui lui donne sens. Les structures symboliques d'un peuple servent à décrypter le sens des gestes que pose un dirigeant politique. Celui-ci est donc tributaire de ce passé qui s'impose à lui.

Incarner la fonction, assumer l'histoire nationale

C'est parce qu'il en a pris conscience que Macron a délibérément rompu avec la « trivialisation du monarque républicain » que Patrick Buisson reprochait tant à Hollande qu'à Sarkozy[1]. Reprenant à son compte la théorie des « deux corps du roi » d'Ernst Kantorowicz, l'ancien conseiller spécial de Nicolas Sarkozy estime que la France n'a pas rompu avec un imaginaire dans lequel le titulaire du pouvoir suprême, sitôt élu, devient un corps double : « un corps public et un corps privé, un corps sacré et un corps profane. Autrement dit, le corps mystique de la communauté qu'il revêt et le corps de l'individu qu'il dévêt. La métamorphose, réussie, combine présence et distance, proximité et verticalité ; ratée, elle oscille entre ces deux pôles de

1. *Cf.* Patrick Buisson, *La Cause du peuple*, Perrin, 2016, p. 97.

désacralisation que sont l'exhibition de la personne et la vulgarisation de la fonction[1]. » L'un des grands mérites de De Gaulle, pour l'auteur de cette thèse, aurait été de renouer avec l'imaginaire monarchique, en renonçant à la « dépersonnalisation du pouvoir », organisée par nos IIIe et IVe Républiques.

C'est précisément l'idée à laquelle fait allusion Emmanuel Macron lorsqu'il déclare : « Les gens protestent parce qu'il y a un vide. [...] Il y a dans le processus démocratique et dans son fonctionnement un absent. Dans la politique française, cet absent est la figure du Roi. [...] On a essayé ensuite de réinvestir ce vide, d'y placer d'autres figures : ce sont les moments napoléoniens et gaulliste, notamment[2]. » En réaction à ce qu'il a diagnostiqué lui-même dans son article sur « Les labyrinthes du politique » – la tyrannie de l'urgence médiatique déstabilise la verticale du pouvoir –, Macron apporte un soin évident à incarner la fonction présidentielle. Comme le dit Patrick Buisson, « accomplir des gestes et des rites qui ne vous appartiennent pas, qui viennent de plus loin que soi, c'est s'inscrire dans une continuité historique, affirmer une permanence qui transcende sa propre personne. À ce propos, le spectacle du président réglant son pas sur la marche de la garde consulaire (lors de la cérémonie de passation de pouvoir) et faisant s'impatienter le petit homme rondouillard qui l'attendait au bout du tapis rouge aura offert à des millions de Français le plaisir de se revancher de l'humiliation que fut la présidence Hollande[3] ».

1. *Ibid.*, p. 75.
2. *Le 1*, 8 juillet 2015.
3. Interview par Alexandre Devecchio, *Le Figaro*, 9 juin 2017.

De l'article publié par Emmanuel Macron dans *Esprit* à ce pavé de 657 pages auquel il a mis la main, *La Mémoire, l'Histoire, l'Oubli*, intitulé « La Lumière blanche du passé », on retiendra en particulier ce qu'il écrit de la mémoire collective : elle « conduit à s'interroger sur la mémoire du citoyen, cet individu qui n'existe qu'en tant qu'il appartient à une communauté politique qui le dépasse et qui a son propre passé ». Macron se croit manifestement un destin de thérapeute des blessures mémorielles françaises. D'où une méfiance, très conservatrice, envers les écoles historiques acharnées à « déconstruire le roman national ». Afin de « rendre la France à son optimisme », il proclame son amour du passé du pays. « J'aime la France dans son histoire », lance-t-il à la foule de ses partisans venue l'applaudir à Bercy. Et d'évoquer les morts de la Grande Guerre, dont les cimetières rappellent le sacrifice dans sa région natale. « Ils sont morts pour notre liberté », s'exclame-t-il. Voilà qui contraste singulièrement avec le discours habituel de la gauche sur la guerre de 14, celui d'un Lionel Jospin, par exemple, réhabilitateur des mutins de Craonne et nullement convaincu que les « poilus » de 14-18 soient morts « pour notre liberté ».

Macron a lu dans Ricœur que la mémoire collective est source de cohésion sociale, qu'elle peut ressouder une nation éclatée. Et que des souvenirs partagés sont la condition d'une volonté de continuer à vivre ensemble, afin de continuer à faire vivre ces souvenirs et à leur donner un prolongement dans le présent. Tout le monde, aujourd'hui, cite la formule de Renan : « Une nation est une âme, un principe spirituel. Deux choses qui, à vrai dire, n'en font qu'une, constituent cette âme, ce principe spirituel. L'une est la possession en commun d'un riche legs de souvenirs ; l'autre est le consentement actuel, le désir de vivre ensemble, la volonté de continuer à faire valoir l'héritage qu'on a reçu indivis[1]. » Et pour Macron, cette dernière est décisive. « Et j'affirme devant vous que l'avenir de la France, il est aussi beau, aussi noble, aussi rassembleur que son passé. Elle est là, notre différence. Nous aimons nos racines, mais nous regardons l'avenir sans crainte. Une France confiante, une France conquérante, c'est ce que nous portons. »

Pour Ricœur, la mémoire collective est en outre susceptible de répondre à la crise de légitimité dont sont victimes nos démocraties, sous la pression de l'exigence de droits par les individus et les groupes organisés. En faisant de la prospérité et de la croissance la valeur suprême, à égalité avec les valeurs plus traditionnellement démocratiques de liberté et d'égalité, nous avons atomisé nos sociétés, dit-il, chacun courant après son propre bien-être. Comme l'avait observé Tocqueville, cela fait peser sur les démocraties le risque de la perte du sens civique, de la dépolitisation. Chacun est trop occupé de ses petites affaires pour consacrer une partie de son précieux temps personnel à la cause de l'intérêt public. Nous pouvons déplorer cette dépolitisation, « qui va de pair avec une totale privatisation des buts et des pratiques ». Mais, fait observer Ricœur, elle est la contrepartie inéluctable du choix du bien-être individuel qui est le nôtre – et celui-ci est, lui-même, la condition de cette « autonomie » à laquelle aspirent les modernes.

La solution macronienne est dans le droit fil de son maître Ricœur : une « politique de reconnaissance des

1. Ernest Renan, *Qu'est-ce qu'une nation ?*, Éditions Le Mot et le reste, Marseille, 2007.

mémoires dans leur complexité, y compris en ce qu'elles ont, entre elles, d'irréconciliable ». Comme celle des descendants d'immigrés algériens et celle des pieds-noirs ou des harkis. Comme souvent, chez Macron, cet idéal œcuménique relève du vœu pieux.

3

Un centriste radical

Une refondation qui nécessitait de chambouler le clivage droite/gauche

Contrairement à ce qu'on lit ici ou là (par exemple sous la plume d'Alain-Gérard Slama[1]), Emmanuel Macron ne prétend pas que le clivage droite/gauche est dépassé ni qu'il constitue « un leurre ». Il dit que « cette séparation ne se fait pas sur les bonnes thématiques[2] ». Sur tous les sujets réellement décisifs, ajoute-t-il, « il y a des fractures au sein des deux camps ». En effet, des questions aussi déterminantes que la manière d'améliorer nos chances dans la mondialisation, le sens à donner à l'unification européenne et les compétences à conférer à l'Union, le rôle de l'État et son périmètre d'action, l'islam et la laïcité, l'avenir du travail et de la protection sociale face aux défis de l'automation et de l'ubérisation, et tant d'autres traversaient les partis de l'« ancien monde », quand ceux-ci ne les ignoraient pas complètement. Au fur et à mesure que se rapprochaient les politiques effectivement menées,

1. Alain-Gérard Slama, « L'extrême centre, ou le débat insupportable », *L'Express*, 6 juillet 2017.
2. Interview au *Figaro*, 25 août 2016.

les pratiques incantatoires, l'invocation rituelle aux « valeurs » (le « vivre-ensemble » d'un côté, l'« identité nationale » de l'autre) était censée donner l'illusion d'une dispute vigoureuse. Mais le public a pressenti qu'il ne s'agissait plus que d'une répartition des rôles entre figurants d'une même troupe. Car durant les décennies où les vieux partis ont exercé le pouvoir, peu de chose ont distingué les politiques de centre droit de celles du centre gauche. Pire, dans notre pays, les résultats ont été également décevants. Ils ont offert le spectacle d'une suite d'« alternances sans alternatives », comme dit Macron. Et c'est bien l'une des principales causes de l'« immobilisme » qui encalmine le pays et l'empêche de se réformer. En outre, cette proximité a créé le sentiment que les dissensions, surjouées par les acteurs, étaient destinées à dissimuler leur connivence de fait. Avec la réalité d'une série d'échecs, dont ils partagent assez équitablement la responsabilité, cela n'a pas peu contribué à gonfler les voiles extrémistes.

On l'a constaté de manière éclatante au cours du dernier quinquennat. La tentative menée par François Hollande d'imposer subrepticement à son parti une politique gouvernementale sociale-démocrate a été combattue avec une vigueur croissante par une partie des députés de sa propre majorité, attachés à la mise en œuvre d'un programme beaucoup plus radical. Sur le dossier européen, essentiel puisque presque tout le reste en dépend, les positions de Pierre Moscovici et celles d'Arnaud Montebourg, responsables du même parti, n'étaient guère compatibles. La tentative de libéralisation partielle du marché du travail menée par la ministre Myriam El Khomri a fait se lever la fronde d'une partie du groupe parlementaire majoritaire, farouchement opposé à une logique flexisécuritaire.

À droite, on comptait des euroenthousiastes, comme Alain Juppé et Alain Lamassoure, mais aussi des eurosceptiques, comme Laurent Wauquiez, voire des souverainistes : qu'est-ce qui distinguait sur ce dossier Henri Guaino, membre de LR, de Nicolas Dupont-Aignan ? Ces contradictions internes, qui ressurgissaient à chaque changement de gouvernement, ont contribué à la paralysie nationale. D'où l'idée avancée par Macron : que ceux qui, à gauche comme à droite, partagent les mêmes objectifs essentiels – la poursuite d'un projet européen profondément réajusté en fonction des défis de l'heure et un programme de réformes audacieuses pour notre pays, bref qui acceptent le projet de modifier la réalité dans des proportions variables plutôt que de chercher à lui substituer une « autre réalité » – acceptent enfin de travailler ensemble, au sein d'une même équipe.

Une douzaine de pays en Europe sont dirigés par des gouvernements de coalition, enjambant le clivage droite/gauche, et non des moindres (Allemagne, Italie, Pays-Bas). Pourquoi pas le nôtre ? Mais ce qu'a tenté et réalise Macron est encore autre chose : bien plus qu'une simple coalition de partis existants, une refondation. Et elle est en marche…

Comment on provoque un tsunami politique

« Pour conjurer l'immobilisme », Emmanuel Macron invoquait à Bercy, le 17 avril 2017, « la volonté du renouvellement et du dépassement ». Cette expression ayant été répétée, on peut supposer qu'elle avait été méditée. Élément de langage, certes, mais dont chaque mot compte.

La *volonté*, c'est le volontarisme macronien, son côté Bonaparte, la certitude qui l'habite d'avoir un destin, d'être l'acteur désigné et irremplaçable d'une mission. On sait que notre nouveau président s'identifie à Jeanne d'Arc. Le discours qu'il a prononcé en son honneur à Orléans en mai 2016 était farci d'allusions à sa propre ambition. Ce portrait de la Pucelle était en creux celui de son auteur. « Elle sent déjà en elle dès l'enfance une liberté qui sommeille, un désir irrépressible de justice. Elle sait qu'elle n'est pas là pour vivre, mais pour tenter l'impossible. Comme une flèche, sa trajectoire fut nette. Elle porte sur ses épaules la volonté de progrès et de justice de tout un peuple. » Voilà Jeanne recrutée par un parti progressiste dont on aurait eu bien du mal à dénicher la permanence dans le Reims du XVe siècle ! Mais pourquoi pas ? Notre Jeanne nationale a fait, au cours de notre histoire, l'objet de bien des accaparements, tant par la gauche (Michelet) que par la droite (Déroulède). Il y eut même, selon Michel Winock, une Jeanne d'Arc « centriste », celle de Gambetta. Pourquoi pas une Jeanne d'Arc « progressiste » et macronienne ?

Se placer sous ce patronage en dit long sur l'idée que se fait Macron de sa propre situation. Enfant de la province « monté » à la capitale, il se considère comme un franc-tireur de la politique, destiné à ranimer les énergies d'un pays abandonné au déclin par des élites cyniques et fatalistes. « Je ne suis dans le monde politique que depuis deux ans et je n'en ai jamais accepté les mœurs. [...] Le système politique, avec ses codes et ses usages, je ne cherche pas à le respecter parce que je ne lui appartiens pas. Ça ne me pose donc aucun problème de transgresser ses codes. Je dirais même ceci : ma volonté de transgresser ses codes est d'autant plus forte que j'ai vu le système de l'intérieur[1]. » « Je crois avoir là une chance : je n'appartiens pas à un monde de prébendes. Je me suis levé contre celui-ci. Si je suis là, c'est que je crois que l'on peut s'affranchir du monde des arrangements entre amis. Je n'ai pas de monnaie à rendre[2]. »

Macron voudrait qu'on le considère comme un *maverick*, comme on dit aux États-Unis. Une personnalité extérieure au monde politique et parvenue au sommet de la machine pour mieux le subvertir. Positionnement étrange et paradoxal, qui évoque celui d'un Donald Trump, occupant la Maison Blanche tout en haïssant « Washington » ; appuyé du bout des lèvres au Congrès par un parti dont les dirigeants le méprisent. Mais, il est vrai, pour mettre en œuvre une politique qui diverge radicalement de celle que propose Macron. En outre, on remarque que Macron se définit lui-même d'une manière qui semble renvoyer au concept de *freischwebende Intelligenz*, formulé par le sociologue allemand Karl Mannheim : une intelligentsia qui « plane librement », « librement flottante », en ce sens que ses jugements ne sont pas conditionnés par une appartenance de classe. Position *centrale*... C'est en cela qu'il peut prétendre à une situation « jupitérienne » : il n'est pas lié. Il ne doit son ascension qu'à ses propres talents. Il n'a pas été désigné par un parti auquel il serait redevable de son élection et dont les caciques pourraient exiger des positions, des nominations et des bénéfices – comme c'était le cas dans le cadre de l'ancien système. Son parti, il se l'est créé lui-même et ses élus lui doivent leur élection et non l'inverse. Aussi, et à la différence

1. Interview à *Challenges*, 16 octobre 2016.
2. Interview au *Point*, 31 août 2017.

de ses prédécesseurs issus de l'ancien système, il n'a pas eu besoin, en s'installant à l'Élysée, de préciser qu'il cesserait d'exercer des fonctions de premier secrétaire ou de président de parti.

C'est ce à quoi fait référence le *renouvellement*, qui renvoie également, de manière plus discrète, au thème de la relève générationnelle. Il fait écho à la promesse, faite par Macron, de remplacer des élites politiques, disqualifiées du fait de leurs échecs, par des personnalités nouvelles, issues de préférence de la société civile. Beaucoup d'électeurs, sans être forcément séduits par le programme de Macron, ont profité de l'opportunité qui leur était offerte de se débarrasser d'une classe politique coupée du pays réel et obéissant à des réflexes corporatistes. « L'enjeu est moins d'empêcher des élus de le rester que d'encourager de nouvelles personnes à se lancer, en particulier ceux qui ne sont ni fonctionnaires, ni collaborateurs d'élus ou salariés d'un parti, ni professionnels libéraux[1]. »

Qui peut nier que les partis politiques s'étaient professionnalisés depuis une trentaine d'années ? Leur fonctionnement interne a favorisé la carrière de ternes bureaucrates d'appareil. On voit des responsables politiques importants arriver à l'âge de la retraite sans jamais avoir rien fait d'autre durant toute leur vie que de la politique. Que ce soit par la filière de l'ENA, par celle de la Mnef ou par la fonction d'assistant parlementaire, exercée parallèlement à des études à Science Po. Quelle est leur expérience de la vie ? Que savent-ils du chômage ? Macron aura été l'agent d'un turnover au sein de la classe politique d'une ampleur telle qu'on n'en avait pas vu dans ce pays depuis 1958-1962. Denis

1. Emmanuel Macron, *Révolution*, *op. cit.*, p. 248.

Jeambar est l'un des rares commentateurs à avoir perçu que, avec l'élection d'Emmanuel Macron et des députés qui soutiennent son programme, c'est aussi un « cycle générationnel d'un demi-siècle qui s'achève ». La « génération de 68 » prend sa retraite politique[1]. Des politiciens professionnels et chevronnés, enracinés, qu'on croyait indéboulonnables, ont été remplacés en un mois par une bande de semi-amateurs, inconnus la veille, les « marcheurs » de la start-up macronienne. Et cela aurait suffi à lui valoir l'hostilité de la caste politico-médiatique, milieu homogène où tout le monde connaissait tout le monde.

On remarque d'ailleurs que, du côté des médias, aucun renouvellement n'est intervenu. Les mêmes donneurs de leçons professionnels passent d'une chaîne à l'autre à chaque rentrée. Le mercato des animateurs-vedettes continue comme si rien ne s'était passé en mai et juin 2017. C'est sans doute parce que les auditeurs des radios et les téléspectateurs, eux, ne disposent pas d'un droit de vote. Le Parti des médias se cramponne à ses fauteuils. Mais il a senti passer le vent du boulet et en veut terriblement à l'artificier. Il pousse le défi à l'électorat jusqu'à recruter comme éditorialistes nombre de recalés du suffrage universel : Julien Dray devient chroniqueur sur LCI. Raquel Guarrido, porte-parole de Mélenchon, est recrutée par Ardisson pour ses « Terriens » du dimanche. Aurélie Filipetti « refait le monde » sur RTL. Eduardo Rihan Cypel passe chroniqueur sur Radio Nova. Et Henri Guaino, après avoir « vomi » sur ses électeurs, hérite d'un éditorial sur Sud Radio... Vous n'avez pas voulu que nous continuions

1. *Cf.* « Comment Emmanuel Macron a mis fin à la génération 68 en politique », *Challenges*, 19 juin 2017.

à vous faire la loi, mais nous allons continuer à vous faire la morale, tel semble être le message. Cette arrogance, typique de la caste, montre que Macron n'a pas tort de dire que « les forces du monde ancien sont toujours là, bien présentes et engagées dans la bataille pour faire échouer la France[1] ». Une presse hostile tente de présenter Macron en « président des riches » en truquant délibérément la présentation du budget 2018.

Mais le *dépassement* est le plus important. Il désigne, en effet, l'obsession de Macron : « trouver des lignes de force communes », « construire ensemble des solutions et un avenir » en rassemblant ceux qu'il appelle les « progressistes » ; bref, dans le contexte actuel, « faire travailler ensemble la droite et la gauche ». C'était le programme proposé par François Bayrou aux présidentielles de 2002, 2007 et 2012. Il lui avait valu des résultats, certes intéressants, au premier tour de ces élections – 6,8 %, 18,6 %, 9,1 % –, mais très éloignés du niveau requis pour la qualification. Macron, lui, a gagné parce qu'il a su lui adjoindre la partie la plus réformiste de l'« électorat de gauche », ainsi que des électeurs « de droite », tentés par l'aventure. Mais raisonner en ces termes, c'est encore épouser les lignes de fracture d'hier : l'« électorat de gauche » et l'« électorat de droite » sont peut-être des survivances de l'ancien système politique. Comme l'analyse le politologue Roland Cayrol, « le macronisme n'est pas une position centriste – il y a eu des candidatures centristes et ça n'a jamais marché – mais une position centrale sur l'échiquier. Ne pas dire "ni gauche ni droite", mais "gauche et droite et centre", dans un esprit de travail

1. *Le Point*, 31 août 2017.

en commun. De ce point de vue, c'est bien une rupture avec tout le monde. [...] Ce qu'il défend, ce n'est pas la synthèse hollandaise, mais une façon tout à fait différente d'aborder le règlement des dossiers[1] ».

Un autre politologue, Gérard Grunberg, a pu soutenir, dans une note publiée par le site Telos, que les électeurs de Macron échappent au clivage droite/gauche. En s'appuyant sur une enquête électorale d'Ipsos-Cevipof, il montre, en effet, qu'ils sont *en même temps* de gauche et de droite. Ils réagissent au diapason de l'électorat de gauche sur les questions sociétales, telles que l'immigration ou la peine de mort. Mais ils rejoignent les positions des électeurs LR sur les grandes questions économiques. Ainsi sont-ils 78 % à acquiescer à la proposition « pour faire face aux difficultés économiques, l'État doit faire confiance aux entreprises et leur donner plus de liberté ». Un score élevé, proche de celui relevé chez les électeurs de droite (83 %), alors que cette proposition suscite de fortes réserves auprès de ceux du FN (59 %) et reste minoritaire à gauche (47 % au PS, 24 % du côté de FI). L'électorat de Benoît Hamon est libéral sur le plan culturel, mais pas sur celui de l'économie et de la politique sociale. Celui de François Fillon est libéral en économie, mais pas sur celui qu'on qualifie de « culturel ». Les électeurs de Macron seraient donc les seuls libéraux conséquents.

Contrairement aux augures, qui prétendaient le contraire, il existait bel et bien, estime Grunberg, un électorat désireux de voir formuler une offre politique radicalement différente et ne se reconnaissant pas dans le clivage droite/gauche. Mais force est de constater

1. Roland Cayrol, « Une occasion de réintégrer une logique de compromis », *Les Échos*, 9 mai 2017.

qu'il est loin d'être majoritaire dans l'électorat : 24 % au premier tour de la présidentielle. Et c'est la faiblesse initiale de Macron : aura-t-il une légitimité suffisante pour engager ses réformes les plus audacieuses ? Gagner n'est pas suffisant, il lui faut encore convaincre.

Certes, sa victoire du second tour fut ample et, à la différence de Jacques Chirac en 2002, il ne la doit pas à un quelconque « front républicain ». Contrairement à leur candidat aux présidentielles, François Fillon, une partie des responsables de LR a refusé de donner de claires consignes de désistement. Et l'on s'étonnera encore longtemps du spectacle donné par une gauche radicale, qui n'a pas hésité, en 2002, à appeler à voter pour le candidat de droite, quitte à « se boucher le nez », pour faire barrage au Front national, mais qui a refusé le même geste en faveur d'un candidat du centre gauche en 2017… Faut-il y voir l'effet de la stratégie de dédiabolisation entreprise par l'héritière de la marque FN ? Ou de la proximité des deux électorats populistes sur nombre de sujets ? Reste qu'en assumant franchement la défense explicite d'un projet européen, face à une adversaire qui avait décidé de tout miser sur le souverainisme (la ligne Philippot), Macron a rallié, outre son propre électorat du premier tour, tous ceux qui se sont inquiétés de la perspective de voir la France abandonner l'euro, voire l'Union européenne elle-même.

Il a défendu l'idée européenne sans cacher pour autant que la manière dont l'UE fonctionne actuellement lui paraissait inacceptable. Comme l'ont remarqué plusieurs commentateurs étrangers avisés, comme Ivan Krastev, il a tenu tête à la vague populiste qui balaie l'Europe en utilisant un style qui s'apparente à celui du populisme : la dénonciation des élites nationales et de la manière dont l'Europe est « dirigée ». (Ou plutôt dont elle ne l'est pas : ce que Krastev appelle les « politiques sans politique » de l'Union européenne.) Mais sans céder sur l'essentiel : la poursuite de l'intégration européenne et la non-remise en cause de l'économie de marché et de la mondialisation. Il a donc réussi le pari que Jean-Louis Bourlanges estimait, pour lui, le plus difficile : faire confluer deux électorats aux aspirations très différentes. Le premier, qui s'est porté sur Macron au premier tour de la présidentielle, était porteur d'une aspiration à « dynamiter le système » et à congédier les élites gouvernantes – sans prendre le risque d'une victoire du FN. Le second, celui du second tour, d'un projet de recomposition raisonnable par une « conjonction des centres ». Dans la logique de nos institutions, cette réussite a conféré à Macron la légitimité qu'il souhaitait pour rebattre les cartes pour une nouvelle donne politique.

Le spectre de la guerre civile

S'il est « de droite et de gauche », Emmanuel Macron serait-il un centriste ? Dans son livre consacré à l'histoire de cette famille politique dans notre pays, l'historien Jean-Pierre Rioux insiste sur l'œuvre de réconciliation nationale qui a été souvent la mission historique des centristes : « Le travail de la Pénélope centriste : coudre et recoudre la tunique unitaire déchirée[1]. » Dans notre histoire, on a fait appel aux centristes pour ramener l'ordre et la concorde après des crises ayant déchiré la

1. Jean-Pierre Rioux, *Les Centristes. De Mirabeau à Bayrou*, Fayard, 2011, p. 13.

société. Henri IV, le héros béarnais de François Bayrou, mit fin aux guerres de Religion (édit de Nantes). Mais déjà l'édit d'Amboise, adopté sous Charles IX en 1563, interdisait qu'on évoquât jusqu'au souvenir de cette atroce guerre civile. L'autre mérite reconnu aux centristes est leur capacité à suggérer des réformes en mettant en présence les adversaires, lorsque ceux-ci ont pris conscience qu'aucun d'entre eux n'était capable d'emporter la décision. Un tiers parti peut contraindre les ennemis d'hier à rechercher ensemble des points d'accord susceptibles de garantir leur modus vivendi. Or, nous avions atteint un tel point de blocage politique. La radicalisation des électorats a créé une situation explosive : près de 20 % d'extrême gauche équilibrant plus de 20 % d'extrême droite, c'est la recette d'une guerre civile. Que l'un des deux populismes parvienne au pouvoir par le fait de nos institutions et l'on verra l'autre refuser à son gouvernement l'obéissance et appeler à descendre dans la rue pour en découdre.

La perspective de la guerre civile hante le pays. La plupart des responsables politiques le savent, Macron, lui, l'a dit[1]. La radicalisation symétrique de la droite et de la gauche, qui témoigne de la frustration de leurs électorats respectifs, la montée en puissance de revendications formulées non plus en termes de justice sociale, mais d'identité culturelle rendent fort délicate la recherche de compromis. Hannah Arendt nous avait prévenu : si un acteur politique raisonnable est normalement disposé à faire des concessions sur ce qu'il a, ce que l'on est, par contre, n'est pas négociable : on ne saurait négocier son identité même. Des enseignants l'observent : de

1. « Vouloir la France, c'est à mes yeux lutter contre tout ce qui fracture notre pays, le renferme, lui fait courir le risque d'une guerre civile », *Révolution*, *op. cit*, p. 170.

nombreux étudiants s'expriment désormais « en tant que », arguant de leur « identité » (ethnique, culturelle, religieuse, sexuelle...). Quiconque ne participe pas de la même « identité » ne saurait être admis par eux dans un quelconque dialogue puisqu'il ne partage pas la même « vision du monde ». Le critère (universaliste) vrai ou faux cède alors la place à la terrible notion d'authenticité, voire de « pureté ». C'est cette mentalité que répand, en particulier, l'islamisme.

Les islamistes utilisent contre l'ensemble de nos démocraties occidentales le terrorisme dans l'idée de créer entre les musulmans et tous les autres – qu'ils considèrent en bloc comme des « croisés », donc chrétiens – un fossé infranchissable. Ils projettent une guerre entre civilisations. Leur stratégie est de nous détruire en provoquant des guerres civiles. « Une question me taraude, écrit le philosophe Damien Le Guay : que se serait-il passé si le 26 juillet 2016, un imam et non un prêtre catholique avait été égorgé dans une mosquée ? Souvenons-nous que les émeutes de 2015 ont été “déclenchées” par la mort de deux adolescents et un jet de grenade lacrymogène contre le mur d'une mosquée[1]. » Lors de sa conférence de presse du 2 mars 2017, Macron l'a répété : « Le piège qui nous est tendu aujourd'hui par nos assaillants nous fait courir un risque de guerre civile. »

Pour Rioux, l'idée centriste par excellence tient dans une formule énoncée sous la monarchie de Juillet par son acteur clé, François Guizot : « Il existe dans toute société une certaine somme d'idées justes [...] dispersées dans les individus qui composent la société et inégalement

1. Damien Le Guay, *La guerre civile qui vient est déjà là*, Éditions du Cerf, 2017, p. 90.

réparties entre eux[1]. » Le rôle d'un bon gouvernement est d'aller à la pêche aux « idées justes », d'en faire un programme de gouvernement, puis de le mettre en œuvre en rassemblant les talents et les bonnes volontés. Écho chez Macron : « Je souhaite que ce renouvellement scelle le retour du débat que n'aveuglent pas les dogmes, du partage d'idées que ne dénature pas le caporalisme[2]. »

Radical centrism, version française

Les théoriciens anglo-saxons du *radical centrism* – qui ont exercé sur Macron une influence très probable, mais jamais reconnue – nomment *cafeteria politics*, cette manière de rassembler les bonnes volontés, afin de les faire concourir à la recherche des bonnes idées, en se déprenant des automatismes idéologiques et des idées toutes faites. Contre l'esprit de parti, qui empêche la pensée libre et pousse à réagir en troupeau, ce qui bloque la capacité à imaginer des solutions neuves, le *radical centrism* prône la recherche en commun de solutions pragmatiques. Celles-ci peuvent venir de la droite, de la gauche, ou d'ailleurs, l'essentiel est de parvenir à un bon « dosage » entre les unes et les autres ; et celui-ci réclame une forme de neutralité idéologique. Le *radical centrism* appuie de préférence les solutions qui ont déjà fait leurs preuves ailleurs et recommande de réparer plutôt ce qui existe déjà et a fait ses preuves que de le détruire au nom d'un idéal. « Ne pas jeter le bébé avec l'eau du bain, mais ne pas hésiter à changer l'eau si elle est sale. »

1. *Ibid.*, p. 50.
2. Discours au Congrès de Versailles, *op. cit.*

Et il recommande de faire confiance aux solutions qui s'appuient sur les forces du marché, à condition qu'elles demeurent compatibles avec la morale en usage et avec la Constitution. Le *radical centrism* n'a donc rien à voir avec la forme de centrisme mou que dénonce Alain-Gérard Slama (« discours du type "ni-ni", "en même temps" ou "un peu, mais pas trop" qui caractérise un déni de la politique tout court »). Il ne s'apparente nullement à un « refus de choisir ». Il s'agit, au contraire, d'opter franchement pour des politiques ambitieuses et courageuses, mais en osant sortir des routines et des ornières idéologiques imposées par un système partisan qui a perdu prise sur le réel. Le *Washington Post* a attribué la victoire de Macron à ce positionnement « centriste radical ».

Repris à son compte par Anthony Giddens, le théoricien de la « troisième voie » blairiste, le centrisme radical anglo-saxon est parfaitement compatible avec le libéralisme de gauche, tel que le conçoit Monique Canto-Sperber : « Dans le cas de la délibération collective, la discussion commence lorsqu'on renonce à la juxtaposition des opinions, ou à leur agrégation par comptage, pour chercher à les élaborer ou à les transformer. Cette manière de débattre [...] fait voir des solutions auxquelles on n'avait pas pensé d'emblée, elle contribue à façonner un consensus réfléchi, elle améliore les capacités à discuter qu'ont les participants, elle oblige à exprimer son point de vue dans des termes acceptables par d'autres, voire dans les termes mêmes de l'intérêt général[1]. » Elle fait ainsi écho à l'idée du « consensus par recoupement » que préconise John

1. Monique Canto-Sperber, *Le Libéralisme et la Gauche*, Folio, 2008, p. 129.

Rawls dans *Libéralisme politique*[1]. Une société émancipée est par définition pluraliste. Ses membres sont divisés sur ce qu'ils considèrent comme la vie bonne et n'adhèrent pas à une doctrine morale unique. Cette diversité est une richesse. Mais elle ne doit pas les empêcher de converger sur quelques principes de base qui permettront la stabilité de l'ordre politique qu'ils doivent partager.

Un recours habituel face aux grandes crises nationales

La vocation du centrisme, c'est de rechercher ce qui unit une nation, plutôt que de cultiver ses divisions. Pour rester en France, Rioux considère que l'« âge d'or du centrisme de fait », ce fut notre IIIe République, fondée par une coalition d'orléanistes (centre droit libéral) ralliés à la République et de républicains modérés (des « opportunistes » aux radicaux, de plus en plus assagis). Le centrisme a toutes ses chances dans un régime parlementaire, en particulier lorsque les députés sont élus au scrutin proportionnel. « Les centristes sont indispensables à la manœuvre pour dénouer une situation critique, relancer l'initiative politique et reformuler l'équation de la souveraineté et de la représentation[2]. » Or, nous ne sommes pas dans un régime parlementaire, mais présidentiel. Et les députés sont élus au scrutin majoritaire uninominal : la Ve République a été conçue pour éliminer les partis du centre et obliger la droite et la gauche à se rassembler au deuxième tour. Il faut

1. PUF, 2016.

2. Jean-Pierre Rioux, *Les Centristes. De Mirabeau à Bayrou*, *op. cit.*, p. 271.

se souvenir aussi que son fondateur lui-même refusait de se situer à droite. Il campait « ailleurs », sur les hauteurs. « En réalité, tout cela ne signifie rien. Il n'y a plus la gauche et la droite. Il y a les gens qui sont en haut et qui veulent voir les grands horizons, parce qu'ils ont une très lourde, difficile et lointaine tâche à accomplir ; il y a les gens d'en bas qui s'agitent dans les marécages », disait le général de Gaulle. Et il y eut toujours un vaillant groupe de gaullistes de gauche, censés équilibrer le déport progressif du mouvement gaulliste vers la droite.

Le centrisme a constitué à plusieurs reprises, montre Rioux, un recours lors de « crises nationales », ou encore dans les situations de « déliquescence morale ou politique » pour peu qu'ait existé une « ambition réformatrice[1] ». Si « le centrisme n'est jamais parvenu à ébranler durablement les représentations dominantes du politique, il a su opportunément *remettre la balle en jeu*[2] ».

Certes, notre pays ne connaît pas, pour l'instant, de « grande crise nationale » comparable à celles qui ont porté au pouvoir des personnalités qui, comme Thiers ou de Gaulle, transgressèrent le clivage droite/gauche pour donner au pays de nouvelles institutions. Pas de défaite militaire ni d'occupation d'une partie du territoire, comme en 1871. Pas de crise algérienne ni de menace de coup d'État militaire, comme en 1958. Mais la « déliquescence morale et politique », elle, est avérée. Et Macron a gagné pour l'avoir nommée, ce qui l'a mis en phase avec une société qui n'en pouvait plus. Mais au lieu de se complaire dans la pure dénonciation

1. *Ibid.*
2. *Ibid.*

et la recherche de boucs émissaires, comme le font les agitateurs extrémistes, il a proposé un diagnostic et des solutions.

À ses yeux, les dysfonctionnements qui se multiplient et affectent la vie quotidienne des Français sont dus à la paralysie. Le corps social est tétanisé. Son énergie est bridée par les corporatismes et d'inutiles régulations. Le pays est « usé par les promesses non tenues ». Ces frustrations accumulées se sont traduites par des tensions internes qui contribuent à l'affaiblir davantage.

Tout part du constat de l'inadaptation de notre modèle économique et social à la marche du monde. « Nous sommes moins les victimes de nos ennemis que de notre propre inertie. [...] Nous sommes là, à l'arrêt, curieusement immobiles et souffrant aussi de cette immobilité qui ne nous satisfait pas[1]. » Ce dont souffre la France, ce serait d'une crise d'inadaptation et de direction. Et Macron de proposer à la réflexion le modèle positif de la Venise du XVe siècle. Le commerce maritime étant bloqué par la chute de Constantinople, prise par les Turcs en 1453, elle sut réagir en se tournant vers son arrière-pays et en développant un axe Venise-Gênes-Barcelone-Séville. De la même manière, les directions dans lesquelles nous nous sommes déployés, avec succès, durant nos Trente Glorieuses étant fermées, il nous faudrait en imaginer de nouvelles, accessibles à nos talents propres. Cela passe par une série de réformes qui seront aussi des mises à niveau.

Bien des spécialistes crient « Casse-cou ! » Les tentatives précédentes de réformer le pays dans le sens indiqué par Macron – et de manière moins ambitieuse – se

---

1. Emmanuel Macron, *Révolution*, *op. cit.*, p. 65-66.

François Hollande en 2017. Qui donc est « impopulaire » ?

On nous rétorquera que ces pays sont trop différents du nôtre pour constituer des références convaincantes. Restons-en alors à la comparaison, légitime celle-là, entre la France et l'Allemagne. L'écart entre les performances de ce pays et les nôtres ne cesse de se creuser, en particulier sur la compétitivité – ce qu'enregistrent leurs énormes excédents commerciaux (+ 253 milliards d'euros en 2016 !) comparés à notre déficit, qui se creuse rapidement (– 48 milliards, la même année 2016, – 34 milliards rien qu'au premier semestre 2017). Contrairement à une légende, nous sommes nettement plus pauvres que les Allemands, ce qui n'était pas le cas au tournant du siècle. En 2016, notre PIB par habitant était de 41 490 dollars contre 48 839 dollars en Allemagne, selon l'OCDE. Mais c'est surtout sur le front de l'emploi que la comparaison est accablante : le chômage en Allemagne est inférieur à moins de la moitié du nôtre : 3,9 %, contre 9,6 %. La dépense publique de notre pays est proprement extravagante : elle absorbe 56,2 % des richesses produites (contre 44,3 % en Allemagne). Un quasi-record du monde, qui fait de nous un authentique « pays socialiste » sans le plein emploi. Les dépenses sociales ? 31,5 % du PIB (un autre record, qui nous place au 2e rang européen, derrière le Danemark, mais nettement devant la généreuse Suède, à 27 %). Les Allemands, qui ne consacrent à de telles dépenses que 25,2 %, malgré un pourcentage de retraités bien supérieur au nôtre, en sont-ils moins bien éduqués ? Moins bien formés ? Moins bien soignés ? Une note récente de la Banque de France montre la raison de notre décrochage : nos dépenses publiques par habitant augmentent à un rythme nettement plus rapide que notre PIB. Contrairement à l'Allemagne, qui, plus raisonnablement, aligne ses dépenses sur ses recettes[1]... L'Allemagne, plus peuplée que notre pays, compte 3,5 millions de fonctionnaires, contre 4,9 millions en France. Ce qui fait 44 % de fonctionnaires par actif en plus en France qu'en Allemagne. Sommes-nous vraiment mieux administrés ?

Non pas. Notre système est globalement victime de la loi des rendements décroissants. Absorbant une part en constante augmentation du revenu national, il délivre des performances de plus en plus médiocres. La dégringolade continue des élèves et étudiants français dans les études internationales comparatives (nous avons encore perdu trois places dans le Classement de Shanghai des universités, passant de la 5ᵉ à la 8ᵉ place en un an), comme la désertification médicale de certains départements l'attestent. Nous ne figurons plus au top 10 des pays les plus doués pour l'innovation, établi par l'Insead et l'université Cornell. Pourtant, d'autres pays européens occupent les premières places. (Ces dix premiers, en 2017, sont, dans l'ordre : la Suisse, la Suède, les Pays-Bas, les États-Unis, le Royaume-Uni, le Danemark, Singapour, la Finlande, l'Allemagne et l'Irlande.) Les pannes générales affectant de plus en plus souvent certains services publics, comme la SNCF, constituent autant de signaux d'alarme.

Ces piètres performances font l'objet d'une dissimulation concertée. On trouve toujours des économistes de l'Observatoire français des conjonctures économiques (OFCE), des journalistes à *Alternatives économiques* pour expliquer que les données ne sont pas pertinentes, que rien n'est comparable et

1. *Cf. Rue de la Banque*, n° 46, juillet 2017.

que, somme toute, nous sommes moins inégalitaires, plus souvent en vacances, bref, plus heureux... Des commentateurs osent prétendre que la CDU gagne régulièrement les élections... parce que le SPD n'est pas assez à gauche. Nos élites politico-médiatiques ont une forte tendance à préférer aux faits leurs idéologies. Quant à nos intellectuels, ils imaginent volontiers que nous pourrions nous soustraire aux évolutions mondiales et aux révolutions technologiques lorsque celles-ci leur déplaisent. C'est l'« altermondialisme », voire le rêve lepéniste d'une économie protégée de la concurrence étrangère par d'étanches barrières douanières, le retour à une monnaie nationale qu'on pourrait dévaluer régulièrement pour financer l'endettement public. Recettes d'avant-hier !

Notre pays a été bercé durant des décennies dans la douce illusion que son « modèle social » faisait rêver le reste de la planète. Il n'en est rien. Dans certains pays, le cas français sert au contraire de repoussoir, de contre-modèle, d'exemple de ce qu'il ne faut surtout pas faire. Comme l'écrit Jean-Olivier Hairault, « plus personne ne nous envie ce système qui prend l'eau de toute part. L'épilogue pourrait bien être à la fois moins de protection sociale et moins de croissance[1]... ». Mais toutes les forces sociales qui ont intérêt à ce que rien ne change, parce qu'elles bénéficient du maintien en place d'un système profondément injuste, se coalisent pour « ne rien céder » à l'annonce de la plus bénigne réforme de caractère égalitaire. Comme c'est le cas de toutes celles qui tendent à aligner le régime social des fonctionnaires sur celui, beaucoup moins favorable, des

1. Jean-Olivier Hairault, *Ce modèle social que le monde ne nous envie plus*, Albin Michel, 2015, p. 9.

salariés du privé (jours de carence, calcul du montant des pensions de retraite, etc.). Les experts étrangers de passage, eux, n'ont pas de mots assez sévères pour décrire le caractère insoutenable d'un système qui date des Trente Glorieuses et qui n'a pas su faire face aux évolutions du monde du travail ni à celles de la société. Citons, parmi les plus fondateurs, quoique déjà anciens, les travaux de la Suédoise Anna Stellinger[1] et du Canadien Timothy B. Smith[2]. « Le langage de la solidarité a été confisqué par les *insiders* (ceux du dedans) – cette frange de la population qui a un emploi stable et qui s'oppose aux réformes susceptibles de faire une place aux *outsiders* (ceux du dehors)[3] », écrivait ce dernier.

Macron fait à ce propos une analyse qui n'a pas retenu suffisamment l'attention : c'est parce que la France est, dans les courants de la mondialisation, comme un navire sans direction, qu'elle refuse les ajustements qui lui permettraient d'y tenir sa place. Faute d'avoir un cap précis, elle est battue par des vagues prises de côté plutôt que de face. « La France est malheureuse de ce qu'elle est devenue et du sentiment qu'elle glisse vers l'inconnu, qu'elle ne maîtrise plus son destin et perd son identité. [...] Car la civilisation dans laquelle nous entrons inquiète et apparaît à nombre de nos concitoyens comme une menace, une attaque contre ce que nous sommes[4]. » Et l'auteur d'embrayer sur un chapitre d'analyse de la mondialisation et des mutations technologiques en cours. La conclusion : « Refuser les

1. Anna Stellinger, « Les jeunesses face à leur avenir », Fondapol, 2008.
2. Timothy B. Smith, *La France injuste. 1975-2006 : pourquoi le modèle social français ne fonctionne plus*, traduit par Geneviève Brzustowski, Autrement, 2006.
3. *Ibid.*, p. 31.
4. Emmanuel Macron, *Révolution*, *op. cit.*, p. 53.

changements du monde en nous contentant de rafistoler un modèle d'avant-hier, ce n'est pas la France[1]. » Il y a bien des années, l'hebdomadaire *The Economist* faisait exactement le même constat, en émettant la même crainte : « L'inquiétude, c'est que plus la France peinera à se définir un rôle dans le monde, plus elle sera tentée de s'accrocher à son modèle social comme à sa raison d'être et à s'agripper ainsi à son credo discrédité[2]. » On a parfois l'impression que, décidément, rien ne change jamais dans ce pays qui se croit révolutionnaire...

Constat démoralisant ! Mais comment ne pas y souscrire, lorsqu'on relit, cinquante-sept ans après sa remise au Premier ministre Michel Debré, le rapport Rueff-Armand sur « les situations de fait ou de droit qui constituent d'une manière injustifiée un obstacle à l'expansion ». On croirait lire le rapport Attali pour la libération de la croissance française, dont Emmanuel Macron fut le rapporteur adjoint.

« Progressivement, se sont constitués, au sein de notre système économique, des îlots de résistance aux nécessaires aménagements de structure et aux adaptations qu'exige le progrès technique... » (p. 18). « La rigidité des structures [...] se manifeste aussi par des attitudes psychologiques assez largement répandues et défavorables aux transformations qu'exige notre époque. [...] Elles sont en partie imputables au poids du passé et à l'influence des groupes d'intérêts ; elles révèlent une prise en conscience insuffisante des réalités du monde moderne, dont des lacunes dans l'information de l'opinion » (p. 23). Et le rapport de proposer l'ouverture forcée des professions fermées (comme les

1. *Ibid.*, p. 64.
2. « *France faces the future* », *The Economist*, 15 avril 2006.

chauffeurs de taxi...), la fin des subventions aux activités dépassées et non rentables dans l'industrie, l'aide de l'État aux travailleurs changeant de résidence, le renoncement à une « répartition trop uniforme des horaires de travail »... « Ici commence le calvaire français, écrit le biographe de Jacques Rueff, résumant le fameux rapport, un malthusianisme généralisé qui s'est installé tout au long de la chaîne de la production et de la distribution des richesses : partout des protections, des privilèges, des droits acquis, des subventions, des dérogations, des ententes, des métiers protégés, des statuts particuliers, des faveurs fiscales qui constituent autant de blocages et de rigidités[1]. » Faut-il que nous butions éternellement sur les mêmes obstacles, les mêmes rigidités, le même retard dans les adaptations inéluctables ?

Sans remonter aussi loin, souvenons-nous que Nicolas Baverez fut traité de « pétainiste » par les médias pour avoir posé, dès 2003, le diagnostic exact sur l'état actuel du pays avec son essai *La France qui tombe*[2]. Depuis, la liste des livres traitant de notre déclin collectif remplirait plusieurs pages. Et personne ne s'avise plus de considérer leurs auteurs comme les héritiers de la Révolution nationale, sous prétexte que Pétain aussi jugeait la France en déclin... en 1940. L'inquiétude s'est répandue. L'humeur du pays a oscillé entre la dépression et l'exaspération. Il est significatif que l'une des premières personnalités classées à droite à avoir rejoint Emmanuel Macron ait été Jean-Paul Delevoye. En tant que médiateur de la République pendant sept ans, il avait assisté, aux premières loges, à la montée

---

1. Gérard Minart, *Jacques Rueff, un libéral français*, Odile Jacob, 2016, p. 215-216.
2. Nicolas Baverez, *La France qui tombe*, Tempus, 2004.

des frustrations et en a fait état dans un livre révélateur[1].

Le diagnostic que porte Macron lui-même sur l'état du pays est déterminant quant à la stratégie qu'il entend mettre en œuvre pour réaliser son projet de redressement national. À ses yeux, la France est, comme bien d'autres pays démocratiques, victime d'une sorte de dépression collective, une « espèce de fatigue[2] » (avec les connotations que ce mot a en anglais lorsqu'on évoque la *democratic fatigue*, évoquant une lassitude qui engendre le doute et la perte de confiance). Elle pousse, à droite, à la nostalgie d'un passé, certes brillant, mais largement idéalisé. À gauche, à de dangereuses utopies qui peuvent avoir, demain, le visage du Venezuela, le pays le plus riche en hydrocarbures de la planète, mais dont les magasins sont désespérément vides et dont les habitants s'enfuient, comme ils l'ont fait partout où le « socialisme réel » a été instauré.

Cette difficulté à s'insérer harmonieusement dans le cours de l'histoire mondiale et d'y faire valoir nos talents est aggravée par une défaillance générale des élites politiques et par un État qui entrave le dynamisme de la société. Les premières dissimulent leurs petits jeux d'appareil et de pouvoir derrière des joutes idéologiques surannées – Macron évoque le « confort intellectuel », heureuse référence à un livre de Marcel Aymé, anticipant ce qu'on appelle aujourd'hui le « politiquement correct ». Le second se contente de « réglementer, interdire, puis contrôler et sanctionner » ; il se « pose en tuteur d'un corps social incapable par lui-même de réaliser le bien[3] ». Résultat : un pays

1. Jean-Paul Delevoye, *Reprenons-nous*, Tallandier, 2012.
2. Emmanuel Macron, *Révolution*, *op. cit.*, p. 65.
3. *Ibid.*, p. 37.

démoralisé, oscillant entre l'accablement résigné et des bouffées de colère impuissantes envers ses élites, coupées des réalités. « Notre pays est rongé par le doute, le chômage, les divisions matérielles, mais aussi morales. Au-dessus de ce champ désolé, passent en rafales les mouvements d'une opinion désorientée et les déclarations intéressées des politiques qui en vivent. Il m'est impossible de m'y résigner[1]. »

« Dégager des consensus et non des compromis »

Oui, il était temps de « remettre la balle en jeu ». Puisque c'est la vertu reconnue aux centristes. Ce que n'est pas et n'a jamais prétendu être Emmanuel Macron. Interrogé par *Les Échos* le 24 février 2017 sur son alliance avec Bayrou, il le dit lui-même : « Je ne suis pas centriste, mais c'est important que nous ne soyons pas divisés. » Phrase éminemment ambigüe, car elle suggère le contraire… Pourtant, ce positionnement n'était pas nouveau ni dicté par les nécessités stratégiques d'une campagne électorale battant alors son plein. En juin 2015, en visite aux États-Unis, Macron confiait déjà : « Moi, je suis de gauche dans le sens où les valeurs que je porte me semblent être celles de l'émancipation, du travail, de la mobilité sociale, et en même temps de la redistribution et de la protection des individus ; ce sont des valeurs de gauche. » Certes, il eut tendance à se montrer de plus en plus discret sur le sujet au fur et à mesure que se rapprochait l'élection présidentielle. Et il a toujours pris soin de préciser qu'il n'était *pas socialiste*. Mais tout chez Macron, de sa

1. *Ibid.*, p. 36.

participation à *Esprit* et de son compagnonnage avec le rocardisme, jusqu'à son entrée à l'Élysée comme secrétaire général adjoint de François Hollande, montre qu'il fait partie de cette famille et non de celle d'en face. Avec, cependant, un positionnement très particulier.

Dans une interview donnée à *L'Express*, Jean-Pierre Rioux, expert en centrisme, le situe avec raison dans la nébuleuse postrocardienne. « En revanche, poursuit-il, on peut dire qu'il est de ceux qui ont tenté et tentent toujours, quand la crise s'aggrave et que le danger, à l'intérieur comme à l'extérieur, se fait plus pressant, d'inventer et d'assumer une politique “centrale” qui récuse les extrémistes et qui entend dépasser le clivage droite-gauche cadenassé par un duopole partisan[1]. » En somme, Macron est un homme de gauche, qui invente une politique « centrale » parce qu'elle lui paraît la seule susceptible de résoudre une crise d'une exceptionnelle gravité. Joker du jeu politique, qui a eu l'intuition de s'installer au centre, en détournant à son profit le désir de « dégagisme » qui menaçait de faire gagner les partis populistes, il va, pour gouverner, à la « cafétéria » des bonnes idées et des bonnes volontés. À ne pas confondre avec les « maquignonnages » du type « troisième force » qui consistaient, sous la IVe République, à bricoler des majorités de rencontre afin d'assurer la survie artificielle d'un système politique discrédité. Ou avec les débauchages individuels de personnalités de gauche, comme Bernard Kouchner, Jean-Marie Bockel ou Éric Besson, par Nicolas Sarkozy. Ni avec les « synthèses » de François Hollande, mettant en œuvre à la tête de l'État les recettes qui lui

1. « Macron n'est pas un centriste », interview de Jean-Pierre Rioux dans *L'Express*, 29 mars 2017.

avaient fort bien réussi en tant que premier secrétaire du Parti socialiste. Le Premier ministre, Édouard Philippe « vient de la droite », comme Emmanuel Macron « vient de la gauche ». Et ils se rencontrent sur un programme commun, celui d'un « centrisme radical », centrisme de réformes vigoureuses et non d'adjonction des modérations. Son programme n'est pas le plus grand dénominateur commun des anciens « partis de gouvernement ». Ce qui aurait été le cas si Macron n'avait pas emporté les législatives, après la présidentielle.

Le piège qui menaçait Macron aurait été celui que tous les experts du pays lui prédisaient : un groupe parlementaire LREM + MoDem trop faible pour fournir à son gouvernement la majorité dont il avait besoin. C'était manifestement l'hypothèse dans laquelle s'étaient projetés les responsables de LR entre présidentielle et législatives : une nouvelle expérience de « cohabitation ». On sait pourtant quelle forme de paralysie ont engendré les précédentes. Montesquieu plaide pour la séparation des pouvoirs. Pas pour la neutralisation réciproque des deux responsables d'un exécutif, chez nous étrangement bicéphale. Elle aurait conduit Macron à l'impasse qu'il redoutait par-dessus tout : « Il faut dégager des consensus et non pas des compromis », expliquait-il aux journalistes de *Challenges*. « Soyons précis : la fonction présidentielle exige le consensus construit dans la clarté plutôt que le compromis entre chien et loup. Le consensus doit permettre de dégager une majorité autour d'idées. Il exige la clarté politique et idéologique. Le compromis, tel qu'il est pratiqué la plupart du temps, aboutit à une série d'arrangements imparfaits, obtenus en dernière minute, par lesquels les forces en présence cherchent, en s'instrumentalisant réciproquement, à se protéger et à se reproduire[1]. » Ce qu'a proposé Macron, c'est une rupture radicale avec l'ordre politique ancien, non son rafistolage. Les Français lui ont donné toutes ses chances parce qu'ils ont eu le sentiment de hisser au faîte du pouvoir un homme, certes issu du système, mais, *en même temps* désireux – et capable – de l'atomiser.

En élisant Macron, ils ont fait le pari de changer de logiciel, sans sacrifier le disque dur. Parce qu'il incarnait une offre à la fois provocatrice et donc tentante « lorsqu'on a tout essayé ». Même si elle reste redoutée par une partie importante de l'opinion, soumise à l'artillerie lourde d'un Parti des médias, qui, lui, n'a pas été emporté avec les politiques, par la vague de mai-juin 2017 et qui traque les « dérapages[2] » présidentiels, faute de comprendre le plan d'ensemble.

1. Interview à *Challenges*, 16 octobre 2016.
2. Après « les illettrés », « le bordel »…

4

Une rareté nationale : un authentique libéral de gauche

« Le socialisme, c'est quand la liberté arrive dans la vie des gens les plus pauvres. »

Carlo Rosselli, *Le Socialisme libéral*

« Quand la norme surréglemente, elle entrave. Elle empêche la liberté d'entrer dans nombre de maisons, y compris celles des plus pauvres. »

Emmanuel Macron, *Le 1*,
13 septembre 2016

Enfer et damnation !
Aurions-nous élu un président *libéral* ?

En mai 2016, le quotidien libéral *L'Opinion* publiait un sondage qui perturba la droite. À la question « Qui incarne le mieux les idées libérales dans notre pays ? » arrivait en tête… un ministre de François Hollande. Emmanuel Macron recueillait, en effet, 35 % des suffrages, loin devant Alain Juppé (23 %) et Nicolas Sarkozy (22 %). Macron avait été identifié le mois précédent par l'hebdomadaire *Challenges* comme le héros d'une « nouvelle vague libérale » dans un dossier présentant quelques-unes des figures de cette jeune garde. Dans le dossier qui lui était consacré, Macron était qualifié par l'économiste Jean-Marc Daniel de « libéral chimiquement pur » de la classe politique[1]. Macron allait désormais assumer à la fois son appartenance à la gauche et le qualificatif de « libéral ».

Ainsi, au lendemain de sa démission du ministère de l'Économie, déclare-t-il, dans une interview au *JDD*, défendre la « gauche du réel » face à « l'autre gauche qui défend les statuts, l'immobilisme et qui est antieuropéenne[2] ». Réalisme économique, mobilité sociale et adhésion au projet européen : une première esquisse de ce qui allait devenir son projet électoral. Dans son grand entretien paru dans *Challenges*, le mois suivant, il déclare : « Je ne suis pas membre du Parti socialiste, mais je suis de gauche[3]. » Et dans *Révolution*, son livre-programme dont chaque mot est pesé au trébuchet, il écrit : « Si par libéralisme on entend confiance en l'homme, je consens à être qualifié de libéral. Mais si, d'un autre côté, c'est être de gauche que de penser que l'argent ne donne pas tous les droits, que l'accumulation du capital n'est pas l'horizon indépassable de la vie personnelle, que les libertés du citoyen ne doivent pas être sacrifiées à un impératif de sécurité absolue et inatteignable, que les plus pauvres et les plus

1. Même expression à l'autre bout du spectre ; la journaliste et essayiste souverainiste Élisabeth Lévy écrit dans *Causeur* : « Pour la première fois depuis le référendum de Maastricht, un responsable a été élu en portant ouvertement, donc, dans une forme presque chimiquement pure, un projet européen et libéral » (*Causeur*, n° 46, mai 2017).

2. *JDD*, 4 septembre 2016.

3. *Challenges*, 16 octobre 2016.

faibles doivent être protégés sans être discriminés, alors je consens aussi volontiers à être qualifié d'homme de gauche[1]. » Comme s'il lui avait paru nécessaire de corriger l'effet produit par sa proclamation de libéralisme par une déclaration de fidélité à la gauche.

Libéral *et* de gauche, voilà une combinaison qui passait, en effet, il y a peu, pour hautement improbable dans notre paysage politique national. L'auteur de ces lignes qui créa, au milieu des années 1980, un club de jeunes libéraux de gauche, le Rouleau de printemps, peut en témoigner : le créneau avait l'épaisseur d'un trou de souris. Le peu de libéralisme qui subsistait alors était passé à droite, avec Alain Madelin : 3,9 % des voix à l'élection présidentielle de 2002... Le Parti radical de gauche, dernier vestige d'une force politique autrefois constitutive de notre République, mais compromis par la défaite de 1940, faisait figure de fossile. Et cependant, le libéralisme de gauche a une riche histoire intellectuelle dont Macron semble avoir une assez bonne idée puisque son programme gouvernemental en est imprégné. Il y fait parfois allusion, mais évite de s'y référer explicitement : le sujet est sans doute trop pointu pour constituer un argument électoral. Il est plus avisé, dans un pays comme le nôtre, de citer Albert Camus et Paul Valéry dans ses discours que Léon Bourgeois et Amartya Sen. Stendhal, de Gaulle et Gide – dont les œuvres ornent le bureau du président sur son portrait officiel – sont sans doute plus fédérateurs.

Encore une fois, Emmanuel Macron n'est pas un philosophe, mais un dirigeant politique. Ce qui nous importe, ce n'est pas le sigle ornant le maillot sous lequel il court, mais la nature du projet qu'il entend mettre en

1. Emmanuel Macron, *Révolution*, *op. cit.*, p. 38-39.

œuvre. Or celui-ci relève, à n'en pas douter, d'un libéralisme de gauche presque, oui, « chimiquement pur ». L'égalité qu'il entend promouvoir, c'est celle des « accès et des opportunités », comme il ne cesse de le répéter. Celle qui ne contredit pas le primat de la liberté. Cela passe, comme il le martèle également, par la rupture avec une société stratifiée en « statuts » et une économie distribuant des « rentes », c'est-à-dire des bénéfices indus. C'est cette inspiration qui lui a permis de « faire turbuler le système », selon l'expression de Jean-Pierre Chevènement – qui n'est guère libéral lui-même.

Lors du colloque « Une révolution de velours ? » organisé par la Fondation Jean-Jaurès le 6 septembre 2017, Thierry Pech, directeur général du think tank de gauche Terra Nova, en introduction à la table ronde consacrée à la philosophie d'Emmanuel Macron, hésitait à répondre à la question ainsi poseé. Il existe bien, en tout cas, estimait-il, « un esprit du macronisme ». Et celui-ci n'est pas technocratique (*problem-solving*), contrairement à ce que l'on lit souvent, mais bel et bien libéral. Macron, tranchait Pech, est libéral en politique. C'est évident. Il est libéral en économie, mais, ajoutait-il, s'il l'est beaucoup au regard de la tradition française, il l'est moins si on le situe en regard d'une tradition anglo-saxonne. La nationalisation « stratégique » des chantiers navals STX de Saint-Nazaire, pour prendre cet exemple, ne relève certes pas d'une économie libérale. Enfin, sur le plan culturel, il jugeait le libéralisme de Macron plus « frileux ».

Cela nous paraît assez bien résumé. Macron est libéral en politique et en économie, mais il ne relève pas de ce qu'on appelle le « libéralisme libertaire ». Sa politique éducative – incarnée par le ministre Jean-Michel Blanquer, bête noire du clan « pédagogiste » –, la prudence avec laquelle il aborde l'extension de la PMA, son refus absolu de légaliser la GPA en témoignent. L'extension indéfinie des droits ne lui paraît pas souhaitable si elle s'étend jusqu'au « droit à l'enfant ». Mais cette propension libérale, chez un président de la République française, constitue en soi une véritable révolution. On ne lui connaît, sous la Ve République, qu'un seul précédent, celui de Valéry Giscard d'Estaing. Mais celui-ci, renonçant à dissoudre l'Assemblée nationale, où le groupe néogaulliste dominait son propre parti, l'UDF, dut gouverner dans un cadre qui relevait plus ou moins de la « cohabitation ». Macron, lui, dispose de la majorité absolue à l'Assemblée, où son parti, LREM, qui peut compter en outre sur l'alliance du MoDem, dispose à lui seul de 53 % des sièges.

Car comme tous les libéraux, Macron est bien conscient que le libéralisme, en tant que doctrine, n'est ni enseigné ni présenté avec honnêteté dans notre pays. Raison pour laquelle il y a longtemps été très impopulaire. Dans la bouche de tant de commentateurs autorisés, le mot « libéral » continue à être utilisé de manière biaisée ; il est pris dans le sens caricatural que lui donnent ses ennemis déclarés : « loi de la jungle », « capitalisme débridé », « liberté du renard dans le poulailler », « ultralibéralisme », etc. C'est à peu près aussi honnête que si le label « socialiste » était automatiquement associé à goulag, grandes famines, NKVD et exterminations de masse. Durant des décennies, les médias qui donnent le ton ont répandu l'idée saugrenue selon laquelle l'idéal républicain, consubstantiel à notre identité française, présenterait une incompatibilité de nature avec l'option libérale, caractéristique, elle, des sociétés anglo-saxonnes. Primat du politique et de l'État, d'un côté, de la société civile et de l'individu de l'autre, comme l'avait théorisé Régis Debray dans un article publié par *Le Nouvel Observateur* en novembre 1989 et qui a fait autorité durant près de trois décennies.

Pourquoi ce discrédit longtemps quasi universel, dans notre pays ? Le sociologue Raymond Boudon, dans un ouvrage intitulé *Pourquoi les intellectuels n'aiment pas le libéralisme*, proposait plusieurs pistes de réflexion. Elles peuvent se résumer ainsi : c'est notre intelligentsia qui a rendu le libéralisme infréquentable. Obéissant à une pure « éthique de la conviction », qui les dispense d'assumer les conséquences de leurs choix, nos intellectuels ont constamment préféré les engagements spectaculaires et radicaux. Ils savent que l'écho médiatique est d'autant plus garanti que leurs prises de position apparaissent simples et témoignent d'une élégante indignation morale… Indignez-vous, indignez-vous ! la pose est seyante et vous verrez les micros se tendre vers vous. Même si vos véhéments propos contre le « capital » et la « loi du profit » sont démentis par votre mode de vie et vos comportements quotidiens. À la limite, on peut demeurer un héros des médias culturels d'avant-garde malgré une réputation d'homme violent envers les femmes, voire d'assassin de sa propre compagne, tant qu'on n'oublie pas de dénoncer le Brexit et Donald Trump… L'appartenance au « camp du Bien » vaut pardon des offenses et des crimes. L'idéologie proclamée est l'unique critère.

Combien de profiteurs du système parmi les indignés ! Et d'hypocrites qui, dissimulant leurs véritables idées, pensent faire carrière en hurlant avec la meute indignée ! Mais, concluait Boudon, « le danger pour la démocratie provient aussi de ce que les idées utiles et fausses exercent une influence indirecte sur les hommes politiques et autres "décideurs" qui, passant outre aux messages que leur dicte le sens commun, ont tendance à confondre l'opinion des intellectuels, des médias et des minorités actives, avec l'opinion tout court[1] ».

Dans quel autre pays démocratique aurait-on laissé un président de la République soutenir sans être contredit la thèse inouïe selon laquelle « le libéralisme est une perversion de la pensée humaine » et qu'il conduit à « des effets aussi désastreux que le communisme » ? (Jacques Chirac). Quelle insulte envers les millions de victimes du communisme ! « Rien n'est plus dangereux que lorsque l'ignorance et l'intolérance sont armées de pouvoir », a écrit Voltaire. Aujourd'hui, le même Chirac offre à Macron une statuette du général qui « n'a jamais quitté son bureau ». Sans doute ne lit-il plus les journaux.

On sait à présent de quelle manière éclatante ont échoué les alternatives au libéralisme. L'idée selon laquelle on pourrait reconstruire la société en suivant un plan prédéfini et parfaitement rationnel fait désormais l'objet d'une méfiance générale et justifiée. Quant à la production d'un « homme nouveau », conforme à un patron dessiné dans les officines d'une quelconque avant-garde, elle a été totalement discréditée par notre cruelle expérience historique des totalitarismes. L'idée de planification de la production et de la consommation est tombée en désuétude. Et pourtant, l'antilibéralisme demeure l'un des poncifs de la pensée dominante. Spontanément, nombre de mes confrères journalistes assimilent le libéralisme économique aux mesures politiques qui paraissent satisfaire les intérêts des entreprises ou correspondre aux revendications du Medef.

1. Raymond Boudon, *Pourquoi les intellectuels n'aiment pas le libéralisme*, Odile Jacob, 2004, p. 166.

Alors même que le patronat français, dépendant en partie des commandes publiques, bénéficiaire d'aménagements fiscaux sur mesure, et souvent favorable au protectionnisme et aux ententes sur les prix, n'est nullement enclin par tradition au libéralisme.

Macron, qui est bien conscient de cet état des choses, déclarait dans une interview : « Il faut se méfier du mot "libéralisme" qui est mal compris. » C'est pourquoi il s'empressait aussitôt de préciser le sens qu'il donne au mot : « Quand on est libéral, on est d'abord attaché aux libertés individuelles et à cette volonté d'émancipation de l'individu. Dans le champ économique, social et politique, on est attaché à la capacité laissée à la personne de choisir sa vie[1]. » Voilà qui nous paraît assez bien résumé !

Le budget de l'État pour 2018 a été présenté par un certain nombre de journalistes et de commentateurs de gauche comme inspiré par la « théorie libérale du *trickle down* » (ou « ruissellement »). Selon cette théorie, il est bon pour l'ensemble de la société que les catégories supérieures s'enrichissent, puisqu'elles ont une forte propension à consommer et à investir : leur enrichissement « ruisselle », du haut vers le bas, au bénéfice de la société tout entière. C'est une théorie intéressante et discutable. Mais je n'en ai pas trouvé la moindre trace où que ce soit dans les écrits ou les déclarations d'Emmanuel Macron. À ma connaissance, il n'y a jamais fait allusion et elle ne l'inspire en rien. Le ministre de l'Économie, Bruno Le Maire, l'a expressément récusée. Mais elle présente, aux yeux du Parti des médias, l'avantage rhétorique de compromettre le libéralisme macronien en l'associant à des politiques

1. *La Vie*, 22 décembre 2016.

favorables aux riches puisqu'elles préconisent des allègements d'impôts...

Dans un pays où le taux de prélèvement obligatoire sera encore en 2017 de 44,3 % du PIB (le record d'Europe !) et où 70 % des recettes de l'impôt sur le revenu sont payés par les 10 % de foyers fiscaux les plus fortunés, on entend encore parler des « ravages de l'ultralibéralisme », ce qui est un peu fort de café. Qu'en outre, le président de la République s'engage à dispenser 80 % des foyers fiscaux de la taxe d'habitation risque, au contraire, de faire peser un poids disproportionné sur une minorité de contribuables, renforçant chez les autres l'idée que tout ce qui est public est gratuit... Mais une propagande omniprésente sur certaines antennes et certains journaux veut nous persuader que Macron est le « président des riches » – puisqu'il est libéral...

Mais le paradoxe, c'est que cet antilibéralisme généralisé est servi, depuis la chaire comme par les ondes, à une société tendant de son côté à s'émanciper d'un système qui, sous prétexte de la protéger, l'étouffe. Un constat fait par Emmanuel Macron : « Notre devoir est d'émanciper nos concitoyens. C'est-à-dire leur permettre de ne pas subir leur vie, mais bien d'être en situation de la choisir. De pouvoir "faire" là où trop souvent nos règles entravent au prétexte de protéger[1]. » « À force de dépenser plus et de produire plus de règles, nous avons paralysé, puis attiré vers le bas, la société tout entière, devenue immobile[2]. » Remettre la société en mouvement, faire confiance à son dynamisme, favoriser le succès plutôt que d'imposer l'échec

1. Discours au Congrès de Versailles, 3 juillet 2017.
2. Emmanuel Macron, *Révolution*, *op. cit.*, p. 71.

collectif au nom d'une bien triste conception de l'égalité... Ces idées qui passaient pour provocatrices dans le milieu politico-médiatique ont rencontré un écho parce que la société française avait changé.

La cause du libéralisme, c'est l'individu, ses droits, son autonomie et son libre développement et non pas le plus grand profit des actionnaires, contrairement à une présentation grotesque. Parmi les journalistes, comme je l'ai l'observé en discutant avec certains d'entre eux, il est fréquent de confondre le libéralisme politique, dont on ignore les idées les plus basiques, avec une sorte d'anarchisme : l'absence de règles, la loi de la jungle, le démantèlement de l'État. C'est proprement stupéfiant : les libéraux ne désirent ni la suppression de l'État, ni l'élimination de toute normativité juridique ou celle des institutions sociales. Comme le résume l'économiste Pascal Salin, « les libéraux soulignent seulement la nécessité de règles du jeu, sans que l'on puisse connaître à l'avance les résultats du jeu, né des interactions entre les individus[1] ». En d'autres termes, les libéraux sont favorables au Code de la route, mais hostiles à ce qu'une instance prétendument bienveillante et omnisciente dicte à chaque conducteur sa destination finale, son itinéraire ainsi que ses heures de repos obligatoire.

Hobbes, en qui de nombreux auteurs voient un précurseur du libéralisme, se sert, dans *Léviathan*, d'une image assez voisine pour définir ce que doivent être les lois : « En effet, le rôle des lois, qui ne sont que des règles revêtues d'une autorité, n'est pas d'empêcher toute action volontaire, mais de diriger et de contenir les mouvements des gens, de manière qu'ils ne se

1. Pascal Salin, *Libéralisme*, Odile Jacob, 2000, p. 11.

nuisent pas à eux-mêmes par l'impétuosité de leurs désirs, leur empressement ou leur aveuglement ; comme on dresse des haies, non pas pour arrêter les voyageurs, mais pour les maintenir sur le chemin. C'est pourquoi une loi qui n'est pas nécessaire, c'est-à-dire qui ne satisfait pas à ce à quoi vise une loi, n'est pas bonne. » Selon Pierre Manent, commentant ce texte, il s'agit « d'un nouveau type de loi, non plus une loi autoritaire, porteuse d'une idée de "la vie bonne", mais une loi libérale, précisément, une loi extérieure qui vous empêche de vous égarer sur le chemin du voisin sans vous dicter votre chemin[1] ». La découverte du libéralisme, c'est qu'il « est possible de gouverner les hommes en les laissant libres[2] ».

L'individu de la modernité démocratique est, en effet, le maître et le possesseur de lui-même. « Sur lui-même, sur son corps et son esprit, l'individu est souverain[3] », écrit John Stuart Mill. La manière dont il use de cette « propriété » (le théoricien canadien Macpherson parlait d'« individualisme possessif ») ne devrait relever que de ses propres décisions. Une vie libre est une vie choisie et non pas subie. Cette conviction relève, chez Macron, de l'ordre existentiel. Elle n'obéit pas aux nécessités tactiques d'un positionnement politique, comme tant de discours politiques du passé. Ce n'est pas une « ligne » choisie dans le cadre d'une réflexion de marketing politique du genre : je constate un appel d'air idéologique, je m'y engouffre. Elle correspond à

1. Pierre Manent, « Révolution française, révolution libérale », *in* Christian Stoffaës (dir.), *Psychanalyse de l'antilibéralisme : les Français ont-ils raison d'avoir peur ?*, Éditions Saint-Simon-Institut d'histoire de l'industrie, 2006, p. 83.

2. *Ibid.*

3. John Stuart Mill, *De la liberté*, Folio, 1990, p. 75.

une expérience de vie. Résumant sa propre trajectoire, intellectuelle et professionnelle, Macron en tire la leçon suivante : « J'ai toujours eu cette volonté-là : choisir ma vie. [...] C'est dans ces années d'apprentissage que s'est forgée chez moi cette conviction que rien n'est plus précieux que la libre disposition de soi-même, la poursuite du projet que l'on se fixe, la réalisation de son talent, quel qu'il soit. Cette conviction, par la suite, a déterminé mon engagement politique, en me rendant sensible à l'injustice d'une société d'ordres, de statuts, de castes, de mépris social où tout conspire – et pour quel résultat ! – à empêcher l'épanouissement personnel[1]. »

Cette réflexion, qui pourrait passer pour un véritable condensé de la pensée libérale de gauche, structure toute la volonté politique réformatrice du président de la République. Elle est extraordinairement cohérente et en phase avec les expériences vécues par un très grand nombre de nos concitoyens, exaspérés par les innombrables blocages qu'ils rencontrent dans la réalisation de leurs projets de vie. On se souvient du diagnostic d'En Marche !, « La France qui subit » : on a le « sentiment d'être empêchés » ; « faire en sorte que tout ne soit pas joué très vite », qu'on puisse « changer le cours de sa vie » ; « on ne peut pas faire de projets, on ne peut pas anticiper », etc. Ce que ses électeurs attendent de Macron, c'est que l'État dont il a la charge favorise l'extraordinaire ouverture des possibles que promeut, entre autres, la révolution numérique. Et non qu'il tente de la bloquer dans la mesure où il peut sentir menacée sa propre autorité par la capacité d'auto-organisation de la société. La modernité nous a doté de l'autonomie.

1. Emmanuel Macron, *Révolution*, *op. cit.*, p. 12-13.

L'hypermodernité qui caractérise la phase actuelle y ajoute une injonction à l'authenticité.

Délit de libéralisme : les cinq preuves qui accablent le suspect Macron

Dans l'anthologie qu'elle a consacrée au socialisme libéral, la philosophe Monique Canto-Sperber, résumant les principes fondamentaux d'un libéralisme de gauche auquel elle a consacré plusieurs ouvrages, distingue cinq groupes. Suivons-la afin de voir si l'on peut cocher les cinq cases dans le cas du président Macron.

– *Primo*, le « refus de considérer que la société doit évoluer vers un terme donné[1] ». La quête de ce que devrait être la vie bonne reste une question ouverte. Le libéralisme est incompatible avec une vision substantielle du bien. Le refus de toute téléologie politique se traduit par une extrême défiance envers les plans de société idéale et les utopies, aussi séduisants soient-ils. Les libéraux sont spontanément réformistes : ils croient à des améliorations ponctuelles et prudentes de la réalité sociale, mais ne songent pas à lui substituer une « autre réalité », radicalement alternative. L'« autre politique », l'« autre économie » et l'« altermondialisation » leur inspirent la même perplexité que l'idée d'une « autre physique » qui serait débarrassée des lois de la pesanteur. Mais la question de la finalité de l'ordre politique restant, à leurs yeux, ouverte, ils sont extrêmement attentifs à la qualité morale des moyens. « Il est exclu

1. Monique Canto-Sperber, avec Nadia Urbinati (dir.), *Le Socialisme libéral. Une anthologie : Europe-États-Unis*, Esprit, 2003, p. 33.

qu'on puisse jamais justifier des moyens honteux sous prétexte qu'ils seraient au service d'une fin bonne, ou qu'on puisse même songer à établir la bonté d'une fin sans se préoccuper des moyens qui seront employés pour l'atteindre[1]. » D'où une incompatibilité avec la doctrine utilitariste, qui pourrait incliner à sacrifier certaines libertés ou la liberté de certains pour la réalisation du « plus grand bonheur pour le plus grand nombre ».

Ce qui est frappant chez Macron, c'est qu'à aucun moment, et contrairement à certains de ses prédécesseurs à l'Élysée, il n'a cherché à esquisser le dessin d'une « société idéale ».

Contrairement à Benoît Hamon, qui souligna fréquemment la nécessité de « construire une autre économie pour notre pays, plus soucieuse de l'intérêt général et des "biens communs[2]" », ou à Jean-Luc Mélenchon, qui proclamait, pendant la campagne présidentielle, « nous sommes l'alternative à votre monde », Emmanuel Macron n'utilise jamais les expressions « autre économie », « autre société » et encore moins « autre monde ». Cela ne signifie pas qu'il se satisfasse de l'état présent de l'économie et de la société, qui lui paraissent étouffée pour l'une et injuste pour l'autre. Mais il n'a pas en tête un idéal à faire advenir coûte que coûte par l'autorité de l'État, comme c'est habituellement le cas des socialistes. « Redonner sa place à l'intelligence française, c'est comprendre que les Français sont assez intelligents pour faire leur chemin tout seuls. Ce ne sont pas les Français qu'il faudrait désintoxiquer de l'intervention publique, c'est l'État lui-même[3]. »

1. *Ibid.*, p. 34.

2. Préface au livre de Timothée Duverger, *L'Économie sociale et solidaire*, Le Bord de l'eau, 2016.

3. Discours au Congrès de Versailles, 3 juillet 2017.

Quant à l'Europe, elle doit faire avec le « monde tel qu'il va » et en particulier avec la « mondialisation telle qu'elle va[1] ». Ce réalisme, cette prudence qui inclinent à prendre en compte le degré de marge de manœuvre dont on dispose en vérité sont typiquement libéraux. Ils n'excluent nullement une forme de volontarisme – qui est bien présente chez Macron. Il ne s'agit pas de se résigner à l'état de fait existant, mais à chercher à le modifier en fonction à la fois de ses propres buts et des moyens, nécessairement limités, dont on sait pouvoir disposer. « Le penchant à la révolution est en proportion directe de la difficulté de modifier l'état de choses existant[2] », disait Raymond Aron. Macron est d'autant moins révolutionnaire qu'il semble décidé à « modifier l'état de choses existant » en profondeur.

Une des causes de la victoire de Macron tient au fait d'avoir bien compris la nature des aspirations d'une majorité d'électeurs – les plus jeunes en particulier : redevenir maîtres de leurs vies – et donc de remettre à sa place un État à la fois obèse et impuissant, comme l'avait démontré Jean-François Revel. Même reconverti en « Big Mother », selon Michel Schneider, parce qu'il entend faire notre bonheur à notre place. « Je ne crois pas que la politique doive promettre le bonheur, écrit Macron. Bien plus que viser le bonheur, j'ai la conviction que la politique doit déployer le cadre qui permettra à chacun de trouver sa voie, de devenir maître de son destin, d'exercer sa liberté. Et de pouvoir choisir sa vie[3]. »

1. Discours pour une Europe souveraine, unie, démocratique, 26 septembre 2017.

2. Raymond Aron, « Les intellectuels et l'utopie », *Preuves*, n° 50, avril 1955.

3. Emmanuel Macron, *Révolution*, *op. cit.*, p. 119.

Certains se sont étonnés de cette proclamation d'abstention politique : la fonction du bon gouvernement n'est-elle pas de viser au plus grand bonheur possible du plus grand nombre, dans la tradition utilitariste ? Ou d'assurer l'allégresse civique et la prospérité publique, dans la version républicaine ?

Macron s'inscrit dans une tradition parfaitement libérale, celle qui considère, depuis Kant, que la société moderne permet la coexistence pacifique des idéaux divergents sur ce qui constitue la « vie bonne » et qu'à ce titre l'État n'a aucun droit de chercher à imposer aux particuliers son propre idéal de félicité. « Personne ne peut me contraindre à être heureux d'une certaine manière (celle dont il conçoit le bien-être des autres hommes) mais il est permis à chacun de chercher le bonheur dans la voie qui lui semble, à lui, être la bonne, pourvu qu'il ne nuise pas à la liberté qui peut coexister avec la liberté de chacun selon une loi universelle possible (autrement dit, à ce droit d'autrui). Un gouvernement qui serait fondé sur le principe de la bienveillance envers le peuple, tel que celui du père envers ses enfants, c'est-à-dire un gouvernement paternel, où par conséquent les sujets, tels des enfants mineurs incapables de décider de ce qui leur est vraiment utile ou nuisible, sont obligés de se comporter de manière uniquement passive, afin d'attendre uniquement du jugement du chef de l'État la façon dont ils doivent être heureux, et uniquement de sa bonté qu'il le veuille également – un tel gouvernement, dis-je, est le plus grand despotisme que l'on puisse concevoir[1]. » Chacun a le droit de chercher son bonheur suivant le chemin qui lui paraît personnellement le bon.

1. Kant, *Théorie et pratique*, p. 31.

La conséquence, c'est que l'État ne saurait privilégier aucune conception du bonheur. « Le gouvernement, s'il veut pouvoir jouer son rôle de stabilisateur social, doit s'abstenir de trancher en faveur d'un mode de vie particulier au détriment de tous les autres. [...] Que reste-t-il alors au politique ? Il lui reste, dans une conception plus modeste des responsabilités qui sont les siennes, à assurer les conditions du bien-être : non pas chercher à faire le bonheur des individus, mais ménager les conditions dans lesquelles ceux-ci pourront effectivement viser ce qu'ils estiment être propice à celui-ci[1] », comme l'écrit Patrick Savidan. Le rôle du pouvoir politique est d'accompagner l'individu dans ses choix, non pas de lui dicter ses préférences.

– *Secundo*, la défense de l'individu amène les libéraux de gauche à porter une attention particulière aux moyens concrets susceptibles de permettre aux personnes de mener les projets de vie de leur choix. Pour que l'individu parvienne à l'émancipation et soit en situation d'interagir avec son milieu, il faut veiller à « l'octroi des moyens qui assurent l'autonomie, la capacité d'initiative et même la prise de responsabilité. De nombreuses philosophies politiques ont plaidé récemment pour une "politique de la reconnaissance". Mais cette reconnaissance ne doit pas être une forme raffinée, et plus complaisante, d'assistance. Elle doit être active, engager l'individu dans un processus de réappropriation de sa capacité d'agir[2] », « favoriser des aides concrètes aux projets et des formes de solidarité

1. Patrick Savidan, *Repenser l'égalité des chances*, Grasset, 2007, p. 127-129.

2. Monique Canto-Sperber, avec Nadia Urbinati (dir.), *Le Socialisme libéral. Une anthologie : Europe-États-Unis*, *op. cit.*, p. 37.

assurant à chacun la possibilité de retrouver un minimum de maîtrise de son existence[1] ».

Macron part du constat que « la société française déborde de vitalité », mais que cette vitalité s'exprime de moins en moins par le biais « des canaux traditionnels – Paris, les grandes administrations, les grandes écoles, les grandes entreprises[2] ». C'est cette énergie individuelle débordante qu'il entend aider à contribuer au progrès général. D'où son refus proclamé de la « fatalité », c'est-à-dire des destins joués d'avance du fait des origines. Et le mot d'ordre « donner l'autonomie à tous[3] », l'idéal d'une société faite de citoyens « égaux en droits et, plus profondément, en possibilités[4] ».

Pour Macron, la principale injustice de notre société est qu'il y ait, d'un côté, des personnes libres, mobiles et autonomes, de l'autre des personnes assignées à des lieux enclavés et à des destins écrits d'avance. Or, le monde actuel, comme l'a fait remarquer souvent Jacques Attali, se distingue précisément par la coexistence, aux deux extrêmes, de possibilités inouïes de mobilité pour les uns (ses fameux « nomades hyperconnectés ») et de l'assignation des autres aux quelques kilomètres qui les séparent d'un point d'eau. La mobilité doit donc être entendue dans les deux sens – géographique et sociale à la fois. C'est en cela que sont emblématiques les fameux « cars Macron », destinés à permettre le déplacement aux personnes qui ne peuvent s'offrir les voyages en TGV. On s'en est gaussé à Paris. Mais ils ont permis les liaisons entre 180 villes françaises et 4 millions de passagers les ont empruntés.

1. *Ibid.*, p. 42.
2. Emmanuel Macron, *Révolution*, p. 73.
3. *Ibid.*, p. 74.
4. *Ibid.*, p. 71.

– *Tertio*, le libéralisme de gauche ne vise pas à une impossible égalité des situations concrètes, mais à l'édification d'une « société des libertés égales ». Et Canto-Sperber fait référence à la théorie de l'« égalité complexe » de Michael Walzer, figure éminente de la gauche libérale américaine. Selon ce dernier, la pensée socialiste s'est limitée aux questions de juste distribution des biens économiques, alors qu'il existe quantité d'autres biens sociaux, correspondant à différentes « sphères », dont la répartition est également décisive. Ainsi le pouvoir politique, l'éducation, le temps libre, la reconnaissance des identités culturelles, les honneurs ou la distribution des charges publiques constituent de telles « sphères ».

Le libéralisme, a dit Pierre Manent, est d'abord une « pensée de la séparation » des activités sociales. Idée qu'on trouve également chez Walzer, pour qui la liberté individuelle est conditionnée par l'autonomie des différentes sphères et la manière dont elles s'équilibrent mutuellement. Et la justice, selon Walzer, passe par une distribution équitable des biens sociaux correspondant à la logique interne aux différentes sphères. Quant à la démocratie libérale, elle est incompatible avec le fait que le groupe dirigeant au sein d'une sphère cherche à en dominer d'autres – en particulier que les gagnants du big business profitent de leur argent pour s'emparer de la direction de la sphère politique, et qu'ils en distribuent eux-mêmes le bien : le pouvoir. Mais elle est également incompatible avec le fait que la sphère religieuse s'empare du contrôle de la sphère politique. Macron apparaît dans le droit fil de la théorie des sphères de Walzer, lorsqu'il dit : « La République doit être intraitable quand les individus utilisent la religion en vue d'exercer une hégémonie politique et sociale sur d'autres, et de changer les règles de la vie en société qui sont celles de la France[1]. »

Alors que la social-démocratie d'hier concentrait ses efforts sur la redistribution des revenus monétaires par l'impôt et les cotisations sociales, croyant ainsi en avoir fait assez en matière d'égalisation des conditions de vie, la gauche libérale constate que les politiques de redistribution échouent à combler les inégalités de capital culturel et social, celles que créent la géographie résidentielle, l'éducation reçue, les possibilités réelles d'insertion et de carrière professionnelles, le niveau de proximité avec les réseaux d'influence et de pouvoir, déterminants dans notre pays. Les solutions sociales-démocrates ont été pensées dans le cadre des sociétés de masse, très homogènes. L'essayiste libéral suédois d'origine polonaise Maciej Zaremba m'a expliqué que les fondements intellectuels de l'ingénierie sociale de son pays d'adoption avaient un caractère franchement nationaliste, pour ne pas dire raciste. C'est ce que dénote l'expression *folk-hem*, « maison du peuple », équivalent d'« État social ». Les États providences, inspirés, à l'origine, d'une telle conception de la nation, ne pouvaient avoir que des politiques de redistribution indiscriminées.

Les sociétés contemporaines, au contraire, sont marquées par la diversité des cultures et l'individualisation des aspirations. Dans ce contexte, distribuer aveuglément des moyens de survie, à travers des programmes d'assistance, peut contribuer à enfoncer des populations dans la misère, notamment culturelle, au lieu d'aider à les en tirer.

1. *Le 1*, 13 septembre 2016.

On trouve une illustration de cette réalité sous la plume d'un homme qui l'a vécue de près, J.D. Vance, auteur de *Hillbilly Elégie*. Né dans une famille pauvre de l'Ohio et ayant accédé (grâce à son engagement dans les Marines) à la prestigieuse université Yale, il tire de sa propre expérience la conclusion suivante : « La mobilité sociale n'est pas qu'une affaire d'argent et d'économie, c'est changer de style de vie. Les riches et les puissants ne sont pas que riches et puissants, ils obéissent à un autre système de valeurs. Quand vous passez de la classe ouvrière au monde des cadres dirigeants et des professions libérales, presque tout ce qui composait votre ancienne vie devient au mieux dépassé, au pire malsain[1]. » C'est pourquoi le libéralisme de gauche s'attache prioritairement, en amont, à « renforcer les capacités d'agir des individus », privilégie « une protection sociale sous forme d'aides concrètes aux projets, aux actions collectives, aux formes de coopération[2] ».

Ajoutons que ce libéralisme croit en la responsabilité individuelle et se méfie des doctrines déterministes, qui tendent à dénier à l'individu sa liberté d'agir. C'est pourquoi il privilégie la recherche de l'égalité des chances. Son idéal est que le départ dans la vie se fasse, pour une génération, sur la même ligne. Non que les plus rapides s'arrêtent pour permettre aux plus lents de les rejoindre sur la ligne d'arrivée. D'où l'impérieuse nécessité de compenser les handicaps de départ.

Tout ce que dit Macron va dans ce sens. « Depuis trente ans, la gauche comme la droite ont continué de

1. J.D. Vance, *Hillbilly Elégie*, Globe, 2017, p. 227.

2. Monique Canto-Sperber, *Le Libéralisme et la Gauche*, *op. cit.*, p. 98-99.

défendre un système qui promeut l'uniformité, l'indifférenciation, la massification. Je ne crois pas à "l'égalitarisme" qui fait que le succès d'autrui devient une offense insupportable. Dans le même temps, la gauche et la droite ont créé des droits sans contenu, des droits à crédit. [...] La véritable égalité n'est pas celle qui est inscrite dans la loi. C'est celle qui met, dans les faits, chacun sur la même ligne de départ. Qui donne aux individus, à tous les individus, les armes pour réussir, à l'école, au travail, face à la santé, à la mobilité ou à la sécurité[1]. »

Dans sa déclaration de candidature, on trouvait ce principe : « Je veux libérer l'énergie de ceux qui peuvent, je veux protéger ceux qui sont les plus fragiles. » Et dans son interview-fleuve au *Point* du 31 août 2017, il précise qu'il est nécessaire de « beaucoup mieux protéger les plus faibles, non par des statuts, mais par des aides adaptées, des formations pertinentes, qualifiantes, une information et un accompagnement efficaces. Pour les plus fragiles, on pense que tout est fait en leur donnant des droits abstraits [il a cité le "droit opposable au logement"] et de l'argent. Or c'est un accès et de l'accompagnement qu'il faut leur garantir ».

– *Quarto*, le libéralisme de gauche considère « la société civile comme une réalité conflictuelle. [...] Les conflits sont inévitables et la construction de convergences et d'accords nécessaire[2]. » D'où l'insistance sur les procédures d'organisation de la discussion, l'hypothèse d'une capacité générale à raisonner de façon autonome. Cela conduit les penseurs de ce

1. Emmanuel Macron, *Révolution*, *op. cit.*, p. 71.
2. Monique Canto-Sperber, *Le Libéralisme et la Gauche*, *op. cit.*, p. 46.

courant à accorder, d'une manière générale, la priorité à la recherche du juste (sur lequel des accords raisonnables peuvent être trouvés) plutôt que du Bien (dont la définition est spécifique à chaque groupe culturel). C'est en particulier le cas de la théorie de la justice de Rawls.

Là encore, Macron est en parfaite adéquation avec ces principes. Il faut, dit-il, accepter « qu'il puisse y avoir une polyphonie ou une pluralité des interprétations » dans la « recherche de la vérité en politique ». D'où, du reste, la nécessité d'« une forme de délibération permanente qui vient contrarier la prise de décision[1] ». Ce que Gaspard Kœnig traduit ainsi : « Si Emmanuel Macron fait applaudir ses opposants, c'est qu'il leur reconnaît le droit d'exister. Il cherche moins à définir un projet collectif contraignant qu'à élaborer un cadre au sein duquel tous les projets de vie pourront coexister harmonieusement.

– Ce pluralisme et cette conflictualité de la société entraînent logiquement le *quinto* de Canto-Sperber : la neutralité de l'État face au pluralisme des valeurs dans la société, qui va au-delà de notre républicaine laïcité. Le libéralisme, en effet, valorise la diversité, non pour elle-même, mais parce qu'elle anime la concurrence et permet d'utiles comparaisons quant à l'épanouissement des individus en fonction de leurs modes de vie. Les multiculturalistes favorisent la coexistence des modes de vie en tant que richesse intrinsèque. Macron n'est pas multiculturaliste. « Je suis pour l'intégration, je suis contre le multiculturalisme », répète-t-il. Il défend une « conception libérale de la laïcité », celle qui « a permis

1. *Le 1*, 8 juillet 2015.

que dans ce pays chacun ait le droit de croire ou de ne pas croire[1] ». Mais il demande aussi – au nom du Voltaire du *Traité sur la tolérance* – qu'on ne « tombe pas dans une version rétrécie de la laïcité ». Ce qu'il appelle le « laïcisme ». Car cette « laïcité revancharde construit [par contrecoup] du communautarisme ». Pour Macron, le principe de base en ce domaine, c'est que « l'État est laïc, pas la société ». « C'est un élément garantissant l'autonomie de la société et de la communauté nationale face au fait religieux[2]. »

Il faut relever que Monique Canto-Sperber, à la rentrée 2017, se montrait sceptique sur les chances de voir Emmanuel Macron mettre en œuvre une politique conforme à ce qu'elle entend par « libéralisme de gauche ». Lors du colloque public déjà mentionné de la Fondation Jean-Jaurès, elle disait douter que Macron se soit donné les moyens de réintroduire la mobilité qu'il promet dans une société aussi stratifiée que l'est encore la nôtre. Sous couvert de méritocratie républicaine, jugeait-elle, Macron risque fort de réintroduire en fait l'État jacobin. Et le mot « liberté », remarquait-elle, a été le « grand absent de sa campagne ». « Le temps court, celui de l'urgence, est négligé », jugeait-elle en outre, au profit d'un discours qui comporte beaucoup trop d'« incantations ». Pire : la philosophe estime qu'en décrétant la France « irréformable », en tout cas par les moyens de la démocratie représentative classique, Macron dessinerait en creux sa propre figure en tant qu'« homme providentiel » ; ce qui est incompatible avec la doctrine libérale. L'accusation de boulangisme

1. Interview à *Challenges*, 16 octobre 2016.
2. *Ibid.*

n'est pas loin... La preuve : le recours aux ordonnances, qui amoindrit la démocratie en court-circuitant le rôle délibératif du Parlement. Néanmoins, Monique Canto-Sperber concluait : « C'est l'histoire qui jugera, non pas les contemporains[1]. »

Dans une interview accordée au quotidien *Le Monde* en mai 2017, elle relevait : « Quand j'ai publié mes ouvrages sur le libéralisme en 2003, le terme "libéralisme" était aussi honni que mal compris. Quinze ans plus tard, Emmanuel Macron l'a emporté en dépit de l'étiquette de "libéral" qu'on lui a décernée[2]. » En effet, à l'exposé du résumé des grands axes de cette philosophie qui vient d'être fait à partir de ses propres idées – et dont on a montré combien elle imprègne la pensée d'Emmanuel Macron –, on constate la distance qui sépare le libéralisme des présentations habituelles montées en épouvantail par ignorance et pour faire peur aux gens. Une telle malhonnêteté intellectuelle avait fini par miner, dans notre pays, le label « libéral », auquel peu de politiques osaient encore référer leur action. L'analyse des blocages qui nous paralysent à travers cette grille d'analyse constitue, de la part de Macron, une véritable transgression de la doxa intellectuelle, médiatique et politique. Qu'il soit parvenu à l'imposer à une opinion habituée à entendre accuser le libéralisme de tous les maux qui nous frappent constitue un tournant capital dans la vie intellectuelle de notre pays.

Certes, il y a eu, avant Macron, quelques dirigeants politiques de gauche pour se risquer sur le terrain libéral. Ce fut notamment le cas de Michel Rocard, qui

---

1. « Une Révolution de velours ? », colloque de la Fondation Jean-Jaurès, 6 septembre 2017.

2. « Emmanuel Macron doit être le président de tous », interview par Nicolas Truong, *Le Monde*, 9 mai 2017.

disait : « Ce que nous cherchons, ce sont des règles compatibles avec les libertés. Je suis un socialiste libéral. Je privilégie la liberté des acteurs comme préférentielle, comme nécessaire à l'ordre de conduite, mais en sachant que toute liberté exige d'être délimitée par des lois[1]. » Bertrand Delanoë aussi a fait profession de foi de libéralisme. Daniel Cohn-Bendit est fortement suspecté de libéralisme. Autant de cas isolés.

L'analyse que fait Macron repose sur le constat d'une obsolescence de notre modèle de solidarité sociale, analyse partagée par tous les libéraux. Ce modèle, conçu pour l'époque des grandes concentrations industrielles des années du rattrapage économique d'après guerre, est corporatiste. À l'origine, c'est en tant que salariés de tel secteur d'activité que les Français ont eu accès aux « assurances sociales ». D'où une prolifération de statuts particuliers (trente-sept régimes de retraite salariés !), du plus au moins avantageux, en fonction de la proximité politique avec les décideurs du moment où il a été créé… et des injustices criantes, mais défendues de manière véhémente par leurs bénéficiaires au nom de la solidarité ! Ce modèle repose aussi sur une stricte stratification des salariés plus ou moins calquée sur les statuts de la fonction publique. Il est, selon Macron, en porte-à-faux tant avec l'organisation de la production aujourd'hui qu'avec les aspirations des individus. Pour avoir tenu de tels propos au micro de France Culture chaque matin pendant cinq ans (entre 2011 et 2016), je me suis fait traiter bien des fois d'ultralibéral et de suppôt du Grand Capital… Mais le paradoxe français, c'est que l'antilibéralisme général

1. Michel Rocard, interrogé par Alexandre Devecchio, « Le Café politique », 16 janvier 2013.

professé par l'Université et les médias contraste avec la libéralisation de fait de la société.

Rendre la place du marché accessible à tous grâce au numérique

Les nouvelles technologies favorisent l'individualisation des modes de vie. Comme le résume d'une formule Gaspard Kœnig : « Il faut reconnaître à ce nouveau monde une qualité précieuse : il donne à chacun la chance d'une vie sur mesure[1]. » L'aisance avec laquelle les Français se sont emparés de ces nouvelles technologies témoigne du caractère profondément industrieux et débrouillard d'un peuple habitué à devoir ruser, pour survivre, avec des règlements absurdes et paralysants. Ceux-ci lui sont imposés par un État dont certains bureaux ne trouvent trop souvent leur justification que dans le contrôle et l'interdiction : combien d'officines et de coûteuses « hautes autorités » n'ont aucune autre utilité, sinon celle d'y « caser » des amis politiques, incapables de se conquérir un mandat électif ! Notre État a pris un retard considérable sur ce que l'économiste Élisabeth Lulin a baptisé le « service public 2.0 ». Grâce au numérique, quantité de postes de fonctionnaires pourraient être supprimés, comme ils l'ont été en Suède. Et l'Administration, conçue comme une plateforme, permettrait aux citoyens des initiatives individuelles et collectives. En Estonie, le pays d'Europe le plus avancé dans la voie de la numérisation de son Administration, toutes les démarches se font par

1. Gaspard Kœnig, *Le Révolutionnaire, l'expert et le geek. Combat pour l'autonomie*, Plon, 2015, p. 204.

Internet. Ce petit pays met en pratique l'idée du *government as a platform* du théoricien Tim O'Reilly. Mais en France, une technologie qui permet de « court-circuiter les intermédiaires » et de « déborder les élites[1] » provoque la méfiance.

Laure Belot cite l'analyse recueillie auprès de Romain Lacombe, cofondateur de la mission Etalab : « Notre Administration est conçue pour un monde qui ne bouge pas, alors que nous faisons face à une accélération du rythme des changements. Toute notre organisation publique est encore empreinte d'Ancien Régime et des grands corps de l'État qui ont construit le royaume. Les Eaux et Forêts ont défriché, les Ponts et Chaussées ont construit les voies de communication. Nous en avons gardé un tropisme pour les grands projets, une nostalgie pour les Trente Glorieuses dont notre architecture s'inspire : on adore les réseaux, la fibre, *Ariane*, le TGV… Mais on ignore les usages, alors que ce sont eux qui font tout le caractère révolutionnaire du numérique et la puissance des géants d'Internet. J'ai vu des hauts fonctionnaires qualifier ces questions de "joujoux" et de "bla-bla", alors que ce sont aujourd'hui des enjeux qui revêtent une importance géostratégique[2]. » Si les gains de productivité attendus du numérique ne se sont guère produits dans l'Administration française, comme le déplore régulièrement la Cour des comptes, c'est parce que cette Administration s'y oppose de toutes ses forces. Les gouvernements et plus encore les collectivités territoriales ont préféré embaucher des fonctionnaires supplémentaires plutôt que de faciliter la vie des administrés et les conditions de travail de

---

1. Laure Belot, *La Déconnexion des élites. Comment Internet dérange l'ordre établi*, Les Arènes, 2015, p. 133.
2. *Ibid.*, p. 173.

leurs employés. Le clientélisme s'avère un bon moyen de recruter de nouveaux électeurs au détriment de la modernisation de l'Administration et de l'épanouissement de ses agents – mais aux frais des contribuables.

Pourtant, comme l'écrit Macron : « Le numérique n'est pas un secteur économique : c'est une transformation en profondeur de nos économies, de nos sociétés, de nos systèmes politiques. Il décloisonne en ouvrant des possibles aux individus [...]. C'est une organisation profondément décentralisée dans laquelle chacun peut jouer un rôle et reprend du pouvoir. [...] Elle affaiblit donc toutes les formes classiques d'organisation intermédiaire de la société et en particulier l'État. Elle le déborde de toute part[1]. »

Il est révélateur que les mutations produites par les plateformes numériques dans la sphère économique et en particulier sur l'emploi aient été, à quelques exceptions près (outre Macron, il faut citer Nathalie Kociuszko-Morizet), à peu près ignorées des politiques de l'ancien monde. Pendant qu'ils débattaient à perte de vue de l'éventuel aménagement des 35 heures, un site privé était parvenu à concurrencer l'agence nationale de l'emploi. « La France du Bon Coin[2] », analysée par David Ménascé, jeune économiste enseignant à HEC, ne se contente pas de proposer autant d'offres d'emploi que Pôle emploi sans coûter un centime aux contribuables, elle est à l'origine d'un bouleversement du marché du travail : des formes alternatives au salariat classique se multiplient, quitte, dans de nombreux cas, à ce que le microentrepreneur conserve, par ailleurs, un statut de salarié. Mais comme le montre David Ménascé, d'autant

1. Emmanuel Macron, *Révolution*, *op. cit.*, p. 60-61.
2. Institut de l'entreprise, 2015.

plus sensibilisé aux phénomènes de « système D » qu'il est, par ailleurs, un spécialiste de l'économie informelle dans les pays émergents, cette place de marché virtuelle constitue une opportunité dont s'emparent les plus vulnérables. Les plateformes numériques favorisent, dans tous les domaines, des formes de désintermédiation ; celles-ci permettent aux particuliers d'échanger directement, en court-circuitant les autorités institutionnelles. Les régulations et les contrôles sautent. Les individus y gagnent des capacités d'échange renouvelées. Des marchés s'organisent spontanément.

Les stratégies de lutte contre la pauvreté développées par des théoriciens du microcrédit, comme Muhammad Yunus, passent précisément par l'accès des plus démunis au marché, en lieu et place d'une assistance qui ne leur offre pas les moyens de leur propre développement. Le numérique est en train de reconfigurer les modalités de l'emploi en permettant à des populations marginalisées d'avoir accès au marché. Comme le téléphone portable permet à des centaines de millions de personnes, en Afrique en particulier, d'avoir accès au crédit, faute d'un accès aux banques[1]. Les plateformes numériques ont donné une visibilité et des moyens inédits à « une certaine France de la débrouille qui préexistait à ces modèles », écrit-il. Elles ont accompagné une explosion de l'autoentreprenariat, que les administrations ont tenté de toutes leurs forces d'empêcher. Aux yeux de nombreux fonctionnaires chargés de nous contrôler, entre le salariat classique en CDD et le chômage à temps complet, il ne devrait exister aucune alternative. Toutes les autres solutions sont suspectes. Pourtant, comme l'a

1. *Cf.* Laura Tyson et Susan Lund, « Les promesses de la finance numérique », Project Syndicate, 17 janvier 2017.

fait remarquer plusieurs fois Macron, « pour certains, il est plus facile de trouver un client qu'un employeur[1] ».

À bien des égards, le mouvement Bleu, Blanc, Zèbre, lancé par l'écrivain Alexandre Jardin, semble une préfiguration de celui qui allait propulser Emmanuel Macron jusqu'à l'Élysée. L'idée était que la société civile « se prenne en mains » grâce à des plateformes numériques permettant d'« inventer des solutions citoyennes pour pallier les échecs publics ». Le pragmatisme enthousiaste et la volonté de réunifier le pays, par-delà les clivages de toute nature, manifestés par les « zèbres » de Jardin a constitué le ballon d'essai de La République en marche.

L'historienne Laurence Fontaine, qui préface l'étude de David Ménascé, a démontré dans des ouvrages savants comment, dans de nombreux cas, le marché a fait l'objet d'une véritable conquête par des catégories sociales que les autorités publiques tendaient à en exclure – les femmes, en particulier. « Le marché a toujours été une ressource importante des stratégies de survie[2] », écrit-elle. Aujourd'hui, comme dans les époques de l'Ancien Régime qu'elle étudie, on assiste, poursuit-elle, à une « réappropriation du marché » qui passe par un « refus des médiations » dont les administrations publiques font les frais. Comme l'ont démontré de nombreux économistes, dont Hernando de Soto, les vrais perdants de la mondialisation sont les pays et les populations qui sont exclues du marché mondial. Et comme le fait remarquer Pascal Lamy, « c'est dans les trous de la mondialisation qu'apparaissent les foyers terroristes », et « les principaux conflits interétatiques se situent dans les zones géographiques les moins

1. Emmanuel Macron, *Révolution*, *op. cit.*, p. 122.

2. Laurence Fontaine, *L'Économie morale. Pauvreté et confiance dans l'Europe préindustrielle*, Gallimard, 2008, p. 319.

ingérées à l'économie mondiale[1] ». Comme on est loin, avec ces travaux, de la présentation en usage dans les médias du marché comme malédiction des pauvres et des démunis ! Ce que rappelle Laurence Fontaine, c'est que le marché libre implique une égalité de statut en contradiction avec l'« économie de privilège[2] » des sociétés aristocratiques.

Dans *Challenges*, Jean-Marc Daniel fait d'Emmanuel Macron l'héritier des Feuillants, le club politique le plus authentiquement libéral de la Révolution française. C'est pour être soupçonné de nourrir des amitiés de ce côté qu'Isaac Le Chapelier fut guillotiné pendant la Terreur, le 22 avril 1794. Daniel rappelle que c'est Le Chapelier qui présidait l'Assemblée constituante lors de la fameuse nuit du 4 août 1789, durant laquelle furent abolis les privilèges.

« La Révolution française, à la fois égalitaire et favorable au marché, peut être qualifiée de libérale de gauche[3] », écrit David Spector. En vertu du décret d'Allarde, supprimant les corporations, toute personne est libre de « faire tel négoce ou d'exercer telle profession, art ou métier qu'elle trouve bon », sous réserve de l'acquittement d'une patente. Comme l'écrit, de son côté, Gaspard Kœnig, « après la liberté politique (l'égalité devant la loi), place à la liberté économique (l'égalité devant la concurrence). [...] La loi Le Chapelier visait à "anéantir" (le terme est savoureux) toutes les corporations de métiers (guildes, jurandes, maîtrises...) de manière à briser les rentes

1. Pascal Lamy, *Où va le monde ?*, Odile Jacob, 2017, p. 50.

2. Laurence Fontaine, *Le Marché. Histoire et usage d'une conquête sociale*, Gallimard, 2014, p. 183.

3. David Spector, *La Gauche, la droite et le marché*, Odile Jacob, 2017, p. 28.

et à fluidifier le marché[1] ». Les économies « de privilège » tendent, certes, à réguler les marchés. Mais elles le font pour le bénéfice de ceux qui y sont solidement installés et au détriment de ceux qui souhaiteraient y faire valoir leurs talents.

Macron : « Les principaux blocages de notre société viennent des corporatismes. [...] Ce sont des morceaux de la société qui se sont organisés pour défendre leurs intérêts. Nous sommes revenus avant la loi Le Chapelier [loi du 14 juin 1971 mettant fin aux dérives corporatistes de l'Ancien Régime]. Des professions ont créé des barrières à l'accès des plus jeunes. L'élite politique, administrative et économique a développé un corporatisme de classe. [...] Notre société n'est pas la plus inégalitaire, mais elle est l'une des plus immobiles. L'absence de mobilité nourrit la défiance, un sentiment que le corporatisme bloque tout, et crée du désespoir en bloquant les perspectives individuelles et en brisant le rêve d'émancipation qui est une respiration formidable dans la société[2]. »

Élu par les diplômés, mais décidé à donner leur chance aux *outsiders*

L'injustice fondamentale de la société française, c'est celle qui existe sur le marché du travail entre salariés protégés et précaires, entre *insiders* et *outsiders*. Les premiers sont largement abrités des lois du marché du travail. Les seconds servent de variables d'ajustement dans un système productif marqué par beaucoup de

1. Gaspard Kœnig, *Le Révolutionnaire, l'expert et le geek. Combat pour l'autonomie*, *op. cit.*, p. 60.

2. *Le 1*, 8 juillet 2015.

rigidités. En cas de baisse des commandes, ce sont les précaires (CDD, intérimaires) qui permettent aux entreprises d'adapter leurs effectifs. Le marché du travail français reste encore, malgré de récentes réformes, l'un des moins fluides d'Europe. Cela signifie concrètement qu'une personne qui perd son emploi a des chances beaucoup plus faibles d'en retrouver un autre que dans la plupart des pays voisins. Et que son employabilité subit de ce fait une érosion progressive. Notre pays s'y est résigné, accordant des indemnités de chômage durant deux années, quand elles ne sont que d'une seule chez la plupart de nos voisins. Une générosité apparente qui traduit notre résignation collective face au cancer du chômage !

Cette situation est à l'origine d'une société à deux vitesses avec, à une extrémité, des titulaires d'emplois à vie qui bénéficient en outre de substantiels avantages sociaux (primes diverses, mutuelles, comités d'entreprises, etc.) et à l'autre une masse croissante de personnes qui non seulement alternent petits boulots mal payés et périodes de chômage mal compensées, mais n'ont en outre que très peu d'avantages sociaux. Ils éprouvent de grandes difficultés pour se loger. Leur capacité à faire des projets est très faible, étant donné que l'accès au crédit leur est généralement interdit. Double peine, en somme.

Un paradoxe que la gauche conservatrice a bien du mal à justifier au nom de la défense des droits acquis. Pourtant, on voit, à l'occasion des tentatives de réforme, les titulaires de privilèges s'y accrocher par la grève et réclamer la solidarité de ceux qui n'en ont pas au motif étonnant que leurs avantages, s'ils sont bien défendus, pourraient être éventuellement accordés, par effet d'entraînement, aux autres catégories. Où l'on voit ressurgir un équivalent très peu convaincant de la théorie du *trickle down*, dont la validité est, comme on l'a vu, contestée par ailleurs...

Pour donner des exemples extrêmes de cette France à deux vitesses, on peut lire d'une part *Absolument débor-dée ! ou Le paradoxe du fonctionnaire*, de Zoé Shepard, d'autre part *Le Quai de Oistreham*, de Florence Aubenas, publiés tous deux la même année (2010). On y découvre d'un côté des fonctionnaires territoriaux surtout préoccupés par l'état de la machine à café, mais constamment en « congés maladie », de l'autre des femmes de ménage qui se battent pour l'obtention d'un CDI à temps partiel, qui les fera se lever à 4 heures du matin. Cette injustice manifeste a longtemps fait l'objet d'un déni et d'une dissimulation étonnants. C'est d'abord parce que les victimes du système n'ont que très peu accès à la parole et que, par définition, elles ne peuvent pas s'organiser pour peser sur le débat public. Elles se murent dans l'amertume et participent de moins en moins aux élections, ayant constaté que ni la gauche ni la droite n'avaient eu le courage de s'attaquer aux problèmes de notre société duale.

Il n'est pas certain que ces *outsiders* se soient déplacés en masse pour aller voter pour Macron et pour sa République en marche. L'électorat du président de la République s'est recruté plutôt dans la France des métropoles que dans celle des périphéries, chez les inclus que les exclus, les diplômés que les chômeurs. Les auteurs de *Macron, et en même temps...* résument bien la situation : « L'élu d'une France contre l'autre. » Et commentant une étude de Jérôme Jaffré : « Sur le plan social, dans la première France, celle qui se porte bien, le score de Macron "frôle parfois dépasse les 80 % parmi les cadres, les hauts revenus, les diplômés du supérieur et dans les grandes villes." Dans la seconde, celle qui souffre, 56 % des ouvriers ont voté Le Pen (31 % en 2002 pour son père), 45 % des non-diplômés et des bas revenus[1]. » Comme dans le cas du Brexit et de la présidentielle américaine de 2016, le principal critère déterminant le choix électoral est désormais le niveau de diplôme. C'est la France des diplômés qui a donné la victoire à Macron et c'est celle des non-diplômés qui a apporté la sienne à Trump.

Cependant, c'était bien aux *outsiders* qu'était destiné le cœur du message macronien. Et c'est là que résidait l'une de ses principales originalités. Dès son interview du 8 juillet 2015 à l'hebdomadaire *Le 1*, alors qu'il était encore ministre de l'Économie, Macron défendait sa réforme en soulignant qu'elle avait « cassé une des barrières entre les *insiders* et les *outsiders* ». Il déclarait – ce qui est d'une rare audace de la part d'un dirigeant de gauche – que « dans la plupart des cas, syndicats et partis défendent les intérêts de ceux qui sont dans le système ».

Les nouvelles technologies, en métamorphosant les manières de travailler, de consommer, de vivre, décuplent les possibilités de choix offertes aux individus. Elles rencontrent et favorisent une aspiration à l'autonomie et à l'épanouissement personnel, portée à l'incandescence, dans les années 1960, par la génération des baby-boomers et qui, depuis, s'est redéployée sans disparaître. On assiste, depuis quatre décennies, à une individualisation des aspirations face à laquelle la vieille social-démocratie est apparue de plus en plus démunie, comme le relève Anthony Giddens dans *La Troisième*

1. Laurent Bigorgne, Alice Baudry et Olivier Duhamel, *Macron, et en même temps...*, *op. cit.*, p. 122.

Voie[1]. Cette dernière était habituée à gérer, dans le cadre strictement national, les besoins de protection d'une société salariale de masse, homogène, avec ses grandes unités de production intégrées. Ce fut le monde des Trente Glorieuses. Il a disparu et ne reviendra plus. Ce type de socialisme réformiste, qui supposait l'articulation d'un grand parti de gauche, social-démocrate, avec un syndicalisme puissant et unifié acceptant une cogestion paritaire responsable des entreprises, n'a jamais eu sa chance chez nous. Le seul dirigeant socialiste d'envergure à l'avoir portée dans notre pays, Pierre Mauroy, est arrivé au pouvoir trop tard.

Les évolutions dans les manières de produire, de vivre et de consommer ont fini par avoir leurs effets : depuis quelques années, le libéralisme a cessé d'être un gros mot. Le pays met enfin son idéologie au diapason de ses mœurs. Des sondages, trop peu relayés il est vrai par les médias, enregistrent une sensible progression des idées libérales dans notre pays. Selon l'Ifop, les Français aiment de plus en plus le libéralisme – 57 % des sondés en avril 2014, 58 % en avril 2015, 59 % en 2016. Contre seulement 30 % qui déclarent aimer l'État providence. Le décalage entre l'opinion publique et le discours du Parti des médias est éclatant. Les valeurs qui arrivent en tête du baromètre sont d'ailleurs des valeurs libérales : l'autonomie, le mérite, l'initiative. Et ce sont les jeunes qui sont les plus favorables au libéralisme (66 % en 2016). Les nouvelles générations sont persuadées qu'il faut « laisser faire le changement » (Hayek) et que les sociétés ouvertes et démocratiques ont les ressources pour s'y adapter. Oui, les choses bougent.

1. Éditions du Seuil, 2002.

Comme l'écrivait Jean-Pierre Le Goff il y quelques années, commentant un sondage : « Pour la majorité [des jeunes Français], les mots qui évoquent quelque chose de négatif sont "Medef", "capitalisme", "privatisation", "mondialisation", "Bourse"... Mais cela ne les empêche pas d'être majoritairement favorables à l'assouplissement des règles des contrats de travail des salariés (conditions d'embauche, durée des contrats, niveau de salaires...), à la mise en place du salaire au mérite dans la fonction publique, à la suppression des allocations familiales (délinquance, absentéisme à l'école...), à la possibilité pour les parents de choisir l'école de leurs enfants... Critiquer vertement le libéralisme tout en ayant une mentalité de client roi... De quoi déconcerter les militants de la gauche traditionnelle[1]. »

Le *Frankfurter Allgemeine Zeitung* a publié en août 2017 un article de son correspondant économique en France, Christian Schubert, diagnostiquant un regain dans notre pays d'une pensée libérale longtemps ensevelie, malgré la richesse de sa tradition. Son auteur relève que l'économiste français Pierre de Boisguilbert, vigoureux critique de la politique étatiste de Colbert, dont il est le contemporain, a développé une théorie des avantages du libre-échange presque cent ans avant l'Écossais Adam Smith. Le libéralisme économique a, en France, des racines très anciennes et profondes. « Un changement en France est indéniable », relevait Schubert. Même si les forces antilibérales, de droite et de gauche, ont remporté un très grand nombre de suffrages, c'est finalement Emmanuel Macron et son parti qui l'ont emporté. Et le nouveau président français

1. Jean-Pierre Le Goff, *La France morcelée*, Gallimard, 2008, p. 65.

« est un homme politique de type pragmatique, qui n'a pas de problème avec le libéralisme, même si une partie de son action s'inspire simultanément d'une vision étatiste[1] ».

Le libéralisme de gauche n'est pas seulement en phase avec l'état actuel de la société. Il a été plus d'une fois au pouvoir : en 1848 et souvent sous la IIIe République. Il est l'héritier d'une lignée intellectuelle bien française et parfaitement républicaine (Charles Renouvier, Léon Bourgeois, Alain, Raymond Aron). En outre, le social-libéralisme macronien est manifestement inspiré des développements théoriques les plus récents de la philosophie libérale (John Rawls, Ronald Dworkin, Michael Walzer, Amartya Sen).

Un tel positionnement, dicté par une conviction personnelle profonde, permet en outre à Macron de pouvoir faire travailler ensemble, comme il le désirait, des personnalités issues de la gauche, de la droite et d'ailleurs. La famille politique libérale est, en effet, avec celle des républicains de combat, l'une des rares à compter des affidés de chaque côté de la barrière partisane. « Les libéraux, écrit Gaspard Kœnig, ont en effet toujours été mal à l'aise avec la distinction classique entre la droite et la gauche, choisissant l'une ou l'autre par défaut et à contrecœur. Au XIXe siècle, Benjamin Constant, Alexis de Tocqueville, Frédéric Bastiat ou Léon Say prirent place au centre gauche de l'hémicycle[2]. » Voilà bien l'« exception libérale », selon Jacques Julliard : « Alors que toutes les autres familles politiques françaises se situent soit à gauche,

1. « *Der Liberalismus bekommt wieder eine Chance* », *Frankfurter Allgemeine Zeitung*, 26 août 2017.

2. Gaspard Kœnig, *Le Révolutionnaire, l'expert et le geek. Combat pour l'autonomie*, *op. cit.*, p. 31.

soit à droite, le libéralisme, lui, enjambant la ligne de démarcation, se situe des deux côtés à la fois. [...] Le libéralisme est l'*omphalos mundi*, le nombril du monde politique représentatif, autrement dit le lieu de passage entre la gauche et la droite, le terrain sur lequel elles communiquent[1]. » Et le bon moyen, par conséquent, de les faire coopérer au déblocage d'une société corsetée.

Certes, reconnaît Julliard, il existe des libéraux de droite et des libéraux de gauche. Les premiers insistent surtout sur la « liberté négative » et les seconds sur la « liberté positive », pour reprendre la division canonique établie par Isaiah Berlin dans ses *Essais sur la liberté*.

D'un côté, la liberté est entendue comme « absence de contrainte ou de domination » (Berlin) ; elle est donc le droit reconnu d'agir dans le sens qu'on a décidé, la certitude, garantie à l'individu, de ne pas être empêché dans la poursuite de ses propres finalités, de ne subir de coercition ou d'ingérence de la part ni du pouvoir ni d'un tiers. C'est la *liberty from*. En français, les « droits de ».

Pour illustrer ce qu'il faut entendre par l'autre, la liberté positive (dont il se méfiait), Berlin cite cette phrase de Thomas Hill Green, philosophe britannique de la seconde moitié du XIXe siècle et militant du Parti libéral : « La simple suppression de la contrainte, le simple fait de laisser un homme agir à sa guise, ne contribue pas en soi à la vraie liberté... la vraie liberté, c'est lorsque tous les hommes, sans distinction, disposent du maximum de pouvoir, afin de réaliser le meilleur d'eux-mêmes. » C'est la *liberty to*, les « droits à » ou « libertés-créances ».

1. Jacques Julliard, *Les Gauches françaises*, Flammarion, 2012, p. 575.

Ce qui est exigé de l'État, dans le premier cas, c'est sa neutralité : il doit s'abstenir de choisir à la place de l'individu ce que celui-ci juge bon pour lui dans la mesure où l'accomplissement de ce souhait ne constitue pas un trouble à l'ordre public, ni n'empiète sur la liberté d'autrui. Dans le second, l'État est sollicité, au contraire, afin de fournir à l'individu les moyens concrets de sa liberté. Privée de tels moyens, cette liberté demeurerait théorique, vaine et illusoire. Comme l'écrit Monique Canto-Sperber, « la liberté ne se limite pas au constat de mon indépendance, elle requiert que je puisse faire quelque chose de cette indépendance, que je puisse agir de façon à exercer réellement ma liberté[1] ». Les moyens en question n'étant par définition pas illimités, toute la question est de savoir jusqu'où l'individu peut légitimement solliciter la société pour l'aider dans la réalisation de ses objectifs.

Une politique libérale peut-elle conjuguer liberté et solidarité ?

À cette première distinction entre libéralisme de droite et de gauche, on ajouterait volontiers une autre ligne de partage, qui est la conséquence logique de la première. Pour que la liberté positive ait un sens et un contenu, il faut *primo* que les fruits du travail soient répartis de manière équitable et *secundo* qu'il existe une réelle égalité des chances au départ. L'origine de cette logique peut légitimement être attribuée à John Stuart Mill, précurseur du social-libéralisme. Dans ses *Principes d'économie politique* (1848), Mill distingue nettement

1. Monique Canto-Sperber, *Les Règles de la liberté*, Plon, 2003, p. 55.

la production des richesses de leur répartition. Autant il fait montre d'une entière confiance envers le marché en ce qui concerne la première, autant il se rapproche du socialisme naissant lorsqu'il traite de la seconde. Comme Hayek le fera bien plus tard, il considère que la sphère productive obéit à des lois impersonnelles, naturelles, qui n'ont « rien de facultatif ou d'arbitraire ». En parfait libéral, il estime que le seul rôle de l'État, en ce domaine, est de veiller au respect des contrats et il reproche vivement aux socialistes leurs « déclamations contre la concurrence ». « Ils oublient que partout où il n'y a pas de concurrence, il y a monopole, et que le monopole est une taxe levée sur ceux qui travaillent au profit de la fainéantise, sinon de la rapacité. »

Mais le ton change dès qu'il s'agit du mode de répartition des richesses « entre travail, capital et propriété » (car, pour Mill, la propriété foncière relève d'une autre logique que le capital investi dans le commerce ou l'industrie). « Les règles qui déterminent cette distribution, écrit-il, sont ce que font les opinions et les sentiments de la partie dirigeante de la société, et varient considérablement, suivant les différents siècles et les différents pays ; elles pourraient varier encore davantage si les humains en décidaient ainsi. »

Il convient donc, selon John Stuart Mill, de laisser le marché guider la production de richesses, car « les choses sont plus mal faites par les interventions du gouvernement que par les individus les plus intéressés à ce qu'elles soient faites », mais de répartir de manière équitable les fruits de la croissance en fonction du sentiment politique du pays et du moment. Dernier point qui permet de faire de John Stuart Mill un précurseur du libéralisme de gauche : il est hostile à un impôt sur le capital gagné, mais partisan de prélèvements très élevés sur les successions et les rentes. Au nom d'un principe simple : « Ce n'est pas aux fortunes gagnées qu'il convient de poser des limites, c'est aux fortunes non gagnées. »

C'est clairement de ce côté que Macron puise son inspiration. Ce qu'il appelle la « liberté forte », celle qui permet de « ne pas subir sa vie, mais d'être en situation de pouvoir la choisir », de « pouvoir faire, là où nos règles entravent au prétexte de protéger » (discours au Congrès), renvoie à la « liberté positive ». C'est elle qui permet à l'individu de se développer et de se perfectionner, comme le voulaient John Stuart Mill et T.H. Green, en profitant des moyens mis à sa disposition par la société.

Il y a là un véritable tournant anthropologique par rapport au libéralisme des Lumières. L'individu cesse d'être perçu comme un « atome » ou une « monade » auto-suffisant et destiné à être émancipé au moyen de sa propre raison, d'un pouvoir (et d'une religion) qui le brident et l'oppriment. Il est, pour Mill, une « individualité » en devenir qui doit réaliser ses projets de vie pour le plus grand bénéfice de la société tout entière et avec le concours actif de cette dernière.

En outre, selon la théorie solidariste (Léon Bourgeois) du « quasi-contrat » auquel aurait souscrit l'individu en naissant dans une société qui lui préexiste et en bénéficiant ainsi du travail accumulé par ses devanciers, il devient débiteur envers les générations qui le suivront. Léon Bourgeois, président du Conseil en 1895, premier président de la Société des Nations et prix Nobel de la paix en 1920, était aussi un intellectuel de haut niveau. Sa doctrine ne vise pas à établir l'égalité entre les individus, à la manière du socialisme de son époque, mais à « rétablir entre eux un rapport d'équivalence » dans l'esprit de 1789. Il la résumait ainsi : « C'est si l'on veut un socialisme individualiste, si cette alliance de mots peut avoir un sens. Mon socialisme tend à la réalisation des conditions dans lesquelles l'individu, tout l'individu, se développera le plus pleinement, atteindra au maximum d'extension de toutes ses énergies, de toutes ses facultés, possédera la liberté véritable[1]. »

La formule macronienne « Une autonomie adossée à la solidarité[2] » résume parfaitement cette philosophie solidariste. Si l'émancipation de l'individu demeure, depuis les Lumières, le but de la politique libérale, les moyens de son développement nécessitent des ressources qui, elles, relèvent de la société et de ses institutions. « Si l'émancipation est le but, l'État est le moyen, puisque la politique doit déployer le cadre qui permettra à chacun de trouver sa voie, de devenir maître de son destin, d'exercer sa liberté. Et de pouvoir choisir sa vie[3]. » « L'État garantit un socle de protections individuelles » qui permet aux « Français de choisir leur vie, de s'émanciper[4] ». Mais il doit « apporter des sécurités universelles[5] ».

De nombreux commentateurs feignent de s'étonner qu'on puisse ainsi articuler liberté et protection, ouverture commerciale et filets de sécurité individuels. Ainsi Pierre-André Taguieff y voit un « discours à double foyer, destiné à plaire à tous les citoyens, qu'ils soient de droite ou de gauche, riches ou pauvres, gagnants ou perdants » et juge la « promesse trompeuse[6] ». Il est

1. Cité par Serge Audier, *Léon Bourgeois. Fonder la solidarité*, Michalon, 2004, p. 18.

2. Emmanuel Macron, *Révolution*, *op. cit.*, p. 136.

3. *Ibid.*, p. 119.

4. *Challenges*, 16 octobre 2016.

5. *Le 1*, 13 septembre 2016.

6. Pierre-André Taguieff, *Macron : miracle ou mirage ?*, Éditions de l'Observatoire, 2017, p. 78.

pourtant assez évident que la prise de risques individuels, que permettent les nouveaux outils mis à la disposition des individus, serait plus volontiers consentie si l'on savait disposer de bases arrière solides en cas d'échec. Que l'on compare la situation (conditions de travail et niveau de protection sociale) de deux jeunes diplômés, l'un créant sa start-up, l'autre entrant dans la fonction publique... « S'ils se sentent en sécurité, les citoyens sont plus enclins à accepter des changements rapides[1] », écrit le grand théoricien de l'État providence Gosta Esping-Anderson. Ainsi s'explique la réforme de l'assurance-chômage voulue par Macron. En en étendant les garanties aux non-salariés comme les artisans et les entrepreneurs, on incitera des personnes qui ne trouvent pas de patron pour les embaucher à chercher plutôt des clients, en créant eux-mêmes leur emploi. Le rêve de nombreux jeunes.

C'est ce qui permet à Macron de prétendre « choisir la liberté et l'égalité », comme il l'a proclamé le 17 avril 2017 à Bercy, actualisant ainsi sa fameuse formule « et en même temps ». La conciliation de ces deux valeurs que les libéraux classiques, comme Isaiah Berlin, jugeaient impossible est, en effet, l'un des objectifs théoriques du libéralisme égalitariste, celui issu de la « cuvée Rawls ».

Berlin estimait que chaque société est contrainte d'arbitrer entre des paires de visées contradictoires entre elles, telles que la liberté et l'égalité précisément, ou encore l'innovation et la stabilité, l'extension maximale des droits de l'individu et la cohésion de la société. À ses yeux, sages et sceptiques, ce serait une affaire

1. Gosta Esping-Anderson, *Trois leçons sur l'État providence*, Éditions du Seuil, 2008, p. 59.

de dosage, les valeurs incompatibles variant en proportion inverse : ainsi la réalisation de l'égalité absolue impliquerait un despotisme tout aussi absolu, afin que nulle tête ne dépasse, et priverait l'individu de toute responsabilité et donc de toute autonomie ; quant à la liberté totale, ce serait celle du Far West ou de l'état de nature, la tyrannie des plus forts ou des plus violents. L'égalité que vise Macron n'est pas l'égalitarisme des vieux socialismes, mais ce qu'il appelle l'« égalité des opportunités et des accès[1] ». Une manière de donner un contenu précis à l'idée d'égalité des chances qui s'inspire manifestement des théories libérales de la justice, développées au cours des dernières décennies dans la pensée anglo-saxonne.

Ces idées n'ont été introduites dans notre pays qu'avec beaucoup de retard : *La Théorie de la justice*, de John Rawls, l'œuvre de philosophie politique la plus commentée du XXe siècle, n'a été traduite en français qu'en 1987, seize ans après sa publication en anglais. D'autres, telles que celles du philosophe américain Ronald Dworkin (1931-2013), demeurent largement méconnues. Elles ont pourtant renouvelé en profondeur ce qu'on peut appeler une « philosophie politique libérale de gauche ».

Elles ont en particulier cherché à dépasser l'opposition traditionnelle entre liberté et égalité, afin de les concilier. Ainsi, en pleine conformité avec la doctrine libérale, Dworkin exige que l'État demeure éthiquement neutre, mais reconnaisse et encourage la pluralité des systèmes de valeur au sein de la société. Dans la mesure où il doit accorder une égale reconnaissance et une égale considération à tous les citoyens, chaque personne a le

1. *Le 1*, 13 septembre 2016.

droit de vivre en conformité avec ce qu'elle considère comme la « vie bonne ». Dans la mesure où cela n'implique aucune sorte de limitation des libertés d'autrui.

Dworkin combattait sur deux fronts. Contre le déterminisme socio-économique dominant dans la gauche radicale, il entendait réintroduire la notion de responsabilité individuelle, sans laquelle les idées d'autonomie et la morale elle-même perdent toute signification. Contre les libertariens qui estiment que chacun mérite ce qu'il a gagné sans rien devoir à la société, il cherchait à faire la part de ce qui, dans tout succès, relève respectivement du mérite individuel et de la chance. Les seules inégalités acceptables, dans son système, sont celles qui découlent des préférences et des choix individuels. Au contraire, celles qui résultent de circonstances hors du contrôle des individus devraient faire l'objet d'une compensation appropriée. On en conviendra, cette théorie réconcilie de manière élégante les idéaux de liberté (nul ne doit être empêché de poursuivre ses propres objectifs de vie) et d'égalité (le respect dû à chacun implique une compensation sociale des accidents dus aux hasards de la vie).

Je ne prétends pas que le président de la République ait lu et médité les ouvrages de Ronald Dworkin ni ceux des rares auteurs qui, en France, ont développé et discuté les idées du *Luck Egalitarianism*, comme Jean-Fabien Spitz. N'ayant pas eu d'occasion d'en discuter avec lui, je n'en sais rien. Mais il paraît évident, à lire Macron, que sa pensée économique et sociale ne saurait se résumer aux caricatures auxquelles se sont livrés certains journalistes et commentateurs ayant ouï dire qu'elle relevait du « libéralisme » honni.

« La France est paradoxalement un pays où les impôts et les transferts sociaux sont parmi les plus élevés du monde et où, en même temps, la mobilité sociale et professionnelle est faible[1]. » Notre pays, qui se gargarise de slogans égalitaires, d'invocations rituelles à la « solidarité », se révèle, à l'analyse, l'un des moins équitables d'Europe. Une gauche myope se félicite rituellement de notre très haut niveau de prélèvements obligatoires et réclame toujours plus de dépenses publiques, celles-ci étant automatiquement assimilées à des transferts sociaux des plus riches vers les plus pauvres.

À ce compte, avec le pourcentage de PIB consacré aux dépenses dites « de solidarité » le plus élevé d'Europe (34 %), nous devrions être aussi le pays le plus égalitaire, doté de l'État providence le plus protecteur du continent. Nos enfants devraient triompher dans tous les programmes internationaux de suivi des élèves, un rendez-vous chez le généraliste devrait être obtenu en moins d'une semaine et personne ne devrait plus dormir dans les rues. L'expérience quotidienne montre qu'il n'en est rien. Peu d'auteurs se sont intéressés à la question simple : quelles sont les catégories qui bénéficient de ces transferts massifs ? Celles qui en ont le plus besoin, les plus fragiles, dont les revenus sont aléatoires et qui végètent loin du regard des décideurs ? Ou plutôt les classes moyennes bien intégrées, disposant de ressources sûres et de statuts en béton ? Les secondes, répondait l'économiste canadien Timothy B. Smith, dans un livre qui a fait date, *La France injuste*, sorti en 2006. Peu de chose ont changé en onze ans. Et notre Canadien avançait une explication à ce paradoxe. Si le système n'est pas contesté, si son injustice n'est que rarement dévoilée, c'est parce que « de fait, beaucoup

1. Philippe Aghion, Gilbert Cette et Élie Cohen, *Changer de modèle*, Odile Jacob, 2015, p. 72.

de riches citoyens français occupent aujourd'hui des positions privilégiées au cœur même de l'État providence. Cela explique pourquoi ils tiennent tant à le maintenir[1] ».

Observation corroborée par tous les étrangers qui nous connaissent bien. Ainsi Ezra Suleiman relève une « véritable conspiration du silence » à propos de la disparité frappante entre principes égalitaristes et réalités d'une société incroyablement dure envers ses marges autant qu'elle est généreuse pour ses élites administratives. « Mais lorsqu'il est question des privilèges de l'élite et des dômes de verre sous lesquelles elle s'abrite, seul le silence règne[2]. »

Et Macron ne dit pas autre chose : « Nous en sommes là, à l'arrêt, curieusement immobiles et souffrant aussi de cette immobilité qui ne nous satisfait pas. Dès qu'on touche quelque chose, des voix s'élèvent pour dénoncer la braderie du modèle français, ce modèle qui pourtant ne marche plus. [...] Car le système s'est organisé pour protéger l'ordre existant[3]. » Lorsqu'un système est géré par ses propres bénéficiaires, les probabilités de le voir changer s'affaiblissent, en effet. Une part de nos systèmes sociaux reste ainsi gérée par les « partenaires sociaux » (autrement dit des états-majors de permanents syndicaux), alors qu'ils sont financés par les contribuables. Ainsi s'explique notamment la volonté de Macron de remettre la main de l'État sur l'Unédic : garantie par l'État, la caisse d'assurance-chômage a accumulé 30 milliards d'euros de dettes ! « L'État a donc plus que son mot à dire puisque c'est lui qui finance ! Sortons de cette hypocrisie française vieille de

1. Timothy B. Smith, *La France injuste*, Autrement, 2006, p. 202.
2. Ezra Suleiman, *Schizophrénies françaises*, Grasset, 2008, p. 105.
3. Emmanuel Macron, *Révolution*, *op. cit.*, p. 66.

plusieurs décennies[1]. » Les spécialistes du sujet savent comment l'inefficacité de la gestion « paritaire » de la Sécurité sociale a amené progressivement l'État, financièrement responsable en dernière instance, à reprendre le contrôle des caisses. De même, le scandale de la formation professionnelle – 32 milliards d'euros par an, dont la majorité profite aux diplômés des grandes entreprises et du secteur public – ne pouvait plus durer.

La gauche peut-elle être favorable à la concurrence ?

Aghion, Cette et Cohen démontrent, statistiques et comparaisons internationales à l'appui : « La France associe une faible efficacité économique, caractérisée par de multiples indicateurs négatifs de croissance, de compétitivité, d'emplois, de déficits… à une fausse équité, autrement dit un égalitarisme idéologique de façade qui va de pair avec de profondes inégalités de fait, en particulier concernant les trajectoires individuelles et la mobilité sociale[2]. » Vu de l'étranger, la défense d'avantages injustifiés, obtenus dans des contextes périmés, au nom de la justice sociale, apparaît surréaliste. La meilleure manière de faire sauter les rentes de situation, c'est la concurrence, comme le démontre l'économiste Jean-Marc Daniel, notamment dans son ouvrage *Le Socialisme de l'excellence : combattre les rentes et promouvoir les talents* : « L'égalité est indissolublement associée au principe de concurrence. Et la reconnaissance de l'égalité économique entre les différents

1. *Le Point*, 31 août 2017.

2. Philippe Aghion, Gilbert Cette et Élie Cohen, *Changer de modèle*, *op. cit.*, p. 103.

acteurs est un moyen de reconnaître une forme d'égalité politique et donc de destin commun partagé[1]. »

La philosophie de Macron est en parfaite concordance avec cette ligne de pensée. « Or, les règles de concurrence permettent aux plus petits et aux nouveaux d'entrer sur un marché, s'ils se battent, travaillent et innovent. Sans cela, la place est exclusivement réservée à ceux qui sont là depuis longtemps, s'entendent entre eux et s'arrangent. La concurrence protège de la connivence et permet la liberté, c'est essentiel[2]. » Il faut un fameux culot, dans notre pays, à un homme de gauche, pour faire l'éloge de la concurrence et du marché, comme le fait Macron.

L'économiste David Spector a montré, dans son récent livre, *La Gauche, la droite et le marché*, « la singularité » de la gauche française à cet égard : à la différence de ses consœurs britannique ou américaine, elle est hostile *par principe* à la concurrence. Y compris, et c'est le plus étonnant, lorsque celle-ci a des effets manifestement égalisateurs. Elle n'hésite pas à faire adopter des législations théoriquement destinées à freiner la concurrence, mais qui se révèlent, *in fine*, extrêmement favorables à certains acteurs économiques en place au détriment de nouveaux venus. Ainsi la Loi Thévenoud, théoriquement destinée à protéger les chauffeurs de taxi propriétaires des fameuses « plaques » contre les conducteurs Uber, aboutit, dans les faits, à sauvegarder les privilèges extravagants détenus par une seule société : G7 (propriétaire de son principal concurrent Taxis Bleus et en position de quasi-monopole). Elle a été en partie censurée, à ce titre, par le Conseil d'État. De la même façon, « la gauche

1. Jean-Marc Daniel, *Le Socialisme de l'excellence : combattre les rentes et promouvoir les talents*, François Bourin éditeur, 2011, p. 80.
2. Emmanuel Macron, *Révolution*, *op. cit.*, p. 88.

vote à l'unisson de la droite la fin de la concurrence dans la grande distribution non parce qu'elle désire transférer des milliards d'euros des ménages vers la grande distribution, mais parce qu'une entrave à la libre concurrence est toujours bonne à prendre[1] ».

Elle soutient, dans le même esprit, les professions fermées, comme les notaires (revenus moyens : 20 000 euros mensuels), contre les tentatives d'introduire un peu de concurrence et de liberté dans les tarifs, sous le prétexte que « le droit n'est pas à vendre ».

Dans notre pays, des gouvernements de droite et de gauche se succèdent, mais au sein de l'Union européenne, ils poursuivent avec constance le même objectif : empêcher aussi longtemps qu'ils le peuvent, puis retarder l'application des politiques communes visant à introduire davantage de concurrence dans l'économie. Dans le domaine agricole, cela se traduit par des tentatives de « recouplage » des aides aux producteurs, afin de les soustraire entièrement aux marchés. Dans le domaine industriel, par des manœuvres destinées à faire échapper nos « champions nationaux » aux règles communes de la concurrence.

D'une manière générale, la gauche britannique, davantage attentive aux intérêts des consommateurs (les travaillistes furent très influents dans le mouvement des coopératives de consommateurs), a été presque constamment favorable à la concurrence, quand la gauche française lui était hostile. Proudhon dénonçait le « système de concurrence qui nous tue ». Il fut toujours favorable à la concurrence, à ses yeux facteur décisif de l'innovation. En France, l'hostilité idéologique de la gauche envers le marché fut si marquée

1. David Spector, *La Gauche, la droite et le marché*, *op. cit.*, p. 19.

que, sous la IIIe République, des gouvernements encouragèrent les ententes entre industriels destinées à se distribuer les parts de marché et à maintenir des prix élevés. Ces « comptoirs » visaient explicitement à limiter la production (au nom de l'équilibre) et le maintien de prix élevés (contre la « concurrence ruineuse[1] »).

Tout un pan de la gauche marxiste voyait d'ailleurs d'un œil très favorable la constitution des combinats, trusts et autres monopoles. D'une part, elle semblait confirmer les prophéties de Marx, qui avait prédit qu'ainsi finirait le capitalisme. D'autre part, elle paraissait préparer idéalement le terrain à leur nationalisation, et donc au « socialisme ». Au contraire, la gauche américaine, qui ne nourrissait pas de tels desseins, a toujours été – et demeure – aux avant-postes de la lutte contre les monopoles. Ce sont les démocrates qui ont constamment veillé au maintien de la concurrence entre producteurs, alors que les républicains sont beaucoup plus compréhensifs envers le big business.

Comme le rappelle judicieusement Jean Tirole, autrefois, en France, les abus de position dominante et les fusions d'entreprises menaçant la concurrence « se discutaient dans le bureau du ministre » de l'Industrie. « Le terrain était politique, et le résultat dépendait autant des relations personnelles que de la validité économique de l'argument[2]. » Petits arrangements entre amis auxquels a mis fin le transfert de ces compétences à une instance indépendante, la Direction générale de la Concurrence de la Commission européenne.

Dans les sondages du World Values Survey, les Français figuraient encore il y a peu dans le top 5

1. *Ibid.*, p. 208.
2. Jean Tirole, *Économie du bien commun*, PUF, 2016, p. 221.

des peuples les plus hostiles à la concurrence. Et une espèce de consensus politique national s'est établi pour dénoncer la politique de la Commission européenne en ce domaine. À gauche, on l'associe aux privatisations des monopoles publics, à la dérégulation, au « néolibéralisme ». Quand on ne l'accuse pas d'entraver une politique industrielle « volontariste », comme Arnaud Montebourg lorsqu'il était ministre du Redressement productif, on lui attribue des « guerres des prix » destructrices d'emplois. Certains vont même jusqu'à lui dénier son avantage pourtant le plus évident : favoriser les intérêts du consommateur en pesant sur les prix. Ainsi, Jean-Luc Mélenchon ose prétendre, contre toute évidence, que « la concurrence augmente mécaniquement les prix car tous les coûts de production augmentent : de publicité, de gestion, etc. [...] La concurrence détruit et coûte cher[1] ». Mais le patronat est tout aussi hostile à la concurrence. Il accuse « Bruxelles » d'empêcher la constitution de « champions européens » en interdisant les ententes sur les prix et en ne protégeant pas suffisamment les grands groupes européens contre leurs concurrents étrangers.

D'une manière générale, Macron ne cache pas qu'il voit dans la concurrence une manière de redistribuer les chances et les revenus. En s'attaquant aux rentes de situation, il veut donner leur chance aux nouveaux venus. Les titulaires de rentes, propriétaires de leurs parts de marché, protégés de la concurrence, n'ont aucune raison d'imaginer de nouveaux produits ni de nouvelles manières de produire. Par la concurrence, écrivent les économistes Augustin Landier et David Thesmar, « les cartes sont rebattues et c'est une bonne

1. France Inter, 11 décembre 2016.

chose. Car défendre les rentes, vouloir figer l'économie dans le statu quo, c'est mettre la croissance sous cloche. Au fond, la protection anticoncurrentielle est une taxe dont le produit est reversé au producteur[1] ». Mais la concurrence a également un autre effet, très rarement décrit et cependant décisif dans la perspective d'un libéralisme de gauche : « La concurrence agit comme une grande machine à redistribuer l'argent des riches : en faisant baisser les prix, elle réduit les profits – et donc les dividendes – et augmente le pouvoir d'achat – et donc les salaires[2]. » Confirmant cette idée, l'économiste Jim O'Neill n'hésite pas à voir dans l'augmentation de la part des profits par rapport aux salaires, observée dans l'économie mondiale au cours des dernières décennies, l'effet d'un défaut de concurrence : « Il est nécessaire que la croissance des profits attire de nouveaux entrants sur les marchés, ce qui permettrait *via* la concurrence d'en ravir une partie importante aux acteurs bien établis. Le fait que ce ne soit pas le cas aujourd'hui [et que la part des profits par rapport aux salaires ait augmenté] indique que certains marchés sont faussés, ou qu'ils ont tout simplement échoué[3]. »

Les Allemands, appuyés par l'ensemble des États membres du nord de l'Union, se montrent les plus vigilants défenseurs de la politique de concurrence de la Commission. Certains ont cru voir en Macron une espèce d'ordolibéral décidé à aligner les mœurs économiques françaises sur celles de l'Allemagne. Ainsi,

1. Augustin Landier et David Thesmar, *10 idées qui coulent la France*, Flammarion, 2013, p. 113.

2. *Ibid.*, p. 111.

3. Jim O'Neill, « Au secours de la mondialisation », Project Syndicate, 17 janvier 2017.

Éric Verhaeghe, sur le site Atlantico, écrit : « Ne pas comprendre qu'Emmanuel Macron a une mission et une seule : faire entrer la France dans le moule de l'ordolibéralisme germano-européen, c'est passer à côté de son mandat. » Vision assurément complotiste et qui rencontre le soupçon de « puritanisme protestant » qui vise Macron sous certaines plumes, comme celle de Régis Debray.

Macron et les Allemands : est-il vraiment chargé de nous « ordo-libéraliser » ?

Même s'il a pu influencer profondément la politique européenne de la concurrence, dès les années 1960 de la CEE, à travers notamment le commissaire Hans von der Groeben, l'ordolibéralisme est une doctrine trop liée à l'expérience historique du peuple allemand pour pouvoir être transposable, comme le reconnaît Patricia Commun, une spécialiste du sujet. Il s'agissait, en effet, d'une réaction à la fois morale, politique et économique au dirigisme protectionniste subis par le pays sous le IIIe Reich, visant à soustraire l'économie nationale à l'État à travers la mise en place d'un ordre juridique et en s'appuyant sur les contre-pouvoirs régionaux. Traumatisés par les deux grandes périodes d'hyperinflation qui ont détruit les structures de base de la société durant l'entre-deux-guerres, les ordolibéraux sont des défenseurs vigilants de la monnaie, qu'ils entendent soustraire aux caprices du pouvoir étatique. C'est cette tradition culturelle qui explique l'exaspération d'une partie des politiciens et des économistes allemands devant les libertés prises par la BCE pour défendre l'euro « par tous les moyens » (Mario Draghi). Le rachat par cette banque des dettes d'État, la création monétaire à tout va, le maintien d'un crédit à taux zéro sont, aux yeux des ordolibéraux, autant de coupables aberrations. Elles ne peuvent que convaincre les gouvernants de repousser toujours les réformes que l'Allemagne s'est imposées à elle-même. C'est la recette d'une fuite en avant dont les réveils seront douloureux.

Je ne crois pas qu'on puisse assimiler Emmanuel Macron à ce courant de pensée. On peut même faire l'hypothèse que des différences d'approche très importantes gêneront le rapprochement franco-allemand que désire passionnément le président français. D'une part, parce que Macron a une vision beaucoup plus limitée de la concurrence que ses partenaires allemands. Il n'a pas caché cette divergence lors de son discours du 10 janvier à l'université Humboldt, y critiquant expressément le refus opposé par Berlin de protéger les industries européennes du photovoltaïque contre le « dumping chinois ». « Ce n'était pas une décision sage », a-t-il dit aux Allemands, auxquels il réclame une « politique commerciale plus audacieuse au niveau européen ». L'idée selon laquelle des « champions européens » auraient besoin, pour se développer, de protections douanières et/ou de subventions publiques est étrangère à la culture allemande. Et la proposition de Macron de construire, dans plusieurs domaines (politiques commerciale, migratoire, environnementale, antiterroriste, numérique), une « souveraineté européenne » risque de se heurter au scepticisme de nos partenaires.

En effet, Macron incarne au plus haut point ce que le philosophe et historien Luuk Van Middelaar appelle la « politique de l'action », typique du volontarisme français, qui s'oppose en tout point à la « politique de la règle » allemande[1]. La politique de l'action « réclame de l'incarnation ». La politique de la règle « demande supervision judiciaire, équilibres et compromis ». La logique (ordolibérale), c'est celle d'une « dépolitisation par le droit » : un antischmittianisme radical, en réaction à l'hyperpolitisation et au décisionnisme prôné par Carl Schmitt à l'époque hitlérienne.

C'est celle que les Allemands ont imposée au fonctionnement de l'Union européenne. Et c'est précisément ce qui, aux yeux de Macron, a rendu cette dernière dangereusement impopulaire. « L'Union européenne a progressivement abandonné sa vision pour des procédures, confondu le but – l'Union européenne – et les moyens techniques, monétaires, juridiques, institutionnels, de sa réalisation[2]. » S'exprimer ainsi, c'est faire, sans le savoir, le procès de l'« Europe allemande »... Pourtant, sur le fond, Macron n'a pas tort : le juridisme qui domine l'Union, sa dépolitisation par le droit se sont avérés dangereusement dépassés à l'heure de la crise financière de 2008. Selma Mahfouz et Jean Pisani-Ferry (l'une des têtes pensantes de Macron) le constataient récemment : « L'adhésion farouche à un modèle de gouvernance par les règles peut être adapté au temps calme, mais inopérant dans la tempête. [...] En situation de crise aiguë les règles, utiles en temps normal, sont au mieux inutiles, souvent encombrantes et même nuisibles. Pour naviguer dans la tourmente, il faut de l'initiative, pas des contraintes ; de l'audace, pas de la prévisibilité ; de la rapidité de décision, pas des procédures[3]. »

---

1. *Cf.* « France-Allemagne : l'incompréhension », *Le Débat*, n° 187, novembre-décembre 2015.

2. Emmanuel Macron, *Révolution*, *op. cit.*, p. 225.

3. Selma Mahfouz et Jean Pisani-Ferry, *À qui la faute ? : comment éviter les erreurs économiques*, Fayard, 2016, p. 58-60.

Une société du choix suppose de renforcer les capacités des individus : Amartya Sen

Non, ce n'est pas du côté de l'ordolibéralisme allemand qu'il faut aller chercher les principales sources d'inspiration d'Emmanuel Macron. Elles sont bien davantage anglo-saxonnes. Selon Speranta Dumitru, s'il y a un théoricien dont on distingue nettement l'influence sur la politique de Macron, c'est bien Amartya Sen[1]. Aux yeux de ce dernier, prix Nobel d'économie 1998, la liberté réelle est celle qui permet de mener la vie qu'on a choisie. Amartya Sen est à l'origine d'une véritable révolution dans la manière de penser les politiques sociales. Il parvient à conjuguer un très haut niveau de scientificité économique avec une véritable philosophie morale. Sa théorie constitue une étonnante synthèse de libéralisme et de socialisme.

Une part essentielle de l'œuvre de Sen constitue une discussion des fameux principes de justice de John Rawls. Rawls a voulu, dans les années 1970, concilier l'impératif du développement économique avec l'exigence de justice sociale – une question avec laquelle nos politiques se débattent depuis une quarantaine d'années. Son projet, social-démocrate sur le plan politique, s'inscrit cependant dans le prolongement d'une tradition philosophique libérale. Quels sont ces principes ? « Chaque personne doit avoir un droit égal au système le plus étendu de libertés de base égales pour tous, qui soit compatible avec le même système de libertés pour les autres. » Aux yeux de Rawls, ces

1. https://theconversation.com/quest-ce-que-le-liberalisme-egalitaire-comprendre-la-philosophie-de-macron-76808

libertés de base comprennent la liberté de pensée et d'expression, la sûreté, le droit de propriété. Le second principe concerne le niveau acceptable des inégalités économiques et sociales qui doivent demeurer à l'avantage des plus démunis : il vaut mieux être relativement pauvre dans une société prospère et en expansion que haut fonctionnaire en Corée du Nord... En outre, les positions au sein de la société, qui donnent lieu à ces inégalités, doivent être ouvertes à tous. L'égalité des chances.

Pour prendre la vraie mesure des inégalités, Amartya Sen propose de « changer de focale » – ce qu'il appelle dans son jargon la « base informationnelle ». Plutôt que de s'intéresser aux biens ainsi qu'aux règles qui devraient présider à leur juste répartition, comme le fait Rawls, il conseille de se concentrer sur la capacité qu'ont les acteurs à les mettre concrètement en œuvre au profit de leurs projets personnels. Que peut-on faire de ses ressources, dans un contexte précis ? « Dans cette optique, les exigences des individus sont évaluées non pas en fonction des ressources ou des biens dont ils disposent, mais d'après la liberté qu'ils ont réellement de choisir parmi différents modes de vie auxquels ils peuvent avoir des raisons d'accorder de la valeur[1]. »

D'où le glissement opéré par Sen des biens ou libertés aux opportunités réelles de les mettre en œuvre. Sachant que celles-ci dépendent des capacités personnelles à convertir ces biens ou libertés en réalisations concrètes. Cette liberté réelle de mettre en œuvre les

1. « L'évaluation de la justice doit-elle se fonder sur les moyens ou sur les libertés ? », *in* Jean-Michel Bonvin et Nicolas Farvaque, *Amartya Sen, une politique de la liberté*, Michalon, coll. « Le bien commun », 2008, p. 52.

ressources dont on dispose, Sen les appelle des « capabilités ». Ce sont les « pouvoir faire » qui sont déterminants pour la justice sociale. Il conçoit la liberté en termes d'options et d'opportunités. C'est pourquoi, à ses yeux, la mission de l'État providence doit être repensée dans le sens d'un élargissement des possibilités d'agir individuelles.

C'est manifestement en référence à cette ligne de pensée que Macron situe sa politique sociale quand il prétend « vouloir mettre les individus en capacité[1] », expression qui renvoie au mot créé, en anglais par Sen, *empowerment*, autant qu'à ses « capabilités ». Ce qu'il appelle « droits d'accès » est la traduction choisie par les traducteurs de Sen pour son concret *entitlements*. Cela signifie une politique d'investissement social vigoureuse qui permette réellement aux individus de faire valoir leurs talents et leurs idées. La deuxième grande réforme de son quinquennat, après le Code du travail, sera celle de la formation professionnelle. La fléxibilité d'abord, la sécurité ensuite. L'une ne va pas sans l'autre.

C'est encore à Sen qu'on ne peut manquer de penser lorsque Macron appelle de ses vœux une « société du choix ». Ou plus exactement une société où cette liberté de choisir ne serait plus réservée à une minorité privilégiée. « L'injustice profonde que nous dénonçons, c'est le fait que certains ont le choix et d'autres non. Que des Français sont en mesure de choisir l'école de leurs enfants, leur lieu de vie, leur travail, leur destination de vacances, tandis que d'autres Français subissent tout cela[2]. » Et c'est très précisément à Sen qu'il emprunte

1. *Le 1*, 13 septembre 2016.
2. Emmanuel Macron, *Révolution*, *op. cit.*, p. 70.

l'idée selon laquelle des citoyens aux aspirations différentes doivent cesser d'être traités de manière uniforme et indifférenciée sous prétexte d'égalité. « C'est le rêve d'avoir une nation de citoyens non point semblables, mais égaux en droit et, plus profondément, en possibilités[1]. »

C'est encore à Amartya Sen que Macron emprunte une idée aussi centrale à son programme que celle-ci : « L'enjeu n'est plus d'apporter la même chose à tous : c'est de fournir à chacun ce dont il a besoin. Ce n'est pas la fin de la solidarité, c'est au contraire le renouveau de la solidarité. Quand les parcours et les situations sont de plus en plus divers, il est indispensable de sortir d'une approche uniforme, faute de quoi l'intervention publique reproduirait, voire exacerberait les inégalités là où elle devrait les corriger[2]. »

Les pièges de la méritocratie

Reste que la politique sociale qu'en déduit concrètement Macron est marquée au coin d'une logique méritocratique, aujourd'hui contestée par de nombreux théoriciens. Le président de la République n'a pas tort de constater que la France a eu, dans le passé, tendance à se débarrasser du problème du chômage et de la pauvreté en distribuant aux victimes du système, sous forme de minima sociaux, de quoi survivre à l'écart du monde du travail. Ainsi les gouvernements français ont-ils, durant des décennies, « acheté » une paix sociale de plus en plus fragile. L'idée de revenu

1. *Ibid.*, p. 71.
2. *Ibid.*, p. 136.

universel, caressée par la gauche avant qu'elle se rende compte qu'il n'est pas finançable (selon l'OFCE, un montant de 785 euros par adulte et par mois aurait coûté 480 milliards d'euros, soit 22 % du PIB, et aurait fait grimper le montant total des dépenses publiques à 79 % du PIB...), allait dans ce sens. Il aurait entériné la mise à l'écart définitive du monde du travail de plusieurs millions de nos compatriotes. Ce qu'a critiqué Macron : « Pour les plus fragiles, on pense qu'on a tout fait en leur donnant des droits abstraits et de l'argent. Or, c'est un accès et de l'accompagnement qu'il faut leur garantir[1]. » Il entend, au contraire, désenclaver, géographiquement et socialement les *outsiders*.

Cela passe, selon lui, par un vaste plan de formation des chômeurs et des moins qualifiés – à rebours de la politique qui a prévalu jusque-là en ce domaine : on a beaucoup investi sur ceux qui étaient déjà qualifiés... C'est l'une des causes de la fameuse « productivité élevée » que les défenseurs de notre modèle mettent en avant : on a longtemps exclu les moins productifs de l'activité, en se concentrant sur les autres. C'est ce qui explique un taux d'activité qui s'est, certes, amélioré, mais demeure faible. Le nombre d'actifs rapporté à la population en âge de travailler s'établissait en 2016 à 71,7 % dans notre pays, contre 78 % en Allemagne, 78,2 % au Royaume-Uni, 82 % en Suède[2]. « La clé, selon Macron, c'est de donner aux exclus du système la qualification nécessaire pour entrer dans le monde du travail[3]. » Mais la conclusion qu'il en tire est la

1. « Nous devons renouer avec l'héroïsme politique », interview dans *Le Point* du 31 août 2017.

2. https://data.oecd.org/fr/emp/taux-d-activite.htm

3. « Nous devons renouer avec l'héroïsme politique », interview, *op. cit.*

suivante : « C'est en donnant aux gens, selon leurs mérites, l'opportunité de gravir les échelons dans la société : voilà l'esprit républicain[1]. »

L'élitisme républicain, autrefois prôné par Jean-Pierre Chevènement, constitue notre version nationale de la méritocratie. L'inventeur de ce néologisme, le sociologue britannique Michael Young, est mort désespéré d'avoir été trop mal compris. Son roman, *L'Ascension de la méritocratie*, publié en 1958, était en effet une dystopie inspirée du *1984* de George Orwell, paru une décennie plus tôt. Michael Young lui-même était très lié au Parti travailliste. Il est réputé l'auteur du programme de gouvernement qui permit à Clement Attlee de battre le conservateur Winston Churchill aux élections de 1945. Il avait décelé une tendance à l'œuvre dans les démocraties occidentales : celle des élites dirigeantes à asseoir la légitimité de leur domination sur leur intelligence et leurs compétences, mesurées par des diplômes. Et le constat qu'il en tirait, c'est que cela ne les rendait ni moins arrogantes ni moins dominatrices que les anciennes élites sociales, assises sur le prestige familial et la fortune héritée. Au contraire. À la fin de son roman, les masses se soulèvent…

Michael Young combattait la méritocratie parce qu'il avait compris, selon son fils, Toby Young, « qu'une société plus méritocratique ne connaît pas nécessairement une plus forte mobilité sociale ». C'est que les « élites cognitives ont une fâcheuse tendance à l'autoreproduction[2] ». Au temps de son père, poursuit Toby Young, la gauche était égalitariste. Elle est devenue

1. *Ibid.*
2. https://www.spectator.co.uk/2017/04/did-my-father-predict-the-populist-revolts-of-the-last-year/

méritocratique. Or, on a pu l'observer récemment, des élites recrutées sur la base d'une sélection par le diplôme peuvent se fourvoyer tout aussi allègrement que celles désignées par leur naissance. Elles peuvent également privilégier leurs propres intérêts au détriment de ceux de la majorité de leurs concitoyens.

Au cours des années récentes, les attaques contre la méritocratie ont redoublé dans les pays anglo-saxons. Après avoir claqué la porte de Yale, où il avait enseigné pendant dix ans, l'essayiste américain William Deresiewicz publie en 2008 un pamphlet intitulé *Les Inconvénients d'une éducation d'élite*. Il y accuse les grandes universités américaines de surprotéger leurs étudiants en les coupant du monde ; et surtout de les formater en leur inculquant des idées, des connaissances et des méthodes de pensée stéréotypées. Il a développé ces idées dans un livre intitulé *Excellent Sheep. The Miseducation of the American Elite*.

Pour lui, les méritocrates qui dirigent aujourd'hui la plupart de nos démocraties forment une « classe mondiale des *hoop jumpers* » (sauteurs de cerceaux). Ils sont devenus comparables à ces personnes qui, imitant les animaux de cirque, s'évertuent à sauter à travers des enfilades de cerceaux. Exercice particulièrement difficile, mais d'une utilité discutable dans la vie réelle... La méritocratie est formée de personnalités entraînées à effectuer des opérations intellectuellement très exigeantes, mais selon des modalités prévues. Bref, elle est aussi conformiste que performante. Et elle se trouve dépourvue face à des situations inédites, réclamant de l'imagination et de l'initiative. En outre, ajoute-t-il, elle a trouvé le moyen de se rendre héréditaire et de se constituer en aristocratie. Censée favoriser la mobilité sociale, elle la fige. Les enfants de diplômés accèdent aux meilleures filières. Aux États-Unis, ce sont les universités prestigieuses ; chez nous, les grandes écoles.

Comme les anciennes aristocraties, cette élite du diplôme possède une culture qui la distingue, vit selon des valeurs qui lui sont propres. Elle cultive un fort sentiment de supériorité morale. Et son arrogance l'a rendue insupportable. En France, constate ainsi Marcel Gauchet, « la méritocratie est très structurante. Le critère de compétence n'est pas récusé chez nous, mais il y a bien une crise du discours dominant et de son mélange d'économie, de vision technique du collectif et de bons sentiments. Ce discours-là donne l'impression d'être déconnecté de la réalité et de brasser du vent[1] ». La grande masse de ceux qui ne lui appartiennent pas considère que la mondialisation, l'immigration de masse, les nouvelles technologies, tout ce qui bouscule ses modes de vie et ses emplois, résultent d'un choix conscient des élites et leur attribue ses difficultés.

C'est ce qui explique les victoires du Brexit et de Donald Trump face à une Hillary Clinton véritable incarnation de la méritocratie dans son pays. La France, cette fois, a échappé au pire parce que Marine Le Pen a mené une campagne désastreuse et qu'Emmanuel Macron a su se construire une image de franc-tireur de la politique. Il a su faire oublier que, par sa naissance et son itinéraire personnel, à travers Sciences Po, l'ENA, les grands corps et la banque Rothschild, il est lui-même un pur produit de notre méritocratie. Ce haut fonctionnaire a eu le courage de renoncer aux privilèges qui s'attachent à vie aux membres de notre aristocratie d'État en en démissionnant. En cas d'échec

---

1. Marcel Gauchet, « Nous assistons à la disparition du surmoi en politique », interview dans *Le Point*, 17 novembre 2016.

politique, il ne pourra pas, comme tant d'autres, réintégrer tranquillement un de ces corps prestigieux où son ancienneté aurait continué à courir en son absence, lui assurant *in fine* une retraite dorée.

Dans un essai paru récemment, *La Démocratie du mérite*, l'universitaire italien Giuseppe Tognon égratigne la manière dont, en France, la méritocratie s'est glissée dans les mœurs de l'ancienne aristocratie. Il écrit : « La France raisonne encore comme un noble de la cour de Versailles : un diplôme dans les écoles d'excellence de l'État fournit des droits comme jadis un titre nobiliaire donnait des privilèges. Il y a en France des noyaux familiaux dans lesquels tous les membres, parents et enfants, font partie de ce groupe de méritants de l'État[1]. » Dans notre pays, le principe méritocratique s'est incrusté dans l'univers mental de l'Ancien Régime. Le statut social attribué à chacun résulte à la fois du niveau d'études atteint et de la profession occupée. Il détermine, comme l'a montré Philippe d'Iribarne, un « degré de noblesse » dans une « hiérarchie de rangs[2] » et un certain nombre de privilèges qui lui sont associés. C'est le cas de toutes les sociétés européennes ayant, comme la nôtre, de profondes racines aristocratiques. « Un mot espagnol, *abolengo*, désigne non seulement ce que vous êtes, mais aussi d'où vous venez. En France, vous êtes toujours rattrapé par vos origines. Pour la majorité d'entre nous, sans réseaux sociaux et sans réseaux politiques, à un certain moment, inéluctablement, les choses se bloquent, le mérite ne suffit plus. La France n'a jamais

1. Giuseppe Tognon, *La Démocratie du mérite*, Éditions de la revue *Conférence*, 2016, p. 72.

2. Philippe d'Iribarne, *L'Étrangeté française*, Éditions du Seuil, 2006, p. 85.

été un pays égalitaire et à bien des égards, elle est restée un pays d'Ancien Régime[1]. »

Dans une tribune parue dans *Die Welt*, l'an dernier, le grand essayiste anglo-allemand Alan Posener écrivait : « Avec la méritocratie, les couches inférieures de la société ont connu une domination plus efficace que celles connues antérieurement. » En effet, dans un tel système, vous êtes personnellement responsable de vos succès, comme de vos échecs. Cela rend les vainqueurs arrogants, parce qu'ils perdent de vue ce que leur succès doit aux efforts de l'ensemble de la société. Cela rend les vaincus amers et hargneux. Les sociétés de caste et de classe procuraient une certaine stabilité personnelle. Les strates inférieures disposaient de leur propre culture, de leurs réseaux de sociabilité. *A working-class hero is something to be*, chantait John Lennon. Mais personne, non personne, n'est fier d'être un loser dans nos sociétés méritocratiques.

1. Serge Gruzinski, « Ce décentrement du monde », entretien paru dans la revue *XXI*, n° 36, automne 2016.

5

Entre Saint-Simon et Schumpeter

> « Souvenez-vous que pour faire quelque chose de grand, il faut être passionné. Le résumé des travaux de toute ma vie, c'est de donner à tous les membres de la société la plus grande latitude pour le développement de leurs facultés. »
>
> Saint-Simon, sur son lit de mort,
> à Olinde Rodrigues, le 19 mai 1825

L'anti-Carl Schmitt : la technocratie au pouvoir

On a vu pourquoi le label « postmoderniste », que certains ont tenté d'apposer sur le maillot du sprinter Emmanuel Macron, nous paraissait inapproprié dans la version Maffesoli-Trigano. Mais d'autres auteurs conçoivent la postmodernité non pas comme une rupture avec la modernité, mais au contraire comme son exacerbation, sa radicalisation. Et, pour certains, Macron aurait à voir avec cette hypermodernité.

C'est en particulier le cas du philosophe Marcel Gauchet. Dans cette version, la postmodernité prendrait la forme d'une sortie aboutie et complète hors du monde d'autrefois, celui de l'« hétéronomie », ce monde réglé par la tradition et la religion, où le sens de son action et l'ordre dans lequel elle se déployait ne dépendaient pas de l'individu, mais lui étaient imposés de l'extérieur. Le monde postmoderne est alors entendu comme celui dans lequel l'« autonomie » – le programme des Lumières selon Kant – serait enfin intégralement réalisée. Mais il aurait produit des effets non prévus par ses initiateurs du XVIIIe siècle. Cette émancipation intégrale de l'individu, titulaire de droits toujours plus nombreux[1], aurait eu, en effet, pour contrepartie le sacrifice de la politique – au sens de volonté collective – ainsi que du sens de l'histoire qui résulte de l'inscription de celle-ci dans le temps. Le cadre politique aurait volé en éclats sous les coups des revendications d'un individualisme exacerbé et jamais satisfait. D'où procéderait à la fois l'affaiblissement de l'autorité de nos États et notre fameux « présentisme » contemporain, cette omniprésence aveuglante du présent conceptualisée par l'historien François Hartog.

Pour Marcel Gauchet, notre civilisation européenne aurait engendré un sujet inconnu jusque-là dans l'histoire humaine : complètement autonome, certes, mais désaffilié, flottant, car coupé de toute tradition et débarrassé de tout encadrement communautaire, comme de toute fidélité à un passé national ; mais, aussi, dégagé du poids des hiérarchies sociales, hormis celles qui sont manifestement requises par les exigences d'une production rationalisée à l'extrême. On reconnaît l'individu du « capitalisme liquide », décrit par le sociologue Zygmunt Bauman.

1. Alain Finkielkraut parle d'un « emballement des droits subjectifs ».

Pour Gauchet, la rupture avec l'« ancienne modernité » et le basculement vers notre actuelle « surmodernité » auraient commencé au milieu des années 1970, à l'occasion de la crise pétrolière, mais la postmodernité, elle, aurait pris sa véritable vitesse de croisière à partir de l'écroulement de l'alternative communiste et de la fin de la guerre froide. Donc à la fin des années 1980. Tant que durait la guerre froide, et pour des raisons géostratégiques, persistait une logique politique. Et l'émancipation individuelle connaissait encore des limites. Quant à l'économie, elle demeurait régulée et soumise aux objectifs fixés par les gouvernements.

La nouveauté, c'est que, depuis les révolutions de 1989, entrés en mondialisation, nous aurions basculé, toujours selon Gauchet, « dans un monde où l'autorégulation économique a pris le pas sur les frontières politiques et sur toutes les autres considérations. La fin de la guerre froide a achevé d'évacuer la dimension stratégique au bénéfice du business d'abord ! Les Français, en raison du poids de leur histoire, ont mis plus longtemps que les autres à s'y faire[1] ». Macron, qui revendique, on l'a vu, son appartenance à la génération de 1989, celle qui se croyait « sortie de l'histoire », serait « l'homme qui nous accorde enfin avec cette situation. […] Son leadership est typique de la "société de la connaissance". Il arrive au nom de la rationalité économique pour secouer "un vieux système politique" qui, selon lui, ne fonctionne plus. Enfin, il refuse de se laisser enfermer dans des catégories anciennes (la gauche/la droite) au profit d'un pragmatisme assumé en toute bonne conscience. Tout cela fait qu'il est effectivement très typique du nouveau

1. Marcel Gauchet, interview par Alexandre Devecchio, *Le Figaro*, 12 mai 2017.

système de repères qui préside désormais à la marche des sociétés. Il nous met à l'heure du nouveau monde ».

À la même époque, au cours d'un débat avec Michel Onfray, le même Marcel Gauchet disait aussi : « Plutôt que de se raccrocher à une doctrine définie, Macron est porteur d'une vision économique du monde. Pour lui, la vie des sociétés se résume à l'économie. Il incarne un pragmatisme intégral où la gauche libérale peut se loger. Il en appelle à la normalisation d'une des dernières nations à défendre une vision politique de la démocratie[1]. » Plusieurs autres commentateurs ont ainsi analysé la victoire de Macron comme une forme de résignation nationale à l'inéluctable redouté. Nous soumettant à une cure de désintoxication idéologique, il serait l'agent d'une sorte de normalisation. Il signifierait la fin de l'« exception française », le vecteur d'une adaptation forcée (et retardée aussi longtemps que possible) de la France aux exigences de la mondialisation. C'est aussi l'idée de Pierre-André Taguieff quand il dit : « La France n'est pas “en marche”, elle se soumet à la marche du monde[2]. »

L'analyse produite à chaud par Régis Debray, l'ancien guérillero guevariste qui n'a guère conservé de ses jeunes années castristes qu'un antiaméricanisme de principe, est une parfaite illustration de ce raisonnement. Pour lui, Macron « est américain ». « L'inspection des Finances ou la banque, c'est aussi un écosystème mental où les États-Unis, la maison mère, ont pour nom de code la mondialisation. Imparable. C'est son monde, celui du contrat, du numérique, des minorités, des médias, de l'entreprise, du marketing, du tout-image. La civilisation

1. « De quoi Macron est-il le nom ? », *L'Obs*, 16 février 2017.
2. *Le Figaro Vox*, 12 mai 2017.

américaine, ou si vous préférez postmoderne, est celle où l'instance économique commande à toutes les autres, y compris politique. Nous y sommes[1]. » Une bonne partie de la gauche vieillissante vit dans la nostalgie de sa jeunesse hyper-politisée. Plutôt que d'accepter le fait qu'elle a négligé d'autres dimensions de l'existence – comme la vie familiale, ainsi que le relève la propre fille de Régis Debray dans son livre *Fille de révolutionnaires*[2] –, elle déplore la disparition des idéologies exaltantes au profit du prosaïsme de la gestion.

D'où l'étrange convergence, constatée au sein d'une certaine gauche radicale, appartenant généralement à cette génération, avec la critique philosophique la plus fondamentale qu'on ait jamais formulée de la dépolitisation libérale, celle de Carl Schmitt. Ce dernier appartenait pourtant au bord opposé : membre du parti nazi, il a été le penseur organique du droit national-socialiste. Pourtant, aujourd'hui, des philosophes appartenant à la gauche radicale, tels qu'Antonio Negri, Chantal Mouffe ou Giorgio Agamben, en font grand cas et s'en réclament. La position d'Étienne Balibar, sous la direction duquel Macron a rédigé son mémoire de maîtrise, consacré à Machiavel, est beaucoup plus nuancée. Mais lorsque l'ancien étudiant de Balibar, à Nanterre, dit que Paul Ricœur l'a « rééduqué sur le plan philosophique » et qu'avec lui, il est « reparti de zéro[3] », on peut penser qu'il évoque l'influence qu'a pu avoir sur lui, à une certaine époque, ce professeur engagé, passé du structuralo-marxisme, avec Althusser, à une forme prudente de schmittianisme de gauche.

---

1. « Macron est américain », interview dans *L'Obs*, 21 mai 2017.
2. Laurence Debray, *Fille de révolutionnaires*, Stock, 2017.
3. Emmanuel Macron, *Macron par Macron*, *op. cit.*, p. 20-21.

En effet, à l'époque où Macron suivait son séminaire, Étienne Balibar, qui a préfacé la première traduction en français de *Le Léviathan dans la doctrine de l'État de Thomas Hobbes*, de Carl Schmitt, en 2002, avait déjà entamé sa réflexion sur l'œuvre de ce penseur problématique ; réflexion qui aboutit à son livre consacré à Schmitt, *Violence et civilité* (publié en 2010).

Que révèle cet intérêt suscité par un penseur d'extrême droite auprès de philosophes appartenant à la gauche radicale ? Sans doute, comme l'écrit Yves Charles Zarka dans sa revue *Cités*, cherchent-ils « chez Schmitt des arguments contre le libéralisme qu'ils demandaient auparavant à Marx[1] ». Comme Marx, Carl Schmitt est, en effet, un féroce critique de l'ordre juridique libéral. Aux yeux des deux penseurs, le droit tout entier n'est que le produit d'un rapport de force qu'il vient entériner. Le camp des vainqueurs tend ensuite à le présenter comme une norme supra-politique, afin d'en dissimuler l'origine véritable. La violence est au fondement de l'ordre politique, ce que la démocratie parlementaire et constitutionnelle cherche à dissimuler. En outre, comme l'écrit Balibar, « il y a un intérêt commun aux révolutionnaires et aux contre-révolutionnaires de mettre en évidence les contradictions de l'ordre social existant[2] ».

Schmitt est l'héritier et le rénovateur d'un courant intellectuel conservateur allemand qui, tout au long du XIXe siècle, s'est opposé au kantisme, identifié par lui à une « idéologie de la bourgeoisie », en raison de son moralisme et de son universalisme, de son pacifisme et de son juridisme. Kant prétend qu'un système de normes suffisamment raisonnable peut s'appliquer à n'importe

1. *Cités*, n° 6, janvier 2002.
2. Étienne Balibar, *Violence et civilité*, Galilée, 2010.

quel peuple dans n'importe quelle situation ; « même un peuple de démons », disait-il, pourrait parvenir « à un état de paix où les lois disposent de la force ».

La pensée de Carl Schmitt se déploie à l'exact opposé. Pour lui, l'État, en tant que phénomène historique, est « le mode d'existence spécifique d'un peuple particulier ». Et l'essence du politique est la conflictualité. Le véritable souverain est celui qui dispose de l'autorité nécessaire pour suspendre les garanties juridiques et proclamer l'État d'exception. Comme les marxistes, les schmittiens ne croient pas que l'État puisse être neutre et arbitrer entre les classes et les partis. Il y a une réelle continuité de la critique de l'école comme « appareil idéologique » de l'État bourgeois, faite par Althusser et Balibar dans les années 1970, à l'adoption ultérieure par certains de leurs disciples de la critique schimittienne de l'État libéral, incapable d'assumer la décision politique et se réfugiant dans la technicité, la gestion économique, la normativité juridique.

Il est très probable que Macron s'est construit sur le plan intellectuel en réaction à ce type de pensée. Son libéralisme assumé, l'absence, dans son analyse de la société, de l'horizon de la lutte des classes, son éthique « bienveillante », aboutissant à esquiver la conflictualité politique au profit de la recherche des consensus (« Ne les sifflez pas ! »), la perspective d'un dépassement de l'État souverain par la constitution d'un acteur politique de rang supérieur (l'Union européenne), tout cela le situe dans une ligne résolument « antischmittienne ». D'où le type d'hostilité bien particulier qu'il provoque du côté de la revue *Éléments*, dont Carl Schmitt est l'une des références intellectuelles majeures. « Le Macron n'est personne. Le Macron est un produit synthétique et breveté comme le Nylon, le

Teflon ou le Dacron. Le Macron est le tissu même de la société sans hommes[1]. »

Parmi les critiques adressées à Macron, les plus intéressantes sont probablement celles qui présentent ainsi sa victoire électorale comme le triomphe de l'économisme sur la « vieille politique ». En élisant président de la République un inspecteur des Finances devenu, dans la banque, le « Mozart de la finance », les Français auraient fait, un peu malgré eux, le choix de la réduction de la politique au *new public management*, au culte de l'efficience et du rendement s'emparant de l'État. Sous sa direction nous irions, comme les autres, « de plus en plus vite vers nulle part », selon l'expression forgée, il y a longtemps, par Jacques Ellul. Car ce mode de pensée est caractérisé par le renoncement à la réflexion sur les fins ultimes de la société au profit d'une attention exclusive portée aux instruments de la croissance.

On l'aura compris : tel n'est pas notre avis. Bien avant d'être candidat à quoi que ce soit, Macron, réfléchissant sur les manières d'articuler entre elles les dimensions de la politique, se prononçait pour un dépassement de la gestion par la formulation d'un discours de sens. Déjà, pour lui, celui-ci devait comporter à la fois une manière convaincante de décrire la réalité et un projet de transformation, articulé en niveaux de réalité concernés. « Dans ce contexte, le politique n'est plus celui qui doit proposer seulement des mesures ou un programme. Il doit définir une vision de la société, des principes de gouvernement qui doivent ensuite être débattus, mis en œuvre par autant de décisions

1. Slobodan Despot, « Le Nécronomacron : une théologie du néant à la manière de Lovecraft », *Éléments*, n° 166, juin-juillet 2017.

politiques qui sont celles de la démocratie contemporaine, de l'arbitrage et de la transparence permanents. Dès lors, ce qu'on attend du politique, lors d'échéances comparables à celles d'une élection présidentielle, c'est une vision d'ensemble, un corpus théorique de lecture et de transformation du social. Contrairement à ce qu'affirme une critique postmoderne facile des "grands récits", nous attendons du politique qu'il énonce de "grandes histoires". [...] Le discours politique ne peut être seulement un discours technique qui égrène des mesures. Il est une vision de la société et de sa transformation[1]. »

Ainsi s'explique la négligence affichée par le candidat, six ans plus tard, envers l'établissement et la publication d'un véritable programme présidentiel. Le moment d'en présenter un a été repoussé aussi tard que possible, il aurait même été question de n'en pas présenter du tout... Macron prétendait ainsi manifester son refus de céder à la pression médiatique : « La vraie autorité est de ne pas se laisser imposer l'ordre des choses par ceux qui nous assaillent. Ce qui est moral, c'est la capacité des gouvernants de ne pas se laisser dicter leurs décisions par la tyrannie des événements[2]. » Mais surtout, parce que, pour Macron, la construction du programme est censée procéder du diagnostic posé sur l'état du pays. Or, celui-ci supposait la synthèse des questionnaires établis par les « marcheurs » et rendue publique au cours du mois d'octobre 2016. En outre, Macron a plusieurs fois dit le peu de cas qu'il faisait des « catalogues de promesses » auxquels, trop souvent, se résument les programmes des candidats à la

1. Emmanuel Macron, « Les labyrinthes du politique », *Esprit*, mars-avril 2011.

2. Emmanuel Macron, *Macron par Macron*, *op. cit.*, p. 57.

présidentielle. Censées fédérer des clientèles électorales, les promesses dispensent leurs auteurs de la construction d'un « grand récit ». Or, pour Macron, c'est bien celui-ci qui importe. Et la gestion en découle. On ne peut donc pas dire de celle-ci qu'elle évince, chez lui, la dimension politique.

Il est vrai que Macron a détonné dans le paysage en ne proclamant pas les « valeurs », servies rituellement par ses prédécesseurs, sans que cela les engage en rien. Ces marqueurs n'avaient plus guère d'autre fonction que de rappeler l'appartenance au « camp de la droite » ou au « camp de la gauche », ces coteries obsolètes que Macron entend précisément remplacer. Lorsque, encore secrétaire général adjoint de l'Élysée, il a commencé à se positionner en transgressant certains des marqueurs de la gauche à laquelle il appartient, il critiquait en particulier la focalisation récente de sa famille sur l'individu titulaire de droits. « On ne peut plus présenter la gauche comme l'extension infinie des droits[1]. »

En 2015, devenu ministre de l'Économie, de l'Industrie et du Numérique, il développa cette idée, dans un article publié par *La Revue des Deux Mondes* : « Le projet de la gauche française passait par l'extension des droits : la progression continue vers ce rêve d'égalité supposait d'étendre les droits conférés à certains, et en particulier aux plus démunis. Le progrès social doit ainsi beaucoup à la gauche, qui a permis à notre pays d'avancer de manière substantielle sur ce chemin – les congés payés, la santé, la retraite, etc. Mais nous arrivons aux limites de ce modèle, et c'est l'un des traumatismes de la gauche d'aujourd'hui : comment

1. « L'impossible définition du hollandisme », *Mediapart*, 28 octobre 2013.

penser l'extension des droits avec la situation actuelle des finances publiques[1] ? »

En effet, qui se souvient encore du « droit au logement opposable, le « Dalo » voté sous Chirac ? Les droits n'ont de réalité qu'aussi longtemps qu'ils sont financés. Sinon, ils n'ont pas plus de valeur que les textes constitutionnels en vertu desquels tout Français a « droit au travail »... alors même que 10 % de nos compatriotes sont au chômage. Mais ce discours de critique des droits croise manifestement celui des philosophes comme Marcel Gauchet qu'inquiète – comme il inquiétait déjà Tocqueville – le risque de voir la démocratie dépérir par retranchement des individus sur le confort de leur sphère privée.

Pour autant, il n'est guère contestable que les critiques qui proviennent tant de la gauche que de la droite visent un point sensible chez Macron quand elles prétendent qu'avec lui c'est l'économisme qui a pris le pouvoir. Il y a, chez Macron, une forme de dépolitisation. C'est comme si, entre l'étage supérieur, celui de la philosophie politique, et celui de l'administration des affaires de l'État, une dimension intermédiaire avait pu être négligée. Celle par laquelle il reprochait à ses prédécesseurs de s'être laissé accaparer : l'art de la navigation politique.

À gauche, on a souvent contesté la prétention de l'économie à se constituer en science séparée. Et on accuse les économistes, qui prétendent se limiter à la description des phénomènes qu'ils observent, de se comporter de ce fait en défenseurs de l'ordre social établi. À droite, on se réfère à l'idée maurrassienne

1. « Pour réussir : réinventer les trois rêves français », *La Revue des Deux Mondes*, juillet-août 2015.

« politique d'abord », au nom de laquelle « l'économie doit venir après la politique, comme la fin vient après le moyen, comme le terme est placé au bout du chemin », selon l'étrange logique de Maurras. Aussi, les critiques venant de la gauche reprochent-elles à Macron de considérer le capitalisme et la mondialisation comme des faits acquis, quand elles ne le considèrent pas lui-même comme le représentant des intérêts de la finance mondialisée. Et celles émanant de la droite l'accusent de sacrifier à une logique impersonnelle, celle des marchés, les appartenances communautaires qui inscrivent les individus et les peuples dans une histoire particulière.

Exemple du premier type, le philosophe Jean-Philippe Pierron, spécialiste de Ricœur, qui estime que celui-ci ne reconnaîtrait en rien son enseignement dans la politique prônée par son ancien disciple. « Mais peut-être que pour une oreille ricœurienne, ce qui pourrait dissoner dans le propos de Macron, c'est l'hypertrophie de la place faite à l'économie – et, avec elle, à l'économisme très peu social et solidaire, car il ne dit pas grand-chose sur la justice fiscale et sur le rôle des entreprises multinationales. Elle semble, pour l'ancien ministre de l'Économie, avoir absorbé l'essentiel du propos relatif à la construction du monde commun en raison d'une substantialisation des lois de l'économie, voire de leur réification dans une idéologie – celle de la croissance, faisant de l'économie la nouvelle science de l'action ! Après le réalisme socialiste[1]... »

Exemple du second (exprimé dans une langue moins pâteuse...), Patrick Buisson, ancien conseiller de Nicolas Sarkozy : « Emmanuel Macron apparaît comme la figure emblématique de cette nouvelle classe

1. *Non Fiction*, 25 avril 2017.

dominante qui aspire à substituer à tous ceux qui proposent un salut hors de l'économie – religion ou politique – la seule vérité de l'économie. Tout ce qui n'est pas de l'ordre de l'avoir, toutes les visions non utilitaristes de la vie en société relèvent pour elle de l'angle mort. Le parti de l'économisme, c'est celui de l'interchangeabilité qui cherche à réduire en l'homme tous les particularismes et toutes les appartenances (nation, famille, religion) susceptibles de faire obstacle à son exploitation en tant que producteur ou comme consommateur[1]. »

De ce côté, on a tendance à prendre les références à Ricœur pour un moyen choisi par Macron pour se parer de la dimension intellectuelle qui avait manqué à ses prédécesseurs dans un pays comme le nôtre. Quant à son idéologie proclamée – réformiste et progressiste, libérale *et* de gauche –, soit elle ne ferait que confirmer un alignement sur « les marchés », soit elle relèverait du pur storytelling : ce qu'il est convenu de raconter aux électeurs pour obtenir leurs suffrages en les faisant rêver un peu. Une manière de faire accepter des réformes, nécessairement impopulaires, imposées par la méchante Allemagne et sa super-méchante chancelière de fer. C'est ce que martèle le Front national. Macron serait le représentant à Paris de la bureaucratie européenne, impliquée dans le grand complot mondialiste. Ne dit-il pas que « chaque jour, notre pays s'affaiblit de ne pas être adapté à la marche du monde[2] » ? Et son véritable inspirateur serait non pas Léon Bourgeois ou Amartya Sen, mais bien Saint-Simon (1760-1825). Pas le duc, le comte. Celui-ci passe, en effet, pour l'ancêtre

1. Interview dans *Le Figaro*, 9 juin 2017.
2. Emmanuel Macron, *Révolution*, *op. cit.*, p. 70.

intellectuel de la technocratie dont Macron est indiscutablement un fleuron.

Un héritier du « parti industriel » à l'Élysée

Saint-Simon désirait substituer à la politique une administration rationnelle de la production. Au terme d'une nouvelle étape dans l'histoire de l'humanité, « la science de l'organisation sociale deviendra une science positive », écrivait-il dans un *Essai sur l'organisation sociale*. Il rêvait de remplacer les théologiens de l'ancienne religion chrétienne, à ses yeux dépassée, par les savants, théoriciens d'une nouvelle religion qui serait fondée sur l'esprit scientifique. Puisque la Science délivre la « Vérité », il lui semblait logique qu'elle devienne objet de croyance. En outre, jugeait Saint-Simon, le christianisme ayant perdu, du fait de la Révolution, la fonction organique qu'il avait occupée au sein de la société, il convenait de le remplacer par quelque chose d'autre. Mais le « nouveau christianisme » de la « religion industrielle » récusait toute transcendance. « Tout devient terrestre, à hauteur d'homme, écrit Pierre Musso. [Saint-Simon] fait passer la religion de la verticalité terre/Ciel à l'horizontalité temporelle, ainsi jalonnée : passé/présent/futur[1]. » Ainsi se crée et se développe une des philosophies du progressisme les plus élaborées et les plus complètes qu'on ait jamais connues dans notre pays. Car le saint-simonisme est absolument sans équivalent en Europe. Et le progressisme de Macron lui doit probablement davantage qu'à celui de Tony Blair.

1. Pierre Musso, *La Religion industrielle*, Fayard, 2017, p. 479.

Saint-Simon croyait, en effet, que la science étant sur le point de fournir des moyens absolument rationnels d'organisation de la société, on pourrait, à brève échéance, se passer des classes dirigeantes traditionnelles. Ces dernières, qu'il jugeait parasitaires, étaient, selon lui, en retard sur la logique « industrielle » de leur temps dans la mesure où elles étaient adossées à la propriété foncière.

Macron se révèle un disciple lointain mais fidèle de la doctrine saint-simonienne sous deux aspects essentiels. Il dénonce l'incurie et l'inadaptation d'une classe politico-médiatique verrouillée de l'intérieur. Il lui reproche d'avoir interdit de nommer les problèmes du pays pour préserver ses propres positions. « La classe politique et médiatique forme un peuple de somnambules qui ne veut pas voir venir ce qui monte[1]. » Et il s'en prend régulièrement à la « rente foncière », qui aurait détourné les Français de l'investissement réellement productif. Il supprime l'impôt sur la fortune mobilière pour mieux le concentrer sur l'immobilier, conformément à son programme électoral[2].

Dans sa célèbre parabole des abeilles et des frelons, Saint-Simon propose d'imaginer deux hypothèses. Dans la première, la France perd ses meilleurs mathématiciens, physiciens et chimistes, ses meilleurs écrivains, peintres et sculpteurs, ses meilleurs ingénieurs, architectes, mécaniciens, horlogers, imprimeurs, maçons, charpentiers

1. Emmanuel Macron, *Révolution*, *op. cit.*, p. 41.

2. « Nous sommes dans un pays qui défend trop la rente de situation au détriment de la rente d'innovation. Nous courons donc le risque d'être une nation de simples héritiers plus qu'un pays où coule la sève féconde des innovateurs. Cette attitude est potentiellement éliminatoire dans le monde d'aujourd'hui » (Emmanuel Macron, *Macron par Macron*, *op. cit.*, p. 49-50).

– et le comte fait défiler véritablement tous les corps de métiers de son temps, en n'oubliant pas les banquiers, ni ceux des militaires appartenant aux « armes savantes », le génie et l'artillerie. Dans la seconde, elle perd toute la famille royale alors au pouvoir et la Cour, les ministres, les conseillers d'État, les officiers supérieurs, les juges, la hiérarchie de l'Église catholique, les préfets et la bureaucratie de l'État, ainsi que les propriétaires vivant dans l'oisiveté sur leurs terres. Dans le premier cas, prédit Saint-Simon, toute l'activité du pays serait à l'arrêt, car il perdrait ses producteurs : des « abeilles ». Dans le second, tout continuerait normalement, car ces gens-là sont des « frelons » : ils ne produisent rien et vivent aux dépens des premiers.

Publiée en novembre 1819, sa parabole valut un procès à Saint-Simon. Par manque de chance, trois mois après sa publication, le duc de Berry, neveu du roi et héritier potentiel de la couronne, était assassiné par un bonapartiste. Saint-Simon fut accusé de complicité morale : le duc figurait nommément dans sa liste des « frelons » qui « nuisent à la prospérité de la nation ». Acquitté, Saint-Simon, qui passait pour un hurluberlu et un théoricien loufoque, acquit grâce à son procès une soudaine notoriété. Cas fréquent. Se forma alors autour de lui le premier noyau de la secte saint-simonienne, qui, après la mort de son inspirateur en 1825, devait exercer une influence intellectuelle importante – en particulier parmi les élèves de l'École polytechnique.

Mais c'est plus tard, sous le Second Empire, que les saint-simoniens acquirent un réel pouvoir à travers des personnalités telles que le polytechnicien et ingénieur des Mines Michel Chevalier (conseiller économique de Napoléon III, il lui recommanda la politique de libre-échange mise en œuvre par l'empereur des Français après 1860). Un peu oublié aujourd'hui, Michel Chevalier fut pourtant le grand rival de Tocqueville, faisant paraître ses propres *Lettres sur l'Amérique du Nord* l'année même où ce dernier publiait le premier livre de *De la démocratie en Amérique* (1835). On trouva alors des saint-simoniens à la tête des compagnies de chemin de fer et des banques (les frères Péreire). Barthélémy Prosper Enfantin, le « pape schismatique » de l'Église saint-simonienne, créa la première Compagnie du canal de Suez et entama les travaux de creusement du canal entre 1830 et 1838. Saint-Simon lui-même avait conseillé au vice-roi du Mexique, en 1877, le creusement d'un canal entre les deux océans, non loin du futur canal de Panamá. C'est Enfantin qui mena à bien la fusion des compagnies de chemin de fer qui aboutirent à la création de la Compagnie générale Paris-Méditerranée. Dès 1832, dans la revue saint-simonienne *Le Globe*, Michel Chevalier avait tracé un projet de développement des voies de communication (chemins de fer, canaux de navigation, voies maritimes) destiné à relier entre elles toutes les grandes villes, de Londres à Bagdad... « Dans l'ordre matériel, écrit-il, le chemin de fer est le symbole le plus parfait de l'association universelle. » Les saint-simoniens pensaient que la défaite de Napoléon Ier avait mis un terme définitif aux guerres de conquête et ouvert une ère nouvelle de paix générale par l'industrie, le commerce et la colonisation. En conséquence, il convenait d'aménager la planète par de grands travaux, au bénéfice de l'humanité entière.

Les penseurs contemporains du concept de réseau reconnaissent, d'ailleurs, le caractère anticipateur de la pensée saint-simonienne. « La circulation [...] condense l'harmonie naturelle du vivant et l'harmonie rationnelle et technologique du réseau[1] », écrit ainsi Pierre Musso. Saint-Simon pensait le système des réseaux modernes, tant physiques que communicationnels et financiers, à partir d'une réflexion sur la circulation du sang dans le corps humain. Dans le but de réunifier l'humanité, il imaginait des moyens de faciliter et d'accélérer la circulation des marchandises et des capitaux. Il semble parfois avoir pensé la mondialisation et Internet avec presque deux siècles d'avance. « "Nous avons enlacé le globe de nos réseaux de fer, d'argent, d'or, de vapeur et d'électricité", déclarera fièrement Enfantin à la veille de sa mort[2]. »

Les saint-simoniens passent aussi, non sans raison, pour les véritables ancêtres de notre technocratie moderne[3]. Ils étaient, on l'a vu, favorables à la suppression des « classes parasitaires », au nom du mot d'ordre « Tous les hommes travailleront ». Mais persuadés qu'une organisation rationnelle et scientifique du travail permettrait de rassembler dans un même ensemble social harmonieux les authentiques producteurs de biens et de richesses, ils étaient aussi fortement opposés à la lutte des classes au sens où l'entendaient les marxistes. Dans leur système, toutes les classes « industrielles » partageaient fondamentalement les mêmes intérêts. Et le développement des techniques, adossé à celui des sciences, finirait par régler la « question sociale ».

1. Pierre Musso, « Aux origines du concept moderne : corps et réseaux dans la philosophie de Saint-Simon », *Quaderni*, vol. 3, n° 1, 1987.

2. Antoine Picon, *Les Saint-simoniens : raison, imaginaire et utopie*, Belin, 2002, p. 208.

3. « Les saint-simoniens annoncent en effet les technocrates de notre siècle, avec la générosité et une bizarrerie séduisante en sus », *in* Françoise Mélonio, *Naissance et affirmation d'une culture nationale : la France de 1815 à 1880*, Éditions du Seuil, coll. « Points. Histoire », 2001, p. 43.

Ils concevaient d'ailleurs leur propre rôle comme celui « de médiateurs capables d'harmoniser les intérêts en apparence divergents[1] ». À leurs yeux, la légitimité politique devait être dorénavant fondée sur la compétence technique, ce qu'ils appelaient les « capacités industrielles », et non sur l'hérédité ou la richesse.

On sait combien le langage de la lutte des classes est étranger au macronisme. Dans son discours, le conflit central entre propriétaires des moyens de production et prolétaires a été remplacé par la disparité de droits et de moyens existant entre *insiders* et *outsiders*. Son ennemi n'est pas la finance, mais la rente. « Il n'y a pas de réussite économique sans la finance[2]. »

Mais Saint-Simon inaugurait aussi, au même moment que Hegel, une philosophie de l'histoire qu'Auguste Comte se donnerait pour mission de développer ultérieurement. Déjà, chez Saint-Simon, le XIXe siècle est présenté comme ayant une vocation « organisatrice », puisqu'il succède à un XVIIIe qui avait été critique et révolutionnaire. Comme Macron, les saint-simoniens étaient progressistes, sans être socialistes. Ceux qui croient pouvoir opposer saint-simonisme et libéralisme économique ont tout faux. « Le gouvernement nuit toujours à l'industrie quand il se mêle de ses affaires ; il lui nuit même dans le cas où il fait des efforts pour l'encourager. D'où il suit que les gouvernements doivent borner leurs soins à préserver l'industrie de toute espèce de troubles et de contrariétés[3] », écrit le comte, résumant pour l'approuver l'économiste Jean-Baptiste Say.

1. Antoine Picon, *Les Saint-simoniens : raison, imaginaire et utopie*, *op. cit.*, p. 214.
2. *Les Échos*, 19 mai 2016.
3. Saint-Simon, *Œuvres complètes*, volume 2, PUF, 2013, « De l'industrie », p. 185-186.

Un peu comme Macron, les saint-simoniens entendaient réorganiser la société de manière rationnelle, en héritant des ruptures et des désordres provoqués par une génération révolutionnaire dont il convenait cependant de conserver une partie des acquis. Comme lui, ils étaient mondialistes et pensaient cette mondialisation en termes de flux, générateurs de progrès universel. Comme lui aussi, ils étaient industrialistes. Comme lui encore, ils étaient animés, en outre, d'un optimisme tellement puissant qu'ils se croyaient capables d'entraîner le monde dans le sillage de leur volonté. Car comme lui, enfin, ils voulaient renvoyer dans ses foyers une élite politique en retard d'une révolution industrielle et incapable, à leurs yeux, d'assumer les remises en ordre nécessaires à la prospérité du pays. « Nos partis politiques sont morts de ne plus s'être confrontés au réel, mais ils voudraient s'emparer de la principale élection pour perdurer[1]. » Jusqu'à l'opposition entre « ancien » et « nouveau monde », dont se sert Macron pour désigner la rupture politique qu'il entend incarner, bien des traits chez lui renvoient à Saint-Simon[2].

Mais quand Christophe De Voogd proclame que « la vraie inspiration politique d'Emmanuel Macron, c'est le saint-simonisme[3] », que veut-il dire au juste ? Que, de la même manière que les saint-simoniens, au XIXe siècle, entendaient « mettre un terme au règne de l'oligarchie "oisive" et "rentière" de la France traditionnelle » – et faire accéder au pouvoir la « classe

1. Emmanuel Macron, *Révolution*, *op. cit.*, p. 40.

2. « Que la Révolution est inachevée tant qu'elle n'a pas encore accouché du Nouveau Monde industriel entrevu en Amérique », Pierre Musso, *Saint-Simon, l'industrialisme contre l'État. Essai*, Éd. de l'Aube, coll. « Monde en cours », 2010, p. 149.

3. Interview dans *Le Figaro Vox*, 26 juin 2017.

industrielle » – Macron croit à l'émancipation par le travail. C'est pourquoi il a manifesté une grande hostilité envers la trouvaille électorale de Benoît Hamon : le revenu universel (une vieille idée libérale au demeurant). Remettre la France au travail n'est pas seulement, pour Macron, la condition du redressement national (le pays n'a plus les moyens de financer son système social dans le cadre d'une société où un quart de la population en âge de travailler est écartée du marché du travail). C'est aussi une question de morale : l'individu trouve dans le travail les moyens de son accomplissement personnel. « Je crois au travail, comme valeur, comme facteur d'émancipation, comme vecteur de mobilité sociale[1]. » Par contre, « le chômage de masse nous fait vivre une expérience inédite, où l'éloignement du travail est une réduction de l'être social. Le camp du progrès doit donc être celui du travail, qui est la seule voie de l'émancipation[2] ».

Il y a là une rupture avec le logiciel d'une gauche qui, au cours des dernières années, avait eu tendance à rompre avec sa logique travailliste initiale. On se souvient avec quelle faveur avait été accueillie dans ses rangs la prophétie de la « fin du travail », lancée par Jeremy Rifkin en 1995. Deux ans plus tôt, un François Mitterrand désabusé avait confessé : « Contre le chômage, on a tout essayé. » Alors oui, pourquoi ne pas faire franchement le « choix du chômage » dans une société devenue oisive, ludique et festive, celle des bobos, si bien brocardée à l'époque par Philippe Muray ?

La loi des 35 heures fut la conclusion logique d'une analyse selon laquelle le temps consacré au travail

1. Emmanuel Macron, *Révolution*, *op. cit.*, p. 139.
2. *Le 1*, 13 septembre 2016.

devant réduire avec régularité, la seule solution au chômage passait nécessairement par le « partage du temps de travail ». Aujourd'hui, on sait que les ordinateurs et les robots n'ont pas fait disparaître le travail : des centaines de millions de personnes supplémentaires ont été mobilisées en Asie, en Amérique latine ou en Afrique, et le chômage mondial n'a pas augmenté ; au contraire, il a baissé. Macron opère donc une sorte de retour à Saint-Simon, par-delà Rifkin et Méda, en revenant à l'un des fondamentaux de la gauche : gloire et honneur aux travailleurs ! « Le camp du progrès doit donc être celui du travail, qui est la seule voie de l'émancipation[1]. » Soyons tous des « industriels » au sens saint-simonien !

Les « industriels » ? Selon De Voogd : « Comprendre par là tous les créateurs de richesses matérielles et intellectuelles de la société (y compris les artisans, les savants et les artistes). [...] Le but étant de libérer les énergies créatrices de la nation en encourageant le travail de tous et la circulation intense des richesses et des savoirs. Et de cette libération viendra l'amélioration de la classe la plus pauvre. » Et De Voogd d'évoquer les clubs de technocrates qui, des années 1930 avec X-Crise (Centre polytechnicien des études économiques dont Jacques Rueff fit partie) au club Jean-Moulin dans les années 1960, ont mis leurs compétences au service de projets de modernisation du pays. Les commissions Armand-Rueff ou Attali furent-elles autre chose que l'institutionnalisation de ces comités d'experts ?

Ce modèle se rapproche, en effet, de ce que prône Macron. Ce qu'il y a de saint-simonien chez notre président de la République est évident. Comme les membres de l'Église industrielle, Macron croit au gouvernement

1. *Ibid.*

des experts et à une forme de méritocratie. Mais ceux qui, comme le rédacteur en chef d'*Alternatives économiques*, Guillaume Duval, le soupçonnent d'incarner l'irruption d'une « société civile », décidée à bousculer une classe politique sclérosée », tout en « personnifiant aussi le monde très français des hauts fonctionnaires qui rêvent d'un État jacobin, guidé par une petite élite de gens très intelligents, persuadés de savoir beaucoup mieux que le peuple ce qui est bon pour le pays[1] », se trompent. Macron fait, en effet, les deux à la fois : il rénove la classe politique en faisant accéder aux responsabilités des personnalités choisies pour leur réussite professionnelle et qui sont très rarement des hauts fonctionnaires.

Qu'on en juge : Nicolas Hulot, présentateur vedette de télévision, devenu légitime sur les questions d'environnement pour avoir roulé sa bosse à travers toute la planète ; Françoise Nyssen, directrice de l'une des plus intelligentes maisons d'édition françaises, très ouverte sur la littérature étrangère, Actes Sud ; Jean-Michel Blanquer, directeur de l'Essec ; Muriel Pénicaud, directrice générale adjointe de Dassault Systèmes, puis directrice des ressources humaines du groupe Danone ; Agnès Buzyn, grand médecin, qui a passé dix-neuf années de sa vie à la tête d'une unité de soins intensifs et de greffe de moelle à Necker ; Élisabeth Borne, ancienne directrice de la stratégie à la SNCF, directrice des concessions chez Eiffage, préfète, puis directrice générale de la RATP, etc. Commentaire de l'éditorialiste Jacques Julliard : « Il me semble que le gouvernement Philippe II [...] correspond parfaitement à l'idéal saint-simonien. C'est lui

1. *Alternatives économiques*, juillet-août 2017.

qui avait triomphé, sous les auspices du Plan et du club Jean-Moulin, sous le règne du général de Gaulle et qui avait constitué, derrière la façade parlementaire, le véritable gouvernement de la France d'alors. [...] Comment cela ? En instituant, sous prétexte de planification, une concertation permanente entre la haute administration, le patronat, les syndicats ouvriers et les intellectuels. On ne peut être ici plus proche de Saint-Simon, l'introducteur dans la langue française des mots "industriels" et "intellectuels" comme substantifs. [...] Nul doute qu'à l'instar de Charles de Gaulle, sinon de Saint-Simon lui-même, ce soit là le dessein caché d'Emmanuel Macron. Mais ici, nous sommes loin du compte : pour le moment, les ouvriers sont attentistes et les syndicats prudents[1]. »

Pour en revenir au gouvernement « Philippe II », on relèvera que si ses membres les plus éminents sont généralement surdiplômés, ce sont leurs carrières, leurs réalisations et expériences professionnelles qui leur ont valu leurs portefeuilles. C'est un gouvernement de professionnels, reconnus pour leur expertise dans le domaine qui leur est confié. La composition des équipes gouvernementales précédentes obéissait à d'impossibles équilibres entre les diverses sensibilités composant le parti au pouvoir et les régions ; on comptabilisait aussi le pourcentage d'énarques et, dans les cabinets, celui des représentants des « grands corps de l'État » : combien de conseillers d'État pour combien d'inspecteurs des Finances ? Cela n'a plus de sens à la maison Macron : l'ennemi des « statuts qui figent la mobilité » ne s'intéresse qu'aux accomplissements individuels et non aux diplômes initiaux.

1. Jacques Julliard, « Macron et le retour de Saint-Simon », *Le Figaro*, 3 juillet 2017.

Il y a là encore un changement de mentalité révélateur, pourtant passé largement inaperçu. Au sommet de l'État, la France est en train de substituer à une logique partisane et à une logique de rangs, caractéristique de l'« ancienne France » (et de la haute fonction publique), celle que décrit Philippe d'Iribarne dans *La Logique de l'honneur*[1] et dans *L'Étrangeté française*, les lois méritocratiques en vigueur dans le secteur privé. Sur ce marché du travail, ce sont les performances personnelles qui sont estimées et non plus l'appartenance, pour la vie, à quelque corps d'élite, aussi « grand » soit-il. Cette normalisation nous aligne sur les mentalités et les pratiques de nos voisins, anglais ou allemands. Ce n'est certainement pas la dernière des « exceptions françaises » qui va sauter sous la présidence d'un homme très à l'aise à l'international, qui maîtrise parfaitement l'anglais et se pique de pouvoir dire quelques phrases en allemand.

Macron est saint-simonien par sa manière de penser la mondialisation comme un système de flux à organiser et à réguler. Il fallait un certain culot à cet ancien banquier candidat à la présidence de la République pour défendre la nécessité de la finance dans un pays où celle-ci, suspecte de toujours, est devenue un gros mot depuis 2008. Dans *Révolution*, il explique de manière fort pédagogique comment l'essor de la finance internationale a « accéléré et intensifié la mondialisation » et ose ajouter : « Il y a du bon dans ce développement, qui a permis à nos économies de se financer plus rapidement et dans de meilleures conditions[2]. »

1. Éditions du Seuil, 1989.
2. Emmanuel Macron, *Révolution*, *op. cit.*, p. 56.

À une question très agressive des journalistes du *Monde* (quotidien qui ne l'a épargné ni avant ni après son élection) sur l'utilisation qu'il aurait faite de l'argent gagné à la banque Rothschild, Macron répondait : « J'ai été dans la sphère privée, j'ai beaucoup travaillé. J'ai gagné de l'argent et j'en suis fier. Je n'aime pas l'argent, mais je ne le déteste pas. Les gens dangereux sont ceux qui l'adorent ou le détestent. [...] J'ai été contrôlé minutieusement par la Haute Autorité pour la transparence, qui a confirmé mes déclarations, heureusement. À partir de ce moment, je n'ai pas à vous expliquer ce que j'ai fait et comment j'ai vécu avec l'argent dans le secteur privé. [...] Nous ne sommes pas là dans la transparence légitime[1]. » Fillon aussi était riche, mais l'entretien d'un superbe manoir dans la Sarthe avait contraint ce propriétaire terrien à salarier la moitié de sa famille comme assistants parlementaires. Macron, entre son départ de l'Élysée et sa nomination à Bercy, travaillait à la création d'une start-up spécialisée dans l'apprentissage des langues étrangères. Manoir *versus* start-up, ce sont vraiment deux mondes qui se sont affrontés en mai 2017. La victoire du second, prévisible, annonce un probable tournant d'époque.

Comme les saint-simoniens, Emmanuel Macron n'est donc hostile ni à la réussite individuelle ni à la finance (à condition qu'elle soit investie dans l'économie réelle). Saint-Simon lui-même avait fait une jolie fortune sous la Révolution, qu'il a entièrement dilapidée dans ses projets savants, finissant sa vie dans la misère, recueilli par l'un de ses anciens domestiques. Mais Macron semble partager avec Saint-Simon une même antipathie pour la rente et l'héritage, une même

1. *Le Monde*, 3 avril 2017.

sympathie pour l'entreprise, industrielle en particulier. « Pour que cet entrepreneuriat réussisse et se développe en France, je souhaite deux choses simples. D'abord, une fiscalité qui récompense la prise de risques, l'enrichissement par le talent, le travail et l'innovation plutôt que la rente et l'investissement immobilier. Notre fiscalité, et j'inclus ici l'actuel impôt sur la fortune, ne doit plus pénaliser ceux qui réussissent de leur vivant et investissent dans les entreprises et dans l'innovation[1]. » Dès 2018, l'impôt de solidarité sur la fortune (ISF) sera remplacé par un impôt sur la fortune immobilière (IFI). L'intention est de faire rentrer les exilés fiscaux et de les inciter à investir dans nos entreprises. Les propriétaires de maisons et d'appartements, taxés à partir du seuil de 1,3 million d'euros, n'ont pas la possibilité d'emporter ces possessions dans leurs valises. L'IFI est un impôt saint-simonien. Les gouvernements précédents avaient multiplié les incitations fiscales à investir dans le locatif, qui permet aux retraités d'améliorer leur niveau de vie. Le pari macronien est de les inciter à investir plutôt dans les jeunes pousses du numérique.

Toujours dans *Révolution*, Macron proclamait vouloir « renouer avec le rêve productif qui est au cœur de notre Histoire et de notre identité[2] ». Dans l'article déjà mentionné donné à *La Revue des Deux Mondes* en juillet-août 2015, il fait du « rêve industriel » l'un des « trois grands rêves constitutifs de notre identité nationale ». Il fait référence au colbertisme, à Napoléon III (bonjour, les saint-simoniens !) et à Georges Pompidou. Sa politique en tant que président de la

1. Emmanuel Macron, *Révolution*, *op. cit.*, p. 87.
2. *Ibid.*, p. 75.

République est clairement annoncée : stopper l'hémorragie d'emplois dans l'industrie en réduisant les coûts du travail, rétablir notre compétitivité par une vigoureuse relance des investissements public et privés, introduire de l'« agilité » par une réforme du marché du travail qui « redonne confiance et visibilité aux acteurs ». Cela passe par un raccourcissement des délais de procédure aux prud'hommes et l'introduction de « référentiels des peines » encourues par les employeurs qui leur permettent d'anticiper le coût des ruptures et de les provisionner d'avance.

Macron s'y prononce pour un « capitalisme de long terme » qui tente la synthèse du colbertisme et du libéralisme, puisque quatre types d'actionnaires devraient être mobilisés pour investir : les entrepreneurs, les salariés, l'État et les investisseurs institutionnels – qu'il faut dissuader de privilégier les obligations d'État et les placements pépères dans l'immobilier. Quant à l'État actionnaire, Macron le veut « ni imprévisible ni de connivence », mais « stratégique et de long terme ». Une telle conception de l'État stratège fait hurler les libéraux durs et purs. « À grands coups de dépenses financées par l'emprunt, ironise Jean-Marc Daniel, cet “État stratège” donnerait à l'industrie les moyens de préparer notre richesse future : et c'est ainsi que les années 1960 conçurent le plan Calcul grâce auquel nous avons des ordinateurs américains et japonais, les années 1970 le Minitel qu'Internet emporta[1]... »

1. Jean-Marc Daniel, *L'État de connivence : en finir avec les rentes*, Odile Jacob, 2014, p. 80.

Avec Macron l'Européen,
le temps des « Fils fondateurs » est-il venu ?

Saint-Simon, après Kant, mais avant Victor Hugo, peut être tenu pour l'un des précurseurs de l'intégration européenne. Mais si Kant cherchait surtout à mettre fin aux guerres entre États européens par l'arbitrage et en répandant la république, le projet présenté par Saint-Simon est bien plus proche de notre actuelle Union européenne. Dans son essai de 1814, *De la réorganisation de la société européenne ou De la nécessité et des moyens de rassembler les peuples d'Europe en un seul corps politique, en conservant à chacun son indépendance nationale*, il place en tête de son agenda la création d'« institutions nouvelles », puisque les « vieilles [...] prolongent l'ignorance et les préjugés du temp où elles [ont été] faites ». Elles seront chargées d'impulser des politiques communes. « Une Constitution, forte par elle-même, appuyée par la nature des choses et indépendante des croyances qui passent et des opinions qui n'ont qu'un temps : voilà qui convient à l'Europe, voilà ce que je propose aujourd'hui. » On n'est pas loin de la « méthode Monnet », selon laquelle, en créant des organes, on peut être assuré que ceux-ci finiront toujours par se trouver des fonctions. « Il faut des institutions communes, il faut une organisation : hors de là, tout se décide par la force. »

Saint-Simon est l'un des rares penseurs de son temps à comprendre que le système westphalien qui confie la paix en Europe à l'équilibre des puissances dans le cadre du plein exercice des souverainetés nationales porte en ses flancs la guerre, comme l'orage la foudre. Son modèle est celui de l'autorité papale au XIVe siècle :

une autorité morale indépendante des États, appuyée sur son propre appareil hiérarchique, dévolue à la cause des seuls « intérêts généraux » et forte d'une « puissance qui ne réside qu'en elle ». Il faudra, en outre, susciter un « patriotisme européen » pour que tous les peuples « marchent vers un même but » et qu'il devienne « une habitude de considérer les intérêts de l'Europe au lieu des intérêts nationaux ».

Le moyen de cette intégration ? Deux chambres, car Saint-Simon est bicamériste : un Parlement européen et une Chambre des pairs européens. Voilà qui ressemble quelque peu à notre Parlement de Strasbourg et à la Commission européenne. Mais l'originalité du projet saint-simonien par comparaison avec celui de Kant est la nature économique de sa conception de l'intégration européenne. Le Parlement européen, élu au suffrage censitaire dans toute l'Europe, devra être exclusivement constitué de « négociants, de savants, de magistrats et d'administrateurs », auteurs « de travaux dont l'utilité n'est pas bornée aux usages nationaux ». Leur première mission sera de lancer une politique de grands travaux qui permettront la projection de la puissance européenne à travers le monde. Pour les financer, ce Parlement européen, qui « devra avoir en propriété et souveraineté exclusive une ville et son territoire » (comment ne pas penser à Bruxelles !), aura le pouvoir de lever des impôts dans toute l'Europe.

Un observateur aussi perspicace que l'historien anglo-américain Tony Judt attribuait précisément à l'influence saint-simonienne l'« insuffisance générale du projet européen ». Dans son *Histoire de l'Europe depuis 1945*, il écrit : « Jean Monnet et ses héritiers avaient délibérément évité tout effort pour imaginer, *a fortiori*, mettre en œuvre un système démocratique ou fédéral. Ils s'étaient plutôt faits les promoteurs d'un projet de modernisation de l'Europe par le haut : une stratégie de productivité, d'efficacité et de croissance économique conçue dans un esprit saint-simonien, gérée par des experts et des fonctionnaires, sans prêter grande attention aux désirs de ses bénéficiaires[1]. » L'UE a été imaginée et conçue par des technocrates qui voulaient instaurer un gouvernement rationnel chargé de coordonner entre elles les économies européennes.

Les limites de ce modèle ont été relevées il y a déjà un certain temps. Dès 2003, un grand connaisseur des questions européennes, Yves Bertoncini, mettait en garde dans un article paru dans la revue *Le Débat*, qui a fait grand bruit à l'époque. La construction européenne, y expliquait-il, a été imaginée par des politiciens inspirés, conscients d'être en avance sur les sensibilités de leur époque. Jean Monnet, Robert Schuman et les autres « Pères fondateurs » ont eu recours à des procédés dignes du « despotisme éclairé ». Celui-ci a mué progressivement en un « despotisme technicien de plus en plus obscur dans ses modalités[2] ». Nombreux sont les observateurs à faire aujourd'hui le constat que les institutions européennes fonctionnent dans l'opacité, à l'abri des peuples européens. Les questions procédurales et institutionnelles, les processus de décision dévorent son énergie. Du coup, l'Union européenne a perdu, en chemin, les objectifs stratégiques qui avaient provoqué sa création. Dans un monde qui réclame des initiatives hardies, c'est un dinosaure qui se retourne trois ans après qu'on lui ait marché sur la queue…

1. Tony Judt, *Après-Guerre : une histoire de l'Europe depuis 1945*, Pluriel, 2009, p. 846-847.

2. Yves Bertoncini, « Les temps des "Fils fondateurs" », *Le Débat*, n° 123, janvier-février 2003.

On ne peut plus continuer « en tenant les peuples à l'écart », écrivait déjà Bertoncini en 2003. Le « déficit démocratique » qui caractérise cette institution dépolitisée par nature finira par en exaspérer les peuples, au lieu de les rassembler. La nécessaire « refondation » « réclamera l'engagement d'acteurs politiques visionnaires », concluait-il.

Sur les onze candidats du premier tour de la présidentielle de 2017, huit étaient résolument hostiles à la poursuite de l'aventure européenne, deux prétendaient, comme François Hollande lui-même lors de la campagne 2012, tenir la dragée haute à l'Allemagne et entrer dans un processus d'affrontement avec son inamovible chancelière. Un seul tenait un discours résolument favorable à l'Europe et ce fut lui qui fut élu. Le désamour des électeurs envers ce qu'est devenue l'Union faisait pourtant de cette europhilie, proclamée à tous les meetings, un pari risqué. Mais, comme le disait Emmanuel Macron à Berlin le 20 avril 2017, dans un entretien public avec le philosophe Jürgen Habermas et le chef d'alors du SPD, Sigmar Gabriel, « si vous faites preuve de timidité sur la question européenne sous prétexte qu'elle n'est pas populaire, alors vous êtes déjà battu en tant qu'européen[1] ». Le second tour s'est joué principalement sur l'opposition frontale entre d'un côté le projet de repli national le plus abouti et de l'autre celui du pari, très optimiste et audacieux, d'une relance de l'Union européenne et de la zone euro.

Au soir de sa victoire, Macron mit en scène sa marche vers la pyramide du Louvre sur fond d'hymne européen (*L'Hymne à la joie*, finale de la *IX*^e^ *symphonie* de

1. « *Which future for Europe ?* », Hertie School for Governance, Berlin, 16 mars 2017.

Beethoven). Une manière de manifester que sa victoire était bien celle de la ligne proeuropéenne sur celle des souverainistes. Comme l'écrit Jean-Claude Casanova, « aux cris de désespoir que poussent Marine Le Pen et Jean-Luc Mélenchon, on mesure que la victoire d'Emmanuel Macron s'identifie bien à une victoire du parti européen, qui vient compenser la défaite du Traité constitutionnel au référendum de mai 2005[1] ». En votant pour Macron, les Français ont peut-être voulu donner une dernière chance à l'Europe. À moins qu'une majorité d'entre eux aient hésité devant le saut dans l'inconnu représenté par la politique d'abandon de l'euro prônée par sa rivale.

Pour autant, l'europhilie de Macron n'est ni béate ni satisfaite. Durant sa campagne, il n'a cessé de dénoncer l'« enlisement » dans lequel l'Union européenne lui paraît avoir glissé. Dans *Révolution*, il a dénoncé l'« épuisement des idées et des méthodes », « un système qui tourne à vide », « coupé du monde réel », une « bureaucratie tatillonne » et un « interventionnisme hors sol[2] ». Et dans son discours d'Athènes, la critique qu'il adresse à la construction européenne reprend les arguments de Bertoncini : « Le projet européen s'est soudain heurté, voilà un peu plus de dix ans, à un refus du peuple, des peuples. Ce qui s'est passé en 2005, en Europe, en France, aux Pays-Bas, ce sont des peuples parmi les États fondateurs qui ont décidé d'un coup que ce projet n'était plus pour eux. Les avons-nous entendus ? Non. Ceux qui dirigeaient l'Europe ont décidé de ne pas respecter ce choix ; ils ont fait comme si de rien n'était, ont cherché des

1. Jean-Claude Casanova, « Et Macron vint... », *Commentaire*, n° 158, été 2017.

2. Emmanuel Macron, *Révolution*, *op. cit.*, p. 224.

accommodements à côté du peuple, comme pour continuer une méthode qui, pendant des décennies, avait si bien réussi, celle de faire l'Europe un peu à part et d'expliquer ensuite. [...] Mais l'Europe ne peut plus avancer à part des peuples[1]. »

Constatons-le : c'est parmi les partisans les plus enthousiastes de l'intégration européenne qu'on dresse aujourd'hui les constats les plus accablants de ce qu'est devenue l'Union européenne. C'est peu dire qu'elle a déçu. Loin de délivrer la promesse de l'Agenda de Lisbonne – pour mémoire : offrir aux peuples la composant « l'économie de la connaissance la plus compétitive et la plus dynamique au monde, capable d'une croissance durable et accompagnée d'une amélioration quantitative et qualitative de l'emploi et d'une plus grande cohésion sociale » en 2010 –, elle se traîne, victime de son impuissance et de son indécision. Selon les théoriciens de l'intégration, celle-ci progresse habituellement à la faveur des crises, qui obligent les gouvernants des États membres à consentir de nouveaux outils de gestion aux institutions communautaires. Face à la crise des *subprimes*, l'Union européenne a paru lente à réagir de manière harmonisée, comme le montrent Selma Mahfouz et Jean Pisani-Ferry[2]. Après plusieurs années de flottement, c'est la BCE qui, outrepassant son mandat, a sauvé la zone euro en se lançant dans des politiques particulièrement « non conventionnelles » et condamnables aux yeux des Allemands : le crédit gratuit, afin d'inonder les marchés de devises, et le rachat massif d'obligations publiques, afin de peser sur les cours.

1. Discours d'Athènes, 8 septembre 2017.

2. *Cf.* Selma Mahfouz et Jean Pisani-Ferry, *À qui la faute ? : comment éviter les erreurs économiques*, *op. cit.*, chapitre 2.

De son côté, la crise des migrants a fait éclater la solidarité européenne. Les pays d'Europe centrale, victimes d'une « panique démographique[1] » (Ivan Krastev) et peu désireux d'adopter le modèle multiculturel de l'Europe de l'Ouest, se sont barricadés, tandis que la chancelière allemande se lançait, en 2015, dans une politique d'accueil massif qui lui a valu le désaveu d'une part importante de ses électeurs lors des élections de septembre 2017. On a vu la Hongrie ériger un mur de barbelés à sa frontière avec la Croatie, la Suède rétablir le contrôle de sa frontière avec le Danemark et l'Allemagne en faire de même sur sa frontière avec l'Autriche. Chacun a compris qu'en l'absence d'une politique migratoire et d'asile commune à l'Union européenne, l'espace Schengen était vidé de son sens.

Le constat que fait Marcel Gauchet dans *Comprendre le malheur français* est sans appel : malgré son poids économique et commercial, l'Union européenne n'a pas été capable de devenir l'un des acteurs décisifs de la nouvelle scène internationale. C'est parce qu'elle n'a jamais été en mesure de définir une stratégie globale qu'elle s'est focalisée sur ses propres mécanismes de fonctionnement. « Mais l'échec européen fondamental est d'ordre stratégique. L'Europe ne répond pas à ce qui peut justifier une communauté de nations aux yeux de leurs membres, à savoir leur donner le sentiment qu'ils disposent d'un instrument pour comprendre le monde et peser sur son cours. C'est en ce sens que l'Union ne définit pas une identité européenne, l'identité étant fonction de la capacité de se défendre et de s'affirmer.

1. Selon Ivan Krastev, 2,5 millions de Polonais et 3,5 millions de Roumains ont quitté leur pays pour s'en aller travailler à l'Ouest depuis l'adhésion de leurs pays à l'Union européenne. *Cf.* Ivan Krastev, *After Europe*, University of Pennsylvania Press, 2017.

Quelle place pour l'Europe dans le monde ? Il ne faut pas compter sur elle pour affronter la question. Or, c'est la question décisive[1]. » Face à cet échec, qui s'est traduit par le désaveu populaire et soldé par l'échec du référendum sur le Traité constitutionnel, en France et aux Pays-Bas en 2005, l'Europe officielle est devenue l'affaire des élites. Et celles-ci se protègent des critiques en proclamant leurs bonnes intentions.

Dans le deuxième de ses entretiens avec Marcel Gauchet, intitulé « La voie spécifique européenne[2] », Macron demandait : « L'Europe conserve-t-elle une capacité à orienter le cours de la mondialisation ? » Elle est la seule, poursuivait-il, à avoir conscience des dérives de cette mondialisation parce qu'elle les subit au premier chef : flux migratoires, terrorisme, environnement, numérique. « Nous sommes la conscience de la mondialisation parce que nous en sommes les principaux témoins. » Aussi, ajoutait-il, le « défi européen », c'est de se penser comme un ensemble cohérent face aux autres puissances mondiales – au lieu de cultiver nos petites différences –, « de retrouver les termes de sa souveraineté ».

Le thème de la souveraineté européenne était au cœur de son discours de l'université de Humboldt. « La grande erreur que nous avons commise durant la dernière décennie, c'est d'abandonner ce mot : la souveraineté. La souveraineté, cela veut dire : comment protéger nos peuples, comment promouvoir nos intérêts et nos valeurs dans le reste du monde[3] ? » Et dans

1. Marcel Gauchet, *Comprendre le malheur français*, entretiens avec Éric Conan et François Azouvi, Stock, 2016, p. 163.

2. https://soundcloud.com/enmarchefr/la-voie-specifique-europeenne-emmanuel-macron-et-marcel-gauchet

3. Discours du 10 janvier 2017, *op. cit.*

Révolution, il précise : « Je le dis : les vrais souverainistes sont les proeuropéens ; l'Europe est notre chance pour recouvrer notre pleine souveraineté. [...] La souveraineté, c'est le libre exercice par une population de ses choix collectifs, sur son territoire[1]. » Et dans son discours d'Athènes, il donne une définition plus large du concept de souveraineté : « La souveraineté, c'est bien ce qui fait que nous décidons par nous-mêmes, que nous fixons nos propres règles, que nous choisissons notre avenir et ce qui fait notre monde[2]. » On l'a dit, chez Ricœur, Macron a appris que l'art de la politique consistait essentiellement à articuler entre eux les niveaux de pertinence. À chaque type de défi correspond, selon lui, un degré spécifique compétent sur l'échelle des lieux de pouvoir et de responsabilité. Or, le cadre européen est celui qui convient face aux problèmes de portée mondiale. Il faut donc construire une « souveraineté européenne » dans les domaines où l'Union est le juste niveau de traitement des questions.

Ces défis mondiaux, quels sont-ils ? Le changement climatique, qui ne connaît pas les frontières ; les conflits militaires, qui, se rapprochant toujours plus de l'Europe, peuvent un jour l'y entraîner ; les flux migratoires, qui en sont souvent la conséquence ; le terrorisme islamique, qui s'attaque à une Europe qu'il considère comme un ventre mou ; les crises financières, dont on a pu récemment mesurer la contagiosité ; le numérique, parce que aucun pays européen n'a la taille critique nécessaire pour imposer ses règles et ses taxes à des empires commerciaux déterritorialisés, plus riches

1. Emmanuel Macron, *Révolution*, *op. cit.*, p. 230.
2. Discours d'Athènes, 8 septembre 2017.

et plus puissants que bien des nations d'Europe et qui les jouent les unes contre les autres...

La relance de ce qui reste de l'Union européenne s'avère donc être le principal pari de Macron. Celui dont dépend, en réalité, l'ensemble de son projet de réformes pour la France. Ce pari, il peut s'énoncer en ces termes : parce qu'elle souhaite de nouveaux transferts de souveraineté à l'UE, la France s'engage à procéder, en interne, aux mises à niveau qui ont été faites par la plupart de ses voisins ainsi qu'à respecter enfin les règles de la maison commune. Mais pour y parvenir, elle a besoin de la compréhension et du soutien actif de l'Allemagne. Ainsi que le résume l'influent économiste Anatole Kaletsky, « tout assouplissement de la politique d'austérité, du côté allemand, exigera des preuves concrètes que les réformes sont engagées en France ; mais ces réformes françaises ne réussiront que si l'Allemagne donne son accord à des règles fiscales plus généreuses et soutient des politiques monétaires qui bénéficient aux membres les plus faibles de la zone euro[1] ».

C'est un pari terriblement risqué, car il repose sur l'hypothèse hasardeuse d'une capacité française de réactivation et de dynamisation du projet européen – et donc du soutien allemand à ses propres idées. Quand ses prédécesseurs ont cru pouvoir « tordre le bras à l'Allemagne » en formant face à elle des coalitions de « pays cigales » contre les « pays fourmis » de l'Europe du Nord, Macron pense, au contraire, associer étroitement notre principal partenaire européen à ses projets. Il est certainement le président français le plus

1. Anatole Kaletsky, « Europe's Battle on Four Fronts », Project Syndicate, 26 septembre 2017.

germanophile que la France ait connu sous la Ve République depuis Giscard d'Estaing. Mais le partenaire allemand est-il, de son côté, capable de lui apporter l'appui dont il a besoin ?

Ses idées pour l'Europe, Macron les a exposées dans deux discours-fleuves, prononcés en septembre 2017 dans des lieux symboliques : sur la colline de la Pnyx, à Athènes, et à la Sorbonne. De manière fort didactique, le premier posait un cadre philosophique, le second en déduisait un certain nombre de propositions concrètes.

Le discours d'Athènes s'ouvre par une méditation sur le fameux discours de Périclès, rapporté par Thucydide dans *La Guerre du Péloponnèse*[1]. Le célèbre dirigeant athénien, qui prit la tête d'un parti populaire, venait, comme le rapporte Plutarque, d'une famille aristocratique et avait été formé à la philosophie par son précepteur Anaxagore de Clazomènes. Celui-ci professait une doctrine selon laquelle l'ordre du monde ne dépendait pas de « la Fortune et de la Nécessité, mais de l'Esprit pur et sans mélange[2]... » Le mélange de volontarisme et de prudence de Périclès, qui tenta d'organiser les Grecs face aux Barbares et ne se résigna à la guerre avec Sparte qu'après l'avoir différée autant que possible, constitue une référence bien choisie pour inspirer l'Europe d'aujourd'hui. Le chapitre consacré par Plutarque à Périclès s'ouvre par ces réflexions à méditer par tous les temps en Europe : « Nous devons donc rechercher ce qu'il y a de meilleur, non seulement pour le contempler, mais aussi pour nous nourrir de cette contemplation. [...] Ces spectacles, ce sont les actions

1. Thucydide, *La Guerre du Péloponnèse*, livre II, chapitre 1, versets 35-46.

2. Plutarque, *Vies parallèles*, Gallimard, coll. « Quarto », 2002, p. 326.

inspirées par la vertu : elles suscitent, chez ceux qui les étudient, le désir passionné et ardent de les imiter[1]. »

C'est pourquoi on peut trouver bizarre que Macron n'ait conservé du fameux discours de Périclès, tout entier consacré à célébrer les mérites de la démocratie et sa capacité à mener et à gagner des guerres, qu'un de ses aspects relativement secondaires, la confiance mutuelle qui règne spontanément entre citoyens et alliés au sein d'une démocratie : « Nous nous gouvernons dans un esprit de liberté et cette même liberté se retrouve dans nos rapports quotidiens, d'où la méfiance est absente[2]. » Il aurait pu citer d'autres passages, tels que ceux où Périclès fait l'éloge du goût de ses compatriotes pour les « choses de l'esprit ». Nul doute que notre président philosophe ait médité en particulier cette sentence : « Une des qualités encore qui nous distingue entre tous, c'est que nous savons tout à la fois faire preuve d'une audace extrême et n'entreprendre rien qu'après mûre réflexion. Chez les autres, la hardiesse est un effet de l'ignorance, tandis que la réflexion engendre l'indécision. La vaillance ne se trouve-t-elle pas sous sa forme la plus haute chez ceux qui, sachant mesurer les risques à courir et apprécier les charmes de la vie, ne reculent pourtant pas devant les périls[3]. »

Car la dimension de la sécurité collective est probablement le principal angle mort de la construction européenne. L'Europe s'est développée sous la forme d'une fédération de petites républiques marchandes, d'un empire commercial, dans le cadre de la guerre froide avec l'URSS et à l'abri du parapluie militaire américain. Dans le passé, elle a développé une conception de la

1. *Ibid.*, p. 323
2. Thucydide, *La Guerre du Péloponnèse*, verset 37.
3. *Ibid.*, verset 40.

puissance qui s'est limitée, d'une part, à imposer des normes et des règles au développement du commerce mondial, d'autre part, à la force d'attraction régionale de son modèle. Elle s'est ainsi cantonnée à l'exercice d'un *soft power*. L'UE serait ainsi parvenue, selon Pascal Lamy et Nicole Gnesotto, dans un livre de tonalité très macronienne, à devenir le « Grand Stabilisateur suprême[1] » de la mondialisation. Elle a nourri l'illusion d'incarner une alternative postmoderne et dépolitisée à la montée en puissance des nouveaux États impériaux, tels que les États-Unis, la Chine, la Russie, l'Inde ou la Turquie. Mais ce modèle est démodé. Il ne correspond pas aux exigences de la situation. Il est en déphasage avec le nouveau monde dans lequel nous sommes récemment entrés, un monde qui pourrait se révéler fatal aux petites républiques marchandes, comme les guerres du Péloponnèse l'ont été pour la ligue thalassocratique athénienne de Délos.

Car les Américains avaient déjà basculé de l'Atlantique au Pacifique avec Barack Obama, qui n'a jamais caché un certain mépris pour la vieille Europe. Et sous *Mr Unpredictable* Donald Trump, ils paraissent engagés dans une des rechutes isolationnistes dont leur immense pays est coutumier. Échaudés par l'échec de leurs aventures guerrières en Afghanistan et en Irak, ils limiteront dorénavant leurs interventions extérieures à la défense de leurs intérêts vitaux. On ne sait pas si l'Europe en fait ou non partie. C'est pourquoi celle-ci doit assurer enfin sa propre sécurité. Il faut une « Europe qui s'unit pour protéger ». Qui défend « ses valeurs et ses intérêts ». Et Macron de réclamer la création d'une

1. Pascal Lamy et Nicole Gnesotto, *Où va le monde ? Le marché ou la force ?*, Odile Jacob, 2017, p. 210.

Académie européenne du renseignement, une Force commune d'intervention et une Force européenne de protection civile pour faire face aux catastrophes humanitaires. « L'Europe est le seul échelon disponible de souveraineté pour protéger nos peuples. Mais elle doit beaucoup mieux coordonner les moyens disponibles[1]. » À plus long terme, il lui faut une défense commune, qui viendrait « en complément de l'Otan », sans se substituer à l'Alliance atlantique.

L'Europe devrait encore assurer la maîtrise de ses frontières. Face aux flux migratoires, qui ne se tariront pas dans l'avenir, il faut un « espace commun des frontières, de l'asile et de l'immigration ». Et Macron a toujours été très clair sur un point : autant l'UE doit « accueillir et intégrer réellement ceux qui ont droit à l'asile », autant elle devra trouver les moyens de « renvoyer rapidement ceux qui ne sont pas éligibles à cette protection[2] ». L'Europe ne saurait demeurer le seul continent du monde ouvert à tous les vents. Il ne suffit pas d'être parvenu sur ses côtes pour se voir reconnu un droit à y demeurer, comme le réclament les intellectuels militants et les médias bien-pensants. Un Office européen de l'asile doit harmoniser les procédures : on ne doit plus voir des migrants auxquels l'asile est refusé dans un pays membre venir tenter leur chance dans un autre, avant d'aller s'installer dans un troisième. Le rapatriement de « ceux qui ne peuvent pas rester » doit être confié à une police des frontières.

---

1. Discours à la Sorbonne, 26 septembre 2017.

2. Dans *Révolution*, il écrit : « Je veux le dire de la façon la plus claire, sans faux-semblant : l'humanité dans le traitement des réfugiés, ce n'est pas laisser croire que nous accueillerons tout le monde, tout en accordant des titres au compte-goutte au terme de procédures qui n'en finissent pas » (Emmanuel Macron, *Révolution*, *op. cit.*, p. 180).

La situation actuelle, marquée par des sommets d'hypocrisie, et où chacun tente de se défausser du problème sur les autres, ne peut en effet perdurer. Sinon, l'espace Schengen aura péri pour de bon.

Mais il faut prendre le problème à la source : si les migrations vers l'Europe se poursuivent à un rythme qui menace ses grands équilibres et provoque, par contrecoup, des réactions populistes, c'est parce que les pays de départ sont trop pauvres ou incapables d'assurer la sécurité de leurs citoyens. Il faut donc accroître l'aide au développement (dont l'UE est déjà la première contributrice au monde). Macron propose la création d'une taxe sur les transactions financières à l'échelle de l'UE dont le produit serait entièrement affecté à cette aide.

De même, pour accentuer la lutte contre le réchauffement climatique et favoriser la transition énergétique – domaines où, là encore, l'Europe montre l'exemple –, il recommande une taxe carbone de 25 à 30 euros la tonne, ainsi que la création d'un véritable marché européen de l'énergie. Des interconnexions entre États voisins devraient permettre de compenser l'inconvénient majeur des énergies renouvelables : le vent et le soleil ne sont pas disponibles en permanence... Grâce à l'énergie nucléaire, « très peu carbonée » (Nicolas Hulot appréciera...), comme le souligne Macron, nous pouvons faire bénéficier nos voisins de nos surplus d'électricité disponibles à un moment précis.

Il y a les nouvelles technologies, en particulier celles qui ont été développées à partir du numérique et pour lesquelles l'Europe a pris du retard face aux États-Unis et à la Chine. « Au tournant des années 2000, écrivait déjà Macron dans *Révolution*, nous avons manqué le virage des nouvelles technologies de l'information et de la communication, de cette révolution numérique aujourd'hui gouvernée par les grands groupes américains[1]. » Aujourd'hui, les Gafa et Netflix dominent ce secteur économique, ce qui nous coûte très cher. Il faut donc, selon Macron, favoriser des « champions européens » du secteur – une hérésie aux yeux de n'importe quel libéral, s'il s'agit de mobiliser de l'argent public et d'encadrer les jeunes pousses par des technocrates toujours en retard d'une guerre. Par contre, les libéraux seront sensibles à l'argument de distorsion de concurrence qui permet à certains géants du secteur d'échapper aux impôts dans les pays mêmes où ils réalisent leurs profits. Ces mastodontes américains ne peuvent pas continuer à se comporter en « passagers clandestins » de l'économie mondialisée. Et l'unification du marché européen du numérique, auquel s'est attelée la présidence estonienne de l'UE, ne peut que favoriser le développement de sociétés de taille suffisante. Mais au-delà, les États membres ne peuvent pas continuer à offrir des taux d'impôt sur les sociétés aussi divergents qu'à présent.

Il faut bien constater que la France est devenue « championne d'Europe du matraquage fiscal », comme le dénonce Jean-Marc Daniel, dans un contexte d'escalade au moins-disant mondial en ce domaine. Selon une étude récente du Conseil des prélèvements obligatoires, qui dépend de la Cour des comptes, l'impôt sur les sociétés (IS), qui se situait encore en 1995 dans la moyenne européenne, est devenu anormalement supérieur à cette moyenne. En 2017, le taux de l'IS est de 33,3 % en France, contre 30 % en Allemagne, 24 % en Italie, 22 % en Suède, 20 % en Grande-Bretagne

1. *Ibid.*, p. 101.

(où il va être abaissé jusqu'à 17 % d'ici à 2020), 12,5 % en Irlande et 9 % en Hongrie. Même si d'innombrables niches fiscales et autres crédits d'impôt mitent, chez nous, cette ressource budgétaire, le niveau des taux d'imposition français n'est guère favorable à la compétitivité de notre territoire. On comprend que les grands groupes internationaux soient plus tentés par une installation à Dublin qu'à Paris.

Le gouvernement de Manuel Valls, conscient du problème, avait prévu d'abaisser le taux de l'IS à 28 % d'ici à 2020. Emmanuel Macron s'est engagé à l'avoir ramené à 25 % en fin de quinquennat. Coût pour le budget de l'État : 11 milliards d'euros, selon le Conseil des prélèvements obligatoires. On bute toujours sur le même problème incontournable : l'excès de la dépense publique, qu'il faut bien financer par des impôts pesant sur l'investissement et la croissance... Macron aime citer la fameuse sentence de Jacques Delors : « La concurrence qui stimule, la coopération qui renforce et la solidarité qui unit. » Force est de constater que sur le plan de la fiscalité, nous avons davantage de concurrence que de solidarité. Mais personne ne peut imposer à nos partenaires européens un État plus dépensier, sous prétexte que le nôtre est très mal géré. La France pourrait au moins encourager les efforts de la Commission européenne pour parvenir à une harmonisation de l'assiette de l'IS en vue d'une comparaison plus objective entre les différents systèmes en Europe.

Macron a avancé sur ce dossier des questions financières et monétaires avant même les élections allemandes de septembre 2017, dans sa longue interview au *Point* du 31 août 2017. Il veut un budget de la zone euro, sous la responsabilité d'un ministre des Finances, contrôlé par une structure parlementaire *ad hoc*. Ce budget aurait deux vocations : ce serait à la fois une sorte de FMI européen, destiné à faire face aux prochaines crises financières qui ne manqueront pas d'intervenir, et un fonds d'investissement destiné à booster la croissance et l'emploi en Europe.

Le timing des deux discours de Macron sur l'Europe était manifestement dicté par les élections fédérales en Allemagne. En rendant ses propositions publiques à la veille de cette consultation décisive tant pour l'Allemagne que pour l'ensemble de l'Europe, le président français entendait peser sur la composition d'un gouvernement qu'on imaginait, à Paris, dans le prolongement du précédent. Macron aurait pu compter sur le soutien du SPD, acquis à ses idées dans à peu près tous les domaines – à l'exception probable de la Défense. Mais les résultats des sociaux-démocrates de Martin Schulz ont été si décevants que leur parti a décidé de se retirer de la « grande coalition » avec la CDU-CSU. Et la position personnelle d'Angela Merkel est si affaiblie par le piètre score de son propre parti qu'elle sera moins encline à faire des compromis sur les « lignes rouges » allemandes : pas d'« unions de transfert » ; les contribuables allemands, qui ont consenti de grands sacrifices, ne veulent pas être coresponsables financièrement des dettes accumulées par les États mal gérés.

On retrouve en outre l'opposition culturelle entre le volontarisme politique du Français qui veut doter la zone euro d'une autorité apte à prendre des décisions (un ministre des Finances, qui pourrait être allemand...) et la préférence de l'Allemande pour le respect des règles. Comme le relève l'économiste américain Barry Eichengreen, « Macron insiste sur l'insuffisante centralisation de l'Union monétaire. La zone euro a, selon lui, besoin d'un ministre des Finances, de son propre

Parlement, ainsi que d'un budget à hauteur de centaines de milliards d'euros, permettant d'entreprendre des projets d'investissement et d'augmenter les dépenses au sein des pays à fort taux de chômage. De son côté, Merkel considère que le problème de l'Union monétaire réside dans une trop grande centralisation et dans l'insuffisance des responsabilités nationales. La chancelière redoute qu'un important budget de la zone euro soit dépensé de manière irresponsable[1] ».

« Un monde très schumpétérien »

« Enfin, puisque l'on entre dans un monde très schumpétérien, il est important de libérer le processus de "destruction créatrice[2]". » Comme dans la fameuse réplique des *Tontons flingueurs* (« J'y trouve un goût de pomme. — Y en a »), on décèle aussi dans le fort cocktail intellectuel macronien une bonne dose de Schumpeter. On prête bien des choses à ce penseur multiforme, esprit universel et plurilinguiste. Sa pensée, complexe, est souvent ramenée par ceux qui ne l'ont pas lu à un slogan. Elle mérite mieux. Voyons en quoi elle inspire ou non l'action du président de la République.

Joseph Schumpeter (1883-1950) est d'abord un historien de la pensée économique. Son *Histoire de l'analyse économique*, une œuvre colossale et inachevée, publiée après sa mort, en 1954, continue à faire autorité. Ce conservateur autrichien, dont la famille possédait d'importantes usines textiles en Bohême, a été

1. Barry Eichengreen, « Une issue étroite pour l'euro », Project Syndicate, 11 septembre 2017.

2. « Nous devons renouer avec l'héroïsme politique », interview dans *Le Point*, 31 août 2017.

brièvement ministre des Finances d'un gouvernement socialiste, à Vienne, en 1919. Devenu professeur d'économie en Allemagne, il fuit le nazisme aux États-Unis pour prendre un poste à Harvard. Défenseur de l'entrepreneur en tant qu'agent du progrès et du capitalisme, seul capable, à ses yeux, de financer le développement continuel de la protection sociale, il est mort citoyen américain dans le Connecticut, démoralisé parce que convaincu que la classe des bureaucrates allait enterrer les vrais entrepreneurs et que l'économie socialiste et planifiée était destinée à remplacer le capitalisme. Non pas, comme le pensaient Marx et ses disciples, à cause des contradictions internes du capitalisme et de ses crises, mais parce que les idéologues socialistes avaient gagné la bataille des idées. Le plus intéressant, chez Schumpeter, en ce qui concerne Macron, c'est que cet économiste autrichien a été le rival de Keynes sur le plan académique et l'un des plus vigoureux critiques du keynésianisme, cette politique de relance par la consommation, les grands travaux publics et l'endettement qui dominait en son temps et qui connaît une nouvelle vogue depuis la crise de 2008.

Macron se montre donc schumpétérien lorsqu'il écrit : « Or, depuis trente ans et jusqu'à récemment, nous avons choisi de substituer à la croissance économique celle de la dépense publique[1]. » Ou lorsqu'il fait ce terrible aveu : « La dépense publique a augmenté de 170 milliards d'euros en cinq ans sous le précédent quinquennat. Ces chiffres donnent le vertige[2]. » Contrairement aux keynésiens, qui dominent la pensée économique médiatique, il ne considère pas

1. Emmanuel Macron, *Révolution*, *op. cit.*, p. 76.
2. *Ibid.*, p. 67.

cet endettement nécessairement bénéfique parce que « créateur d'emplois ». Encore une fois : si les déficits publics étaient la manière idoine de régler la question du chômage, la France, dont les budgets n'ont jamais été à l'équilibre depuis 1974, connaîtrait le plein-emploi et l'Allemagne, dont les finances publiques sont excédentaires, subirait un fort taux de chômage. Il faudra, un jour, que les keynésiens nous expliquent pourquoi la réalité empirique contredit aussi frontalement leur théorie.

Schumpétérien, Macron l'est encore lorsqu'il préconise « une fiscalité qui récompense la prise de risques, l'enrichissement par le talent, le travail et l'innovation plutôt que la rente et l'investissement immobilier[1] ». Le grand apport de Schumpeter à la théorie économique est d'avoir montré que, contrairement à ce que professaient les classiques, le capitalisme ne repose pas sur un système général d'équilibre entre une offre et une demande, inscrit dans les prix et autorisant une affectation optimale des ressources, mais au contraire sur un déséquilibre bénéfique à la croissance. D'abord parce que la « concurrence parfaite » que préconisaient les classiques libéraux n'est pas la règle, mais l'exception, et qu'il convient, d'ailleurs, de s'en féliciter. Le capitalisme est un mode de production qui procède par des déséquilibres en série. Les nouveaux produits, les nouvelles sources d'énergie, les nouvelles techniques de production poussent sans cesse les anciens vers la sortie. C'est une économie qui est « constamment révolutionnée de l'intérieur[2] ». C'est pourquoi les marxistes ont tort de prophétiser l'entrée en agonie du capitalisme

1. *Ibid.*, p. 87.

2. Joseph Schumpeter, *Capitalisme, socialisme et démocratie*, Payot, 1951, p. 53.

chaque fois que se produit une des crises dont il est naturellement porteur. On se souvient que ce fut à nouveau le cas lors de la crise dite « des *subprimes* ». Les crises sont les conséquences nécessaires du développement économique du capitalisme, dans la mesure même où celui-ci a permis l'enrichissement le plus spectaculaire que l'humanité ait jamais connu. Le capitalisme combine, en effet, deux vertus essentielles : les fonctions de sélection et d'impulsion. La concurrence permet aux meilleures idées de triompher et de s'imposer. Le couple formé par l'entrepreneur et le banquier provoque un progrès continuel.

Car ce développement repose sur le renouvellement permanent qu'apportent, à l'économie, les innovations. L'entrepreneur est le héros de ce système dans la mesure où il pressent les potentialités offertes par une découverte scientifique, soit pour la création de nouveaux produits dont il augure la demande, soit pour l'amélioration de la productivité. La rançon de ce succès, c'est que toute entreprise doit s'adapter au processus de mutation permanente qu'impose le capitalisme, ou disparaître. À mesure que ces innovations se répandent « par grappes », celles qui sont dépassées, après avoir opposé toute sorte de résistances, font faillite et ferment. Telle est la condition du perfectionnement continuel. Lorsque Emmanuel Macron se rend dans les entreprises menacées, comme à Whirlpool, à Amiens, il ne s'engage jamais, comme le faisaient usuellement ses prédécesseurs, ou comme le fait encore Marine Le Pen, à « sauver les emplois ». Il l'écrit dans *Révolution* : « Nous ne pouvons pas promettre la "sécurité de l'emploi" dans un monde où les mutations technologiques rendent certains métiers obsolètes et en suscitent d'autres. Un monde en mouvement perpétuel. Nous ne pouvons pas promettre que chaque poste sera en permanence intéressant et productif, car cela n'a jamais été le cas. Ceux qui le prétendent sont des hypocrites, qui nous ont laissé la société d'aujourd'hui. Mais il y a deux choses que nous pouvons garantir : que l'on puisse évoluer d'un métier à l'autre, et que l'on soit protégé face à la perte d'emploi. C'est au moment des transitions que nous devons le plus bénéficier des solidarités – pour nous aider à franchir le cap[1]. »

Schumpeter professait que la présentation faite par les intellectuels critiques du capitalisme était sans rapport avec la réalité. Alors qu'ils le dépeignaient sous les couleurs de la misère et de l'aliénation, c'est bel et bien dans ce cadre qu'ont pu se développer les systèmes sociaux les plus protecteurs que l'humanité ait jamais connus. Non seulement parce qu'il en a créé les moyens matériels en enrichissant de manière spectaculaire les sociétés qui l'ont adopté (prenons l'exemple contemporain des deux Corées...), mais aussi parce que c'est au sein des sociétés capitalistes qu'a pu se développer un tel idéal social de justice et de solidarité. La société bourgeoise est antihéroïque, écrivait Schumpeter, dont l'œuvre comporte une impressionnante dimension sociologique et même des aspects philosophiques intéressants. Elle déteste les guerres et les militaires ; elle valorise l'efficacité et le service. Elle a partie liée avec l'esprit critique et la volonté créatrice, indispensables à une économie de l'innovation permanente. C'est sur ce terreau qu'ont pu se développer la pensée solidariste et les techniques assurantielles face aux risques de la vie.

Emmanuel Macron aurait intérêt à méditer les mises en garde adressées par son cher Schumpeter

1. Emmanuel Macron, *Révolution*, *op. cit.*, p. 129-130.

aux dirigeants politiques des sociétés capitalistes. « Le capitalisme a pour effet inévitable d'éduquer et de subventionner les professionnels de l'agitation sociale[1] », écrivait l'auteur de *Capitalisme, socialisme et démocratie*. À chacun son innovation. Ces intellectuels, attirés spontanément par le socialisme, ont découvert que « l'obséquiosité et la flatterie étaient souvent moins fructueuses que l'arrogance et l'insulte[2] ». Et cette classe nouvelle, « sans responsabilité directe en ce qui concerne les affaires publiques », a su se gagner l'audience de l'opinion publique.

Que dirait aujourd'hui Schumpeter devant l'attitude du Parti des médias qui donne le ton dans les rédactions ? Cette minorité de donneurs de leçons privilégie systématiquement les points de vue défavorables aux réformes par hostilité viscérale envers un libéralisme qu'elle ne comprend pas. On dirait que, incapables de comprendre le sens général d'une action et de la décrypter avec honnêteté, compétence et esprit critique, ses membres se contentent d'être à l'affût des prétendus « dérapages » présidentiels afin de conclure à je ne sais quelle « rupture » désirée entre le gouvernement du pays et la société. Qu'Emmanuel Macron continue à tenir à distance la caste bavarde et moralisante, et ne se laisse pas imposer les lubies du moment de celle-ci, constamment renouvelées !

---

1. Joseph Schumpeter, *Capitalisme, socialisme et démocratie*, *op cit.*, p. 197.

2. *Ibid.*, p. 201.

Conclusion

> « Puissions-nous, au contraire, être toujours avec ceux qui s'en allèrent un beau matin, solides sur leurs étriers, en plein soleil, remplis de confiance en eux-mêmes et de foi dans les trésors du monde[1]. »
>
> Ernst Jünger, *Le Cœur aventureux*

À la veille des élections de 2017, les Français restaient l'un des peuples les plus pessimistes du monde quant à l'avenir de leur nation. Depuis des années, les sondages qui se succèdent découvrent une réalité paradoxale : nous sommes relativement confiants en ce qui concerne notre avenir personnel (surtout les jeunes), mais alarmistes lorsqu'il s'agit d'estimer celui de notre pays. C'était l'un des enseignements de l'enquête réalisée à la demande du think tank Fondapol en 2010 auprès de 32 700 personnes âgées de 16 à 29 ans dans vingt-cinq pays : 53 % des jeunes Français estimaient leur propre avenir prometteur. Mais ils n'étaient plus que 17 % à émettre le même jugement quant à l'avenir

1. Ernst Jünger, *Le Cœur aventureux*, Gallimard, 1979, p. 44.

de leur pays. Très révélateur. Cette génération paraît éprouver le sentiment de disposer des ressources personnelles suffisantes pour frayer sa voie dans le monde tel qu'il va, mais juger que la France, elle, n'est pas à la hauteur des défis de son époque. Tout se passe comme si une majorité des jeunes Français ne redoutaient pas la mondialisation, mais estimaient que leur pays n'était pas prêt à y décrocher sa juste place.

Une enquête plus récente, pilotée par la chercheuse du CNRS Anne Muxel, « Génération What », réalisée par TNS-Sofres en juillet 2016 pour France Télévisions auprès d'un échantillon représentatif de jeunes Français âgés de 18 à 34 ans, montre que les choses ne se sont pas améliorées en six ans : 59 % des sondés pensaient à cette date que leur propre avenir serait « plutôt pire » que celui de leur parent. Mais on y relève aussi que 59 % avaient le sentiment de « maîtriser leur destin » ; 48 % estimaient que « pour réussir, on ne peut compter que sur soi-même » ; 66 % jugeaient que les hommes politiques n'ont « pas de pouvoir » ; 87 % déclaraient n'avoir « pas de confiance dans la politique » ; enfin, 48 % se déclaraient « prêts à se battre pour leur pays ».

Un dernier sondage, réalisé par Ipsos en novembre et décembre 2016 dans vingt-deux pays riches (dont les États-Unis, l'Allemagne, la Grande-Bretagne et la France) et plusieurs pays émergents (dont l'Inde, la Corée du Sud, l'Afrique du Sud et le Pérou), confirme que nos concitoyens étaient encore, à cette date, de tous les peuples du monde, les plus inquiets face aux conséquences de la mondialisation. Ils ne croyaient pas à notre capacité collective à trouver notre place dans cette mise en concurrence générale des systèmes économiques et sociaux.

Durant des décennies, les élites politico-médiatiques leur ont présenté notre système économique et social, avec ses 35 heures, son ISF et ses puissantes protections des salariés en CDI, comme une sorte d'avant-garde éclairée. Et cependant, fin 2016, 67 % des Français estimaient ainsi que leur pays était « en déclin » : y aurait-il donc 67 % de « pétainistes », adeptes du « déclinisme » de Baverez et de sa « France qui tombe »... ? Plus révélateur encore, les Français étaient les plus nombreux à répondre positivement à la question « Pour que la situation du pays s'améliore, avons-nous besoin d'un dirigeant qui soit prêt à changer les règles du jeu ? » : 80 % des sondés étaient d'accord chez nous, contre 68 % en Italie, 40 % aux États-Unis (alors que Trump venait d'être élu), 23 % en Suède et 21 % en Allemagne.

Le pays, de plus en plus conscient de l'état d'impréparation et d'inadaptation où l'ont laissé ses dirigeants, était mûr pour un changement de cap vigoureux. Emmanuel Macron a paru, quasi inconnu, jamais élu nulle part, qui nous promettait une *Révolution*. C'est lui qui a bénéficié de cet appel d'air.

Michel Rocard, au soir de sa vie, avait conçu une théorie qui s'applique assez bien à ce qui s'est produit chez nous en mai-juin 2017. Cette « règle bizarre », selon son auteur, s'énonce ainsi : « Les vrais changements sont toujours l'œuvre de "déviants[1]". » Et l'ancien Premier ministre citait le cas emblématique de Deng Xiaoping : « Deux fois cassé par le système chinois. Cinq ans à répandre du lisier dans les champs, trois ans assigné à résidence... Il a changé la Chine. » Un déviant, c'est probablement ainsi que Rocard se

1. Michel Rocard, « Les déviants politiques sont nécessaires », *in* Éric Fottorino (dir.), *Le Malaise français : comprendre les blocages d'un pays*, Le 1-Philippe Rey, 2016, p. 15.

voyait lui-même et c'est en tant que tel qu'il aurait voulu impulser les « vrais changements », dont les moyens lui ont été trop souvent refusés par Mitterrand. Macron écrit : « Michel Rocard, c'est une histoire d'engagements. De luttes. D'indignations. Une volonté de regarder la vie en face, le réel en face, non seulement pour les décrire, mais surtout pour les changer. [...] Pour moi, Michel Rocard est un exemple[1]. » Sera-t-il à la hauteur de son modèle et de sa propre promesse ? Aura-t-il la détermination suffisante ? Les grandes promesses électorales seront-elles, une fois de plus, oubliées et trahies ?

Toute l'Europe retient son souffle. Beaucoup d'observateurs estiment que, cette fois, c'est vraiment la dernière chance pour la France, ce pays étrange et aberrant où tant de choses peuvent dépendre de la volonté d'un seul homme. Si un politicien de ce niveau intellectuel, doté de pouvoirs si exorbitants, disposant d'une majorité aussi écrasante et dont les idées sont tellement en phase avec l'état réel de la société ne parvient pas remettre un pays richement doté en talents sur les rails de son destin, alors la France est perdue. Tous ceux qui le peuvent s'en iront. Ils rejoindront les 300 000 Français, généralement jeunes et diplômés, qui s'en sont allés « reconstituer à Londres une ville française, phénomène sans précédent depuis l'exode des huguenots[2] », comme l'observe Gaspard Kœnig. Un phénomène extravagant, longtemps nié par le Parti des médias, qui ne veut pas voir que notre système social, réputé infiniment plus protecteur que le « libé-

1. Emmanuel Macron, *Macron par Macron*, *op. cit.*, p. 69-70.

2. Gaspard Kœnig, « Le syndrome de la servitude volontaire », *in* Éric Fottorino (dir.), *Le Malaise français : comprendre les blocages d'un pays*, *op. cit.*, p. 32.

ralisme sauvage anglo-saxon », n'attire en vérité que les riches retraités britanniques, tandis que les jeunes diplômés français s'en vont enrichir la City... Ceux qui resteront connaîtront la faillite d'un État[1], le naufrage d'une nation. Les tensions sociales et culturelles accumulées se traduiront par des flambées de violence que plusieurs romanciers anticipent avec un réalisme glaçant[2]. Et notre débâcle entraînera l'écroulement de l'Europe entière.

« Emmanuel Macron est le candidat d'un optimisme minoritaire, certes, mais auquel le pessimisme majoritaire a envie, sinon de croire, au moins de donner sa chance[3] », estime Marcel Gauchet. Macron a pris la classe politico-médiatique à rebours parce qu'il a tenu un discours offensif et optimiste sur la mondialisation et l'Europe, quand tous les autres candidats nous expliquaient comment ils comptaient combattre la première et protéger au mieux le pays des désastreuses initiatives de la seconde. « Le monde change, la société change. Je ne vais pas vous protéger contre ces changements, mais vous armer pour y faire face[4]. » Le discours macronien rompt avec une présentation de l'état du monde qui ferait de notre pays le sujet passif et la triste victime de phénomènes désastreux, mais hélas incontrôlables ; à ce catastrophisme anxiogène et décourageant, il propose l'alternative d'un activisme enthousiaste qui a séduit,

1. À 2 200 milliards d'euros, notre dette publique avait atteint 98,9 % du PIB à la fin du premier trimestre 2017.

2. Lire, par exemple, *Les Événements*, de Jean Rolin (P.O.L, 2014), qui dépeint une France en guerre civile, morcelée en territoires contrôlés par des milices.

3. Marcel Gauchet, « Le pays n'est pas aussi conservateur qu'on le croit », interview dans *L'Express*, 10 juin 2017.

4. Emmanuel Macron, interview télévisée par Gilles Bouleau, Anne-Claire Coudray et David Pujadas, 15 octobre 2017.

à défaut de convaincre absolument. Assurément, il en faudra davantage pour remettre en mouvement une société anxieuse et une économie délabrée. « Enfin, les difficultés commencent ! » s'est exclamé le député socialiste Alexandre Bracke-Desrousseaux en mai 1936, pour commenter la victoire du Front populaire. C'est ce type de jubilation qu'on observe chez cet homme jeune qui semble inaccessible au doute puisque, jusqu'ici, tout lui a souri.

Dans une longue interview très écrite au mensuel *Causeur* – qui lui a valu les foudres du quotidien *Libération*[1]... –, Emmanuel Macron offrait un témoignage particulièrement clair de son fameux optimisme de la volonté. À une question sur l'état culturel du pays, assortie d'une citation d'Alain Finkielkraut, il répondait : « Nous restons ces ouvriers sûrs d'eux-mêmes qui ne craignent pas de se dissoudre dans le divers, parce que nous avons derrière nous une histoire, un héritage, une force enfin qui nous préservent de la désagrégation. À nous de faire valoir cette force et cette volonté de poursuivre ensemble ce qui nous a fait. Craindre, s'inquiéter, redouter n'a jamais conduit à rien[2]. »

Le moins qu'on puisse dire, c'est que cette vigoureuse espérance, cet aplomb à tous crins ne sont pas universellement partagés. Son prédécesseur, quand il se lâchait en compagnie de journalistes, faisait preuve d'une confiance moins inoxydable en nos capacités d'intégration... « Qu'il y ait un problème avec l'islam, c'est vrai. Nul n'en doute. » Et Hollande confiait redouter une « partition » du pays, entretenue par la coupure

1. Guillaume Gendron, « France "diverse", mais pas "multiculturelle" : à quoi joue donc Macron dans *Causeur* ? », *Libération*, 14 avril 2017.

2. *Causeur*, n° 45, avril 2017, p. 59.

entre ceux qui sont descendus dans les rues par millions le 11 janvier 2015 et ceux qui, dans d'autres quartiers, proclamaient qu'ils n'étaient « pas *Charlie* ». Pour se réformer en profondeur, une collectivité a besoin d'être sûre de ses bases et d'accord sur l'essentiel. Or, notre pays traverse une très profonde crise d'identité et il est dangereusement divisé. Oui, la France est « morcelée[1] », selon l'excellente analyse proposée par Jean-Pierre Le Goff, qui date de 2008, mais qui n'a, hélas, guère vieillie. Elle l'est sur les plans économique et social, mais aussi culturel.

S'il ne croit pas en une « identité marmoréenne », Emmanuel Macron manifeste une grande confiance dans la vitalité et dans la capacité d'intégration de la culture française. Il perçoit bien le risque d'affrontement entre deux replis identitaires symétriques – « communautarismes rétrécis et nationalisme simpliste ». Mais, pour lui, « le génie français n'est pas ce culte rétréci d'une identité idéalisée. Il ne réside pas non plus dans le multiculturalisme, cette superposition de communautés hermétiques[2] ». En enfant des Lumières, au nom de l'universalisme de la culture française, de sa plasticité et de sa capacité à s'enrichir d'apports extérieurs, il renvoie dos à dos les deux culturalismes qui s'affrontent dans notre pays, comme dans toutes les vieilles nations d'Europe occidentale : celui des nationalistes et celui des nouvelles communautés ethno-raciales ou religieuses. Chacun, au nom de son « identité », exige une reconnaissance et des protections spécifiques pour perdurer à l'identique. Parce qu'il se pense comme une communauté close, organique, transhistorique et homo-

1. *Cf.* Jean-Pierre Le Goff, *La France morcelée*, *op. cit.*
2. Emmanuel Macron, interview dans *Causeur*, n° 45, avril 2017.

gène. Dans nos pays, étrangement, ces clivages culturels tendent à remplacer les anciennes luttes de classes. Et une frange influente de l'intelligentsia feint de les confondre l'une et l'autre ou de croire que la première n'est que l'expression déformée de la seconde.

L'égalité entre les individus, qui était l'exigence des Lumières, cède la place à une exigence de « respect » pour les cultures quelles qu'elles soient. Dans le prêchi-prêcha gauchiste, les cultures minoritaires et l'islam, en particulier, parce qu'il est tenu pour l'une d'entre elles, ont remplacé la classe ouvrière et on investit la figure de l'« immigré » des mêmes espoirs révolutionnaires qu'autrefois on plaçait dans le « prolétaire ». L'« autre » est magnifié comme victime et comme saint. Dans cet imaginaire, il a pris la place de la classe rédemptrice qui devait amener le socialisme parce que c'était à la fois son intérêt et sa mission historique. Mais ce multiculturalisme repose sur un présupposé infondé : l'idée que, au-delà de nos différences superficielles, toutes nos fameuses *cultures* auraient en commun les mêmes valeurs, au fond progressistes. Ce n'est pas le cas. Dans le même espace, nous devons faire vivre des collectivités passées franchement du côté d'une postmodernité et d'autres accrochées à des représentations et à des modes de vie prémodernes[1].

Les premières, par leur relativisme, minent le socle de valeurs grâce auquel l'intégration des immigrés avait fonctionné au bénéfice de plusieurs générations. L'autodénigrement, la repentance à sens unique, l'espèce de narcissisme inversé qui fait qu'après s'être

1. Pour s'en convaincre, il suffit de lire le témoignage qu'une Américaine vivant à Paris a consacré à l'évolution subie par une rue du 11e arrondissement. *Cf.* Géraldine Smith, *Rue Jean-Pierre Timbaud : une vie de famille entre barbus et bobos*, Stock, 2016.

vantés de toutes les découvertes et de tous les progrès les Européens se précipitent pour assumer la responsabilité de tous les maux qui frappent l'humanité, ne donnent certes pas envie aux nouveaux venus sur leur sol de se fondre dans leur culture. Mais cet état d'esprit d'autoculpabilisation est exploité par ceux qui refusent de considérer que l'immigration massive peut être un problème.

Macron l'a dit et proclamé : il est pour l'intégration, base du « modèle républicain français », et il ne croit pas au modèle multiculturaliste. Mais le problème, c'est que ce dernier est déjà là. Des communautés se développent sur le territoire national, qui vivent des existences séparées dans des mondes parallèles. On refuse à présent l'assimilation et même parfois l'intégration, au nom du respect et de la préservation des cultures d'origine des immigrés et parce que certaines des valeurs républicaines sont incompatibles avec les oukases de la religion. Or, l'assimilation avait pour avantage de refouler les croyances religieuses dans la sphère privée tout en donnant accès à la citoyenneté. Macron a raison de faire observer que la culture française a toujours été diverse et ouverte. Mais c'est sa vitalité et sa confiance en elle qui lui ont permis d'emprunter au monde entier des idées nouvelles, afin de les faire siennes.

Mais, comme l'écrit Stéphane Perrier dans un livre remarquable, « la perspective est tout autre avec la nouvelle “diversité” et le nouveau “métissage”. Ce n'est plus la culture française qui est diverse, c'est la France qui abrite diverses cultures. [...] Le métissage ne signifie plus l'incorporation d'influences étrangères passées au tamis de la culture française, mais l'adjonction d'éléments étrangers bruts à une culture française désormais indéterminée. C'est pourquoi la valorisation simultanée de la "diversité" et du "métissage" n'est que superficiellement contradictoire. Les deux injonctions ne s'adressent pas aux mêmes personnes : la "diversité", c'est celle des populations d'origine étrangère ; le "métissage", c'est celui des populations d'origine française[1] ». On le conçoit aisément : ce double standard moral utilisé au détriment des « habitants historiques », comme les baptise Stéphane Perrier, exaspère ces derniers. Et cette frustration, ces rancœurs alimentent une aigreur nationale difficilement soluble dans l'optimisme macronien.

Dominique Reynié, directeur général de Fondapol, le faisait observer au lendemain de l'élection présidentielle : lors du premier tour, l'ensemble des candidats « antisystème » a frôlé la moitié des suffrages exprimés, avec un total de 49,6 %. On s'était beaucoup inquiété de la progression du Front national en 2002, mais cette année-là, le score « antisystème » n'avait représenté, au premier tour, que 33,8 % des exprimés. La frustration, la colère, le rejet ont dangereusement crû en quinze ans. Ces sentiments s'expriment dans les urnes, mais surtout hors des bureaux de vote : par des taux d'abstention toujours plus vertigineux, qui trahissent la désaffection d'une portion croissante de nos concitoyens envers les élites et la manière dont elles gèrent notre pays, et, de manière plus démonstrative, par des manifestations d'une violence inhabituelle. Entre 2014 et 2016, la ville de Nantes a connu des émeutes, prétextes à de véritables mises à sac dans le centre-ville, à l'occasion de manifestations contre

1. Stéphane Perrier, *La France au miroir de l'intégration*, Gallimard, 2017, p. 61.

l'aéroport de Notre-Dame-des-Landes. Comme lors de l'affaire des Bonnets rouges de Bretagne en 2013, on a pu observer que la violence de rue parvenait à faire reculer le pouvoir, alors qu'il s'était entouré de toutes les garanties légales, allant jusqu'à consulter la population locale (Loire-Atlantique) par référendum (le « oui » l'a emporté avec 55,17 %). Les projets de réforme de Macron sont autrement plus ambitieux que la construction d'un aéroport. Comment son gouvernement se comportera-t-il face aux violents, aux jacqueries, à l'émeute ? Manifestement convaincu d'être capable d'emporter l'adhésion par ses seuls talents de pédagogue, Macron aborde rarement les questions, pourtant décisives, d'ordre public.

On a rappelé plus haut les mises en garde que ne cesse de lancer, de livre en livre, le géographe Christophe Guilluy sur la césure qui coupe, selon lui, notre pays en deux. La France des métropoles, connectées aux grands réseaux de la mondialisation, concentre les activités à forte valeur ajoutée et attire les diplômés dans les centres et les immigrés en banlieue. Dans une autre France, celle des zones périphériques, réside la majorité des anciennes classes populaires, devenues invisibles aux élites et aux décideurs[1].

1. Une fracture confirmée par le démographe Hervé Le Bras : « Une ségrégation se met ainsi en place entre manuels et intellectuels : ceux qui travaillent la matière – artisans, agriculteurs, ouvriers – sont cantonnés dans le rural, tandis que les employés, les professions intermédiaires et supérieures tendent à peupler les villes et leur périphérie » (« Un territoire en mosaïque », *Sciences humaines*, n° 297, novembre 2017). Même si Le Bras conseille de s'intéresser aussi aux disparités entre une France de l'Ouest et du Sud-Ouest, à forte proportion de diplômés, et une France du Nord-Est et du Midi méditerranéen, où se concentrent l'absence de qualifications, les familles monoparentales et le chômage.

La première abrite les gagnants de la mondialisation, la seconde ses perdants. Dans la première France, les grandes villes risquent de se muer en « citadelles », selon Guilluy, abritant les « élites mondialisées » et les activités de service à la personne qui leur sont nécessaires. La seconde, qui voit fondre les emplois industriels, fermer les commerces et s'étendre les déserts médicaux, redoute de perdre, en outre, son patrimoine culturel, de voir contester ses modes de vie. C'est elle que vise la propagande d'un populisme au front bas, avec ses promesses chimériques de démantèlement de l'Union européenne et de protectionnisme. Mais un pays qui pratique l'entre-soi résidentiel et l'évitement scolaire, le séparatisme d'en haut et celui d'en bas peut-il encore former une nation ?

Pour trouver confirmation des thèses de Guilluy, il suffit de lire les témoignages de ces journalistes courageux qui ont décidé d'abandonner aux chers confrères – parqués dans leurs hôtels et les « espaces presse » des meetings électoraux – la couverture de la campagne présidentielle pour s'en aller arpenter la France. À notre classe politique entière, il faut notamment recommander la lecture de deux ouvrages : *Dans quelle France on vit*[1], d'Anne Nivat et *Le Peuple de la frontière*[2], de Gérald Andrieu.

La première a mis son expérience de reporter de guerre au service d'une descente chez l'habitant (rester sur place au moins trois semaines d'affilée dans chaque ville). À travers ses reportages honnêtes, préservés du prêchi-prêcha médiatique, se lit l'humeur d'un pays divisé en profondeur. Le « vivre-ensemble »

1. Anne Nivat, *Dans quelle France on vit*, Fayard, 2017.

2. Gérald Andrieu, *Le Peuple de la frontière*, Les Éditions du Cerf, 2017.

tant proclamé ne s'y vérifie guère. Les différences culturelles, religieuses en particulier, créent des frictions très sérieuses. « Pourquoi les hommes politiques ressassent-ils en boucle les mots d'"unité nationale" – expression creuse, "politiquement correcte" et qui ne fait plus rêver – comme si elle était encore possible ? Voilà justement le genre de choses qui agace les Français, lassés de toujours subir la même parole politique, artificielle et si éloignée[1]. »

Le second a marché durant cinq mois, de la frontière belge à la frontière italienne, de la mer du Nord à la Méditerranée, à la rencontre de cette France de l'Est censée être « moins ouverte à la mondialisation et à l'immigration » que les métropoles et l'ouest du pays. Il décrit, lui aussi, sans partis pris, « ces Français qui enragent de voir fermer usines, exploitations agricoles, commerces de proximité et services publics sans que personne au sommet trouve rien à redire et qui, pour autant, n'attendent pas que leur pays se change en une *start-up nation* avec à sa tête un *supermanager* dopé à la pensée positive[2] ». Andrieu se montre éminemment sceptique sur la capacité de Macron à mettre fin à la désolation qu'il a rencontrée au cours de son voyage. « Macron en appelle à l'optimisme ? Une bonne part des Français rencontrés ont beau regarder autour d'eux, ils voient toujours aussi peu de raisons d'espérer, ne comptent pas se convertir à la méthode Coué parce qu'on les y a invités[3]. »

Guilluy, qui a rencontré Macron et lui a « montré ses cartes », dit du président de la République : « C'est quelqu'un d'intelligent, qui valide mon diagnostic, sans

1. Anne Nivat, *Dans quelle France on vit*, *op. cit.*, p. 472.
2. Gérald Andrieu, *Le Peuple de la frontière*, *op. cit.*, p. 15.
3. *Ibid.*, p. 211.

bouger de son système idéologique[1]. » « Puisque la métropolisation et la mondialisation ne marchent pas, il faut plus de métropolisation, encore plus de mondialisation. » Dans *Le Monde*, le géographe analyse la candidature de Macron comme celle des « métropoles mondialisées[2] ». Le chapitre XI de *Révolution*, intitulé « Réconcilier les France », s'ouvre sur plusieurs pages consacrées aux problèmes soulevés par Guilluy. Macron semble y valider entièrement le constat du géographe. Lorsqu'on se souvient de la volée de bois vert avec laquelle ces thèses avaient été reçues par la gauche médiatique, il y a là un signe intéressant[3]. Mais comment le président de la République entend-il prévenir le risque que la France « périphérique » décroche du dynamisme des quinze grandes métropoles qu'il identifie et que, dans celles-ci, le « côte-à-côte » qu'il perçoit ne tourne au « face-à-face » ?

Réponse dans *Révolution* : « Ces territoires abandonnés doivent être des lieux d'expérimentation » et l'État, qui tend à trop réglementer au nom du principe de précaution, doit lâcher du lest. Des infrastructures de transport doivent désenclaver ces villes moyennes

---

1. « En 2017 ou en 2022, la France périphérique fera basculer la présidentielle », interview dans *Causeur*, 20 mars 2017.

2. http://www.lemonde.fr/idees/article/2017/04/26/christophe-guilluy-m-macron-est-le-candidat-des-metropoles-mondialisees_5117791_3232.html

3. En septembre 2014, *Libération* avait monté tout un dossier destiné à faire réfuter les thèses de Guilluy par des confrères géographes. Dans son éditorial, Laurent Joffrin accusait Christophe Guilluy de véhiculer les thèses « culturalistes » du Front national. « Au final, le paradoxe du livre est de vouloir mettre en garde la gauche sur ses impensés, ses abandons coupables, tout en légitimant le discours identitaire d'une partie de la droite et de l'extrême droite : racisme anti-Blanc, peur de ne plus être majoritaire "chez soi", stigmatisation des élites mondialisées... »

et les relayer entre elles. En attendant, l'opposition de droite a choisi le créneau de la défense des collectivités territoriales. La baisse des dotations de l'État (13 milliards d'euros étalés sur cinq ans), la suppression progressive de la taxe d'habitation pour 80 % des foyers fiscaux, la fin programmée des contrats aidés (qui permettent à de nombreuses collectivités de distribuer des emplois plus ou moins effectifs à des associations) ont provoqué la fronde des élus locaux. Leur mécontentement n'est pas pour rien dans l'échec de LREM au Sénat, lors du dernier renouvellement.

Pire est le hiatus culturel qui sépare l'optimisme macronien, fondé sur l'idéal d'une société ouverte, innovante, entrepreneuriale et mobile, de l'état d'esprit dominant dans la France périphérique. Cela n'a rien à voir avec le mépris de classe, contrairement à ce qu'affirment certains. On ne trouve pas trace d'un tel état d'esprit chez Macron. Mais son dynamisme et sa détermination risquent d'exaspérer, au lieu de les entraîner, ceux qui ne trouvent, dans leur situation personnelle, aucun motif de partager cet enthousiasme. Tout le monde ne saurait baigner dans l'euphorie des startuppers. À côté d'une population qui aspire prioritairement à élargir ses espaces de liberté et à exprimer sa créativité, il en existe une autre qui désire avant tout la sécurité d'un emploi pérenne, un environnement qui ne soit pas menaçant. À cette dernière, Macron a du mal à proposer des perspectives. Il la déroute au lieu de la convaincre parce qu'elle n'a pas les moyens d'assumer les risques auxquels il voudrait la convier.

L'essayiste David Desgouilles, qui publie dans *Causeur*, l'illustre par la phrase prononcée par Macron devant les manifestations de salariés de l'usine GM&S

de La Souterraine, dans la Creuse : « Certains, au lieu de foutre le bordel, feraient mieux de regarder s'ils ne peuvent pas avoir des postes là-bas [il désignait la fonderie Constellium à Ussel], parce qu'il y en a qui ont les qualifications pour le faire. » Le président de la République a semblé négliger le fait que les deux sites industriels sont distants de 145 kilomètres, soit près de deux heures de route, comme l'a vérifié France Info. Dans le monde où il vit, cette distance est un détail. Macron juge qu'Ussel, où la fonderie Constellium cherchait à ce moment-là à recruter 30 salariés, n'était « pas loin » de La Souterraine, où le repreneur de GM&S s'était engagé à sauvegarder 120 emplois, en en supprimant 156. « Ce "pas loin" révèle en fait toute la méconnaissance du Président sur cette France périphérique, celle qui souffre, celle qui ne l'a pas élu, celle qui l'a ignoré, comme le raconte Gérald Andrieu dans *Le Peuple de la frontière*. Emmanuel Macron ne sait pas mais il en parle. Il ne sait pas ce que c'est d'avoir des traites d'une maison à payer chaque mois ; il ne sait pas ce qu'un déménagement peut signifier pour toute une famille, une épouse qui travaille dans la même ville, le bouleversement de la scolarité des enfants. [...] Ce "bordel" qu'il fustige, c'est aussi le combat d'ouvriers pour préserver leur outil de travail[1]. »

Fidèle à sa vision schumpétérienne de l'économie, Macron refuse de « défendre à tout prix les entreprises dépassées », mais souhaite qu'il s'en crée de nouvelles. Dans le passé, l'État a trop cherché à « sauver les emplois » dans des secteurs condamnés à moyen terme. Mais il s'est établi, ces derniers temps, un certain

1. David Desgouilles, « Emmanuel Macron et la France périphérique, le grand malentendu », *Le Figaro Vox*, 11 octobre 2017.

consensus sur le fait que la désindustrialisation de notre pays, légitimée par certains comme une forme de modernisation (« Tous dans le tertiaire ! ») lui a été funeste. Depuis 1980, ce sont 2 millions d'emplois qui ont été perdus dans ce secteur. La part de l'industrie dans la valeur ajoutée, en France, représente la moitié de ce qu'elle apporte à l'Allemagne (11 %, contre 22 %). Notre production industrielle n'a pas retrouvé, en 2017, son niveau d'avant la crise de 2008. En saint-simonien, Macron est favorable à la définition d'une stratégie industrielle pour notre pays.

Il mise en particulier sur les villes universitaires, censées irriguer leur région en suscitant la création d'entreprises dans l'économie de la connaissance, sur le modèle de ce qui s'est produit, en effet, en Californie, autour de Stanford et de Berkeley. Il pense à des reconversions qui s'appuieraient sur les spécialisations technologiques locales, sur le modèle de celle qu'a réussi la Franche-Comté, en réinvestissant ses compétences en matière d'horlogerie dans la microtechnique de précision grâce à sa coopération avec les industries suisses de l'Arc jurassien voisin.

« Pour revivifier ces territoires, l'État doit porter l'effort, non en essayant de perpétuer, quoi qu'il en coûte, des industries désormais périmées, mais en encourageant une nouvelle logique de croissance qui soit plus en accord avec l'économie d'aujourd'hui. C'est à partir de la connaissance et du savoir qu'il faut agir. Les villes universitaires, en particulier, doivent être confortées et jouer un rôle décisif dans la formation, en irriguant l'ensemble de la région. La création de nouvelles entreprises doit être favorisée et, par l'innovation, par la recherche de la qualité, par l'introduction de nouveaux processus, un certain nombre de branches industrielles traditionnelles doivent être redynamisées[1]. »

Plus généralement, notre pays est particulièrement déphasé par rapport à des évolutions qui touchent le travail dans le monde entier. Une vulgate absurde a tenté de nous convaincre que non seulement l'industrie mais le travail lui-même étaient en voie de disparition, grâce à l'automatisation. C'est le mythe de la « fin du travail », censée provoquer l'entrée dans l'« ère postmarchande » prophétisée il y a plus de vingt ans par Jeremy Rifkin. Toutes les données statistiques, à l'échelle mondiale, démontrent que le travail ne disparaît pas. Bien au contraire. Le mythe du « chômage technologique » relève de l'« excuse de mauvais élève[2] », comme le dit l'économiste Nicolas Bouzou. Les pays dont le système économique et social se révèle incapable de créer des emplois en suffisance tentent de se rassurer en se racontant que le travail est un bien en voie de raréfaction et qu'il convient simplement de mieux le partager. Mais il est bien certain que les révolutions dans les manières de produire, induites aujourd'hui par la robotisation, les imprimantes 3D et, demain, par l'intelligence artificielle, vont transformer en profondeur le monde du travail.

Il est intéressant de relire ce qu'en disait Jean Pisani-Ferry, le responsable du groupe d'économistes réunis par Macron pour le conseiller. Dans une note parue en juillet 2015 sur le site Project Syndicate, Pisani-Ferry s'inquiétait des tendances alors constatées aux États-Unis : une polarisation du marché du travail menaçant l'existence de la classe moyenne, ce pivot sociologique

1. Emmanuel Macron, *Révolution*, *op. cit.*, p. 160-161.
2. Nicolas Bouzou, *Le travail est l'avenir de l'homme*, Éditions de l'Observatoire, 2017.

de nos démocraties. Les robots, le numérique et l'intelligence artificielle accomplissent un grand nombre de tâches, autrefois dévolues à des humains. En particulier les actes répétitifs, mais aussi une bonne part de ceux qui ont pour objet le traitement de données. Mais ces innovations technologiques relaient, par ailleurs, le travail créatif. Et elles n'ont que très peu d'effets dans le domaine des services.

Résultat : les emplois faiblement ou moyennement qualifiés se raréfient. Les superqualifiés sont équipés d'outils qui leur permettent de démultiplier l'efficacité de leur travail ainsi que les revenus qu'ils peuvent en tirer. Les emplois de service, certes non substituables et difficilement délocalisables, ne sont que très peu affectés, mais ils ne tirent pas non plus de grands profits de ces nouveautés. Ce que Pisani-Ferry résumait d'une phrase : « Si les robots rendent les comptables inutiles, ils dopent la productivité des chirurgiens et ne changent rien à celle des coiffeurs[1]. » Déjà, aux États-Unis, il y a « davantage d'emplois en bas de l'échelle salariale – notamment dans les services à la personne –, et davantage d'emplois dits "créatifs" en haut de l'échelle, mais entre les deux une réduction du nombre d'emplois de qualification intermédiaire ». Et c'est une tendance qui n'épargnera pas l'Europe.

En outre, relevait Pisani-Ferry, les plateformes numériques comme Uber sont en passe de redéfinir le travail en remettant en cause le statut de salarié qui s'était imposé comme la norme dans la seconde moitié du XXe siècle. « Le travail devient l'objet d'un échange sur le marché et fait l'objet d'une cotation en continu :

1. https://www.project-syndicate.org/commentary/uber-automation-labor-markets-by-jean-pisani-ferry-2015-07?barrier=accessreg

le contrat de travail est remplacé par la vente d'un service dont la quantité et le prix varient en temps réel, au gré de l'offre et de la demande. » Face à un tel tsunami de libéralisation, provoqué par une disruption technologique, les digues échafaudées par notre Code du travail pour prémunir les salariés de la brutalité des lois du marché seront enfoncées.

Si l'on ajoute à ce tableau le très préoccupant ralentissement de la productivité mondiale, récemment analysé par Christine Lagarde pour le FMI, et qui touche particulièrement la France, on conçoit que les causes de pessimisme l'emportent. La crise des *subprimes* a provoqué un tassement des investissements, une faiblesse des montants consacrés par les entreprises à la recherche et au développement. Nos politiques sociales, qui ont été financées par la croissance, sont donc menacées. Or, l'universitaire Pierre Vermeren a raison de dire qu'elles sont devenues un quasi-secteur économique, une « économie sociale de redistribution », puisque la France est devenue le plus grand prestataire de revenus sociaux du monde : nous ne représentons que 1 % de la population mondiale, mais distribuons 15 % des dépenses sociales mondiales... Nos systèmes sociaux devraient faire l'objet d'une révision radicale.

« Les solutions d'hier, écrivait récemment Jean Pisani-Ferry, appartiennent définitivement au passé : le pacte social conçu pour une conjoncture de forte croissance et de progrès technologique uniforme ne permet pas de répondre aux enjeux d'un monde de croissance faible et d'innovations technologiques qui divisent. La justice sociale ne saurait cependant être réservée aux périodes de beau temps. Pendant des décennies, la croissance a tenu lieu de politique de cohésion sociale. Les sociétés avancées ont désormais besoin de pactes sociaux plus résilients, susceptibles d'assurer la cohésion dans un contexte de changements démographiques, de bouleversements technologiques et de chocs économiques[1]. »

Le cœur de la pensée sociale de Macron, c'est qu'il ne suffit pas de distribuer aux gens des revenus. Il faut surtout les équiper de compétences. Les fameuses « capabilités » d'Amartya Sen faisant ainsi un curieux écho à la théorie ricœurienne de l'« homme capable ». Plutôt que maintenir un grand nombre de gens dans un état d'assistance qui ne saurait les satisfaire et dont l'État, de toute manière, aura de moins en moins les moyens, il faut les aider à transformer les défis en opportunités de réussite. C'est donc à un profond changement des mentalités qu'il faut s'atteler.

Le grand germaniste et militant socialiste Charles Andler disait vouloir « rompre avec l'utopie haineuse » et la « hargneuse tristesse[2] » des socialistes de son temps. Macron, lui, dénonce « nos passions tristes[3] ». Il incarne une forme de rupture avec la culture développée par la gauche bobo, cet état d'esprit d'indignation morose permanente qui ne débouche sur aucune proposition, mais maintient le pays au bord de la crise de nerfs. Le grand historien Jean-François Sirinelli fait, dans son dernier livre, une observation troublante. En octobre 1969, une jeune enseignante, Gabrielle Russier, se donnait la mort. Elle n'avait pas supporté d'être mise au ban de la société, inculpée pour enlèvement et détournement de mineur pour avoir entretenu des relations intimes avec un de ses élèves, âgé de 16 ans

1. https://www.project-syndicate.org/commentary/populism-and-abandonment-of-progress-by-jean-pisani-ferry-2017-01?barrier=accessreg

2. Cité par Monique Canto-Sperber, *Les Règles de la liberté*, *op. cit.*, p. 170.

3. Emmanuel Macron, *Révolution*, *op. cit.*, p. 57.

au moment où s'était déclarée leur passion commune. Aux yeux de Sirinelli, Gabrielle Russier – qui deviendra rapidement après sa mort un symbole de l'esprit post-soixante-huitard grâce au film que lui consacra André Cayatte, deux ans après, *Mourir d'aimer* – fut « une victime immolée parce qu'elle incarnait les nouveaux temps[1] ».

Un demi-siècle plus tard, Brigitte Macron devient « Première dame » et fait son entrée à l'Élysée au bras de son époux. Lorsqu'ils se sont connus, le futur président avait 15 ans et il était en seconde au lycée jésuite La Providence à Amiens, où Brigitte, 39 ans, était professeur. Au moment de la prise de fonctions, leur différence d'âge a amusé. Elle était l'inverse de celle qui existe de manière générale entre les hommes riches et célèbres, et leurs « femmes trophées ». Leur histoire d'amour a fait rêver. En particulier les femmes d'un certain âge qui ont su gré à cet homme jeune d'avoir épousé une femme de vingt-quatre ans son aînée. Cela a sans doute rajouté à la singularité du personnage de Macron. Mais personne n'a évoqué leur histoire de couple en termes d'attraction fatale ou de transgression. Ils forment un couple bourgeois un peu original et, en apparence, très équilibré. Il a adopté ses enfants. Ils possèdent ensemble une maison de campagne au Touquet. L'époque des révolutions est close.

Toute une intelligentsia, qui, depuis près de cinquante ans, mime la geste révolutionnaire en feignant d'avoir encore à arracher des libertés fracassantes, se trouve d'un coup périmée. Il n'y a plus de tabous à défier. Le « pouvoir » est une baudruche et non la pieuvre

---

1. Jean-François Sirinelli, *Les Révolutions françaises, 1962-2017*, Odile Jacob, 2017, p. 93.

qui hante encore les cauchemars néofoucaldiens. Notre monde n'est plus à démystifier, ni à déconstruire, mais à protéger. Car nos sociétés démocratiques, laïques et modernes sont assaillies de l'intérieur par les militants d'une idéologie politique atrocement rétrograde qui cherche à embrigader pour sa guerre de religion des personnes issues d'une immigration souvent mal intégrée. Le fait est que l'islamisme trouve des complices au sein d'une intelligentsia « radicale » qui pousse la perversion intellectuelle et le relativisme moral jusqu'à trouver des raisons et des excuses aux assassins qui ont massacré, de manière abominable, 239 de nos compatriotes depuis janvier 2015. Le principal défi qui attend Macron est là. Il ne suffit pas de proclamer, avec son optimisme habituel, que « nous tenons bon. La France reste un pays aux valeurs fortes, et qui sait s'unir dans l'adversité, comme elle l'a montré lors de la vague d'attentats[1] ». C'est une manière de vouloir ignorer qu'il y avait, ces jours-là, une France qui n'était « pas *Charlie* ». Car il y a aussi une France qui fait la « quenelle » et qui hait les Juifs. Son idéologie, qui mêle en un cocktail dangereux des thèmes d'extrême droite et d'extrême gauche, nourrit aussi l'islamisme radical conquérant. Elle se cherche une expression politique que, par bonheur, elle n'a pas encore trouvée. Oui, Macron aura bien du mal à « réconcilier les France ».

1. *Causeur*, n° 45.

Table

Achevé d'imprimer en octobre 2017
sur les presses de Normandie Roto Impression s.a.s.
61250 Lonrai
N° d'impression : 1702089

Imprimé en France